U0910367

高等职业教育经济管理类专业基础课系列教材

经济应用文写作

（第三版·增订版）

柯正来　主　编

赵　青　李　楠　林莹莹　杨志丹　副主编

科学出版社

北　京

内 容 简 介

本书共五篇十七章，遵循工业经济单个产品运行中的事务间联系形成全书的内容框架；在理论上通过对“文章是人的思维活动的成果”这一本质属性和“应用文是作为人们处理实际事务的工具”的功用性特点的研究，抽象出了应用文写作原理和运思规律理论；书中，每章的理论阐述先从该章文种所处理事务特性的描述入手，将经济学、管理学和市场学的知识融于写作理论去引导学生理解文种概念和文种的用法，再介绍文种写作的结构内容模式，进而运用应用文写作原理和运思规律理论去分析文种写作结构内容的逻辑思路，回答为什么要那样写。这种全新的框架思路，不仅为学生初习各应用文种的写作提供了可供效仿的模式，还有助于学生从更高的理论层次上指导去更快地提升应用文的写作能力，实现了该书从编写的内容框架体系到理论上相对于传统教材的创新突破。相信该书对经济应用文写作的理论研究和教学会带来一定的影响。

本书的知识体系和理论阐述既易于学生学、又便于教师教，既适合作为高职高专、电大、职大经济管理类专业的教材，也可作为相关从业人员手头的参考书。

图书在版编目（CIP）数据

经济应用文写作 / 柯正来主编. —3 版. —北京：科学出版社，2014

ISBN 978-7-03-039685-3

Ⅰ. ①经… Ⅱ. ①柯… Ⅲ. ①经济－应用文－写作－高等职业教育－教材 Ⅳ. ①H152.3

中国版本图书馆 CIP 数据核字（2014）第 019989 号

责任编辑：李 娜 朱大益 / 责任校对：柏连海
责任印制：吕春珉 / 封面设计：东方人华平面设计部

科学出版社 出版
北京东黄城根北街 16 号
邮政编码：100717
http://www.sciencep.com

北京中科印刷有限公司 印刷

科学出版社发行 各地新华书店经销

*

2004 年 8 月第 一 版 2021 年 2 月第十五次印刷
2009 年 4 月第 二 版 开本：787×1092 1/16
2020 年 7 月第 三 版 印张：20 1/4
2020 年 7 月第三版增订版 字数：483 000

定价：52.00 元

（如有印装质量问题，我社负责调换〈中科〉）
销售部电话 010-62134988 编辑部电话 010-62137374（VF02）

高等职业教育经济管理类专业基础课系列教材

编写指导委员会

序

改革开放以来，我国经济快速发展，经济总量不断增加，对从事经济活动的相关人才的需求空前高涨。社会对经济管理类人才的需求大体上可以划分为两大类。一类是从事理论研究，从宏观和微观角度研究社会经济发展和运行的总体规律，研究社会资源的最优配置及个人满足最大化等问题的学者。另一类是在各种经济领域中从事具体经济活动的职业人，是整个经济活动得以有效运行的基本元素，是在各自不同的领域发挥着使经济和各项业务活动稳定有序运行、规避风险、实现价值最大化的社会群体。从社会经济发展的实际情况来看，后一类人群应该是社会发展中需求数量最大的经济管理类人才。在上述两类人才的培养上，前者主要由普通本科以上的高等院校进行培养，后一类人才的培养工作从我国高等教育的现状来看，培养的主体主要为高等职业教育相关的院校。

高等职业教育经过近年来的迅猛发展，已经占据了我国高等教育的半壁江山。特别是自2006年教育部、财政部启动的国家示范性高等职业院校建设工作和教育部《关于全面提高高等职业教育教学质量的若干意见》（教高［2006］16号）文件的颁布以来，我国的高等职业教育迸发出前所未有的激情和能量，开放式办学、校企合作、工学结合、生产性实训、顶岗实习等各项改革措施深入开展，人才培养模式改革、课程改革、教材改革、双师结构教学团队的组建、模拟仿真的实验实训环境的进入课堂等项教育教学改革不断推进，使我国高等职业教育得到了长足的发展，取得了令人瞩目的成绩，充分显示出高等职业教育在我国经济发展中举足轻重的作用和不可替代的地位。

我们依托上述大背景，同时根据技术领域和职业岗位的任职要求，以学生的职业能力培养为核心，组织了全国在相关领域资深的专家和一线的教育工作者，并与行业企业联手，共同开发了这套《高职高专经管类核心课教改项目成果系列规划教材》。这套丛书覆盖了经管类的核心课程，以职业能力为根本，以工作过程为主线，以工作项目为载体进行了教材整体设计，突出学生学习的主体地位是本系列教材的突出特点。

当然，我们也应该看到，高等职业教育的改革有一个过程，今天我们所组织出版的这套教材，仅仅是这一过程中阶段性成果的总结和推广。我们坚信，随着课程改革的不断深入，这套教材也将以此为台阶，不断提升和改进，我们衷心地希望通过高质量教材的及时出版来推动教学，同时使本套教材在实际教学使用过程中不断完善和提高。

本套教材为全国财经类高职高专院校联席会和科学出版社的首次合作成果，是全国财经类高职高专院校联席会的推荐教材，适合全国各高职高专经济管理类专业使用。

周建松

于浙江金融职业学院

第三版增订版前言

应用文写作理论的系统研究是在近几十年间，过去的研究方向重在应用文的语言特点和各种文体写作的框架模式。本书的第一版，虽然有所创新，但基本内容未能脱俗，也局限在对常用文体写作模式的介绍上。

作为一个独立学科，应用文写作理论的构建应能系统地回答写作实践各环节中的基本问题，而教材的编写，则要能成体系地反映出该学科的理论知识构成，因此，教材中仅提供文种写作模式是不够的，比如：这些文章体式是怎样产生出来的？每种文体为什么会形成各自的框架模式？人们写作这些文章的动力和思维活动的根据是什么？教材对此应有理论回答。故在本书第二版修订时，我们对这些问题作了尝试性的研究，抽象出了应用文写作的原理理论。

这次，我们又借第三版修订的机会，重点解决了运用应用文写作的原理理论去阐释各种文体为什么要那样写的问题，使该书的理论水平再提升了一个层次。

但是在应用文写作理论的研究中，对原理理论的研究尚属首创性的探索。该理论是否成立，还有待同仁们的认可。在这里，仅以我们的拙见，以期推动应用文写作理论的研究能进入一个更深层次。

欣喜的是，这次修订能有几位青年教师的加盟，他们都是从事经济和管理理论教学与研究的。他们在吸收工业管理知识和经济学知识融入写作理论方面大胆创新，拓宽了本书的知识涵盖面，使之成为一本名副其实的经济应用文写作教材。

此次修订的分工如下：柯正来负责导论和第一、二、三、四章；李楠负责第五、八、十一章；林莹莹负责第六、七、十章；杨志丹负责第九、十二、十三章；赵青负责第十四、十五、十六章。全书由柯正来拟定修订方案，并对修订稿作最终审定。

本书自 2004 年出版以来，保持每年春夏季连续印刷，并于 2007 年 5 月获中国科学院优秀教材一等奖。本书自出版以来，蒙众多院校的厚爱和支持，我们即以此次大动作的修订，以求不负众望。但由于作者水平有限，书中不妥之处，仍然难免，恳请同仁批评指正。

编　者

2020 年 5 月

于广东科技学院

第一版前言

在教育部实施“三教统筹”方针的指引下，近年来，高职高专教育改革呈现出前所未有的好势头。为了促进高职高专教育事业的进一步发展，中国科学院教材建设专家委员会根据国家教育教学改革与发展的需要，制定了全国高职高专经管类专业部级教材规划。本书正是参照中国科学院的教材规划要求编写，为全国高职高专院校经管类专业提供的应用文写作教材。

经济应用文写作，是从事社会经济及管理岗位工作者必备的基本能力之一，因此，经济应用文写作课是学习经管类专业的学生必修的专业基础课。本书旨在辅导学生通过该课程的学习，懂得经济应用文写作的基础理论，熟悉常用文种，并掌握常用经济应用文写作的结构模式及构思方法，提高写作经济应用文的基本能力。

本书的主要特点如下：

第一，全书以经济活动中最具代表性的工业经济活动的程序内容为依据形成本书的体例，且每一文种写作基本理论和例文选载均突出面向企业的实用性，使该教材与高职高专人才培养方向相统一。

第二，对某些实用性强、写作难度大的重要文种，尽量以社会适用为依据来细分介绍其写作的构成内容特点，以克服理论上的抽象笼统带来学生学习及老师讲授上的困难。

第三，在理论上，突出应用文作为人们处理事务活动的工具的功用性特点和文章写作的基本思路方法，重点解决怎么写的问题。

全书分四篇共十五章，即：导论；第一篇，科研与新产品开发；第二篇，市场研究与企业行为调控；第三篇，经营管理；第四篇，经济合同；末章经济论文。导论重在阐述应用文写作的基础理论知识，揭示应用文写作相区别于其他文章写作的独有风格与运思规律。其他各篇章是介绍各文种的写作，尽量通过文种细分和比较来帮助学生认识各文种的写作特点，掌握基本的构思方法。

本书由柯正来任主编，王达政、张雪萍、李琦、严军任副主编。全书编写分工如下：黄石理工学院（原黄石高等专科学校）柯正来编写第 1 章；王达政编写第 2 章、第 3 章；侯萱编写第 6 章、第 12 章；张雪萍编写第 4 章、第 11 章；熊雁萍编写第 8 章、第 15 章；严军编写第 7 章；鲍永晖、宋峻峰、余晓莉编写第 5 章；李文琦、郑建平编写第 10 章；鄂州大学赵静编写第 9 章、第 14 章；武汉交通技术学院李琦编写第 13 章。由柯正来拟定编写大纲，并对全书进行总纂、修改定稿。

本书在编写过程中，参阅了大量有关教材和专著，并吸收其成果，转录某些例文，在此特作说明，并向原作者表示衷心的感谢！

由于编者的水平有限，时间也比较仓促，书中难免有不妥之处，恳请同仁不吝赐教。我们一定会认真听取意见，以不断提高该书的编写质量。

目 录

第三篇　经营管理

第五篇 经济关系及涉外经济关系

导 论

教学目的和要求☞

- 通过本章教学，让学生了解应用文、经济应用文产生及其发展的渊源，从而认识应用文处理实际事务的功用特点，并重点掌握应用文的要素构成特点、写作原理理论和运思规律。

第一节 应用文的渊源及历史发展

中华民族文化源远流长。我们伟大的祖先不仅以他们的非凡智慧创造了独具风格的方块字和汉语言，并且创造了语言与思维结合的完美形态——文章。文章发展到今天，虽以其具体功用的不同，风格的各异，体式的相区别，已达数百种之多，但依据其功能，均可归纳为两大类，即应用文类和文学类。追根溯源，最早的文章是应用文。

应用文的产生与发展，可大致分为三个基本阶段。

一、初创阶段

在文字产生之前，我们的祖先在他们漫长的生存实践中就一直在寻求一种有效的记事方式，最早以结绳记事，到伏羲氏，“发明网罟，又做八卦，八卦可能是一种较结绳为进步的记事方法”（翦伯赞《中国史纲要》），而后发明文字。若将西安半坡遗址出土的彩陶上重复出现的有规则的简单符号视为最早文字的话，我国文字约产生于距今五六千年前。至夏朝建立，符号文字已为数不少，我们的祖先已经用它们记事，或描述某一信息。这就是最早的文字语言，它为后来形态意义上的文章的产生奠定了基础。

二、发展阶段

文字的系统完善和形态意义上的文章的产生与发展是在国家出现之后。

当人类社会进入阶级社会，人类实践活动进入渐具规模的有组织的社会形态，统治者和统治集团为维护和巩固其社会秩序，在管理国家纷繁复杂的事务活动中，要借助文字语言形式准确无误地传递信息，表达意图宗旨，协调各方面关系，实施意志支配和导向，日渐认识到文章在国家管理中重要的工具性作用。正是由于这种实践的需要和统治集团的重视，在国家意志的推动下，再加上文化工作者的不断努力，创造了大批量的新文字，以至不断改革应用文的写作规范，推动了应用文的发展。

我国自禹的儿子启创立第一个奴隶制国家政权夏王朝（约在公元前2200年左右），到殷商时代，“甲骨文共有单字约在三千以上，已经形成为严密规律的文字系统。”文字的丰富完善和系统化为文章的产生提供了前提条件，当时的“甲骨文卜辞及铜器铭文长的一般为四五十字，当时写在简牍上或许更长。周人说‘惟殷先人，有典有册’，应该是可信的”（翦伯赞《中国史纲要》）。可见，此时我们的祖先已经能用文字语言完整地记叙事件，或描述信息，或表述思想，形态意义上的文章已经产生了。《周易·系辞下》“上古结绳而治，后世圣人易之以书契，百官以治，万民以察”，说明最早的文章主要是应用文。

而应用文发展的重要标志，是伴随社会的进步和社会分工的精细以致所处理社会活动事务的更加复杂所形成的文章体式的系统化，并在文种应用和写作上的规范化。据《尚书》记载，自虞舜至秦穆公时代的应用文有典、谟、训、诰、誓、命，分别用于陈述政绩、谋划、教诫、告诫、誓众、教令等事项。到秦灭六国统一天下，改前代的“命”为“制”，“令”为“诏”，“书”为“奏”、“议”，并以吏为师传授其技法。汉代继承和发展了秦代的应用文体制，其种类除了“章、奏、表、议”外，还有“疏、状、露布、移、檄、牒”等。并规定，考核官吏时，不熟悉吏治业务，书疏不端正的，要连同推荐人一起治罪。唐朝是我国封建社会的鼎盛时期，经济繁荣，文化发达，反映在应用文上，种类齐全。据《六典》记载，有下行文6种：“制、敕、册、令、教、符”；上行文6种：“表、状、牋、启、辞、牒”；平行文3种：“关、移、刺”。并且，行文规则十分严格，应言上而不言上，不应言上而言上者；应行下而不行下，不应行下而行下者，都要按有关条例予以处罚。宋代的应用文体制在汉唐的基础上又有发展，所创建的文体有诰命、御札、敕榜、故牒、公牒、呈状、申状、箚子等8种。文章风格较之前代，内容细致，结构完整，文字精练、通俗易懂。

三、成熟阶段

在古代社会，由于生产力水平低下，人们的基本生产和生活方式是自耕自给，市场还不发达，应用文的突出功用在于处理国家事务。应用文进入经济领域是在封建社会末期。至明代中叶，我国的社会分工进一步发展，从农业中分离出来的劳动力有相当一部分从事手工业，还有不少雇工，社会生产进入商品生产时代。当时，工业已形成规模的是造纸业和冶炼业：石塘镇的造纸业，“纸厂槽户不下三十余槽，各槽帮工不下一二千（应作十）人”（康熙《上饶县志》）；炼铁业，“煽者、看者、上矿者、取钩（矿）砂者、炼生者而各有其任，昼夜轮番，约四五十人”（嘉靖《徽州府志》）。可见规模之大、岗位分工之细。这样的生产规模和岗位分工，就同时提出了管理规范化的要求，需要通过文字形式将规范化的内容明确出来，以便满足千百人互相交流，更好地落实到行为中去。这就产生了需求应用文的条件，契约、操作规章一类的文体即应运而生。而这时的工业仍属原始的手工为主的作业方式。大工业之于中国，是在鸦片战争之后，始于清代洋务派的兴办军事工业（虽然未能救国，却引进了西方工业技术），至李鸿章，将军事工业转向民用工业，带动了我国民族工业的兴起。“1876年李鸿章接受黎兆棠兴办‘机器织布局’的建议，派魏纶先在上海会集商人拟订节略，并函南洋提议由南北洋各筹公款，订购机器，存局生息。1878年冬候补道彭汝综从上海拟出招商章程寄李鸿章”（翦伯赞《中国史纲要》）。可见，函、协议书和章

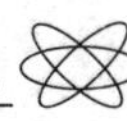

程已成为当时处理经济活动事务的重要应用文。但基于旧中国半殖民地半封建性质的条件下产生的经济应用文，不仅种类残缺，且难以规范。

新中国诞生后，在中国共产党的领导下，中国人民意气风发地投入社会主义建设，至1976年我国已形成了初具规模的现代化工业，但由于计划经济的管理体制，经济运行在国家的统一控制下，经济活动的内容和方式相对单一，这个时期的经济应用文种类尚不齐全。到改革开放之后，我国由计划经济向市场经济转轨，伴随市场的繁荣和规范，人们的社会关系趋向复杂，又带来了社会事务的复杂化，从而为应用文的发展提供了广阔的发展空间，才迎来了我国经济应用文璀璨的艳阳天。

第二节　应用文的要素构成特点

所谓应用文，是人们在学习、生活、工作中为处理实际事务而写作，有着实用性特点，并形成惯用格式的文章。

文章是语言的特有形式。语言是被定义为作为人们交流思想的媒介和工具的一种复杂的符号系统。语言又分口头语言和文字语言。人们日常生活交流的口头语言多为零散无序的语言片段，其交流内容主要是人们感性认识的所思所想；文字语言表现为形、音、义的符号形式，是通过图形符号作用于人们的视觉来实现其功能，多用来表达经过完全思维过程形成的理性认识成果。语言之所以能成为人们交流思想的工具，在于其规范性。语言的规范性主要体现在文字语言中，其中最主要是语法规范和逻辑规范。语法反映词序组合的规律；逻辑反映概念思维规律。语法和逻辑的结合构成了语言的运用法则。这是语言学的理论范畴。人们借助文字语言，遵循语言法则，来表达自己某一成熟的理性认识成果，便创造了思想与语言结合而形成的特有语言形态——文章。文章既然是语言的特有形态，当然既要遵循语言的一般法则，又有其成为文章的特有形式和规律。这是文章写作学所研究的范畴。

一篇完整的文章，必备的构成成分有主题、材料、结构、语言、表达等，这些又称之为文章要素。文章依据其文学类和应用文类两者功用上的不同，又规定着两类不同文章构成要素上各自的特点。我们这里重点探讨应用文的要素构成特点。这对学习应用文写作有着重要的指导意义。、

一、主题

应用文写作产生于人们处理事务的需要。应用文的主题，是指作者在处理某一事务时，通过这一文章内容的表达所要实现的意图宗旨。本书的应用文主要指工作应用文，这里的事务，也主要指工作事务。在现代文明社会里，人们处理事务有两个鲜明的特点：一是有着明确的目的性和效率要求；二是追求最有效的方式方法。而应用文写作则是人们在处理事务中连接目的与方式方法的基本途径。人们在社会活动的有目的的追求中，有许多的事情需要通过写作文章的方式去处理，作者在写作这一文章中表现的要追求实现的目的宗旨就是主题。

作者启动写作活动要做的第一件事是要明确写作这一文章的主题。主题，相对一篇成功的文章是文章价值所在，相对写作过程是作者写作活动的灵魂。在写作活动中，作者是依据主题表达的需要主导材料的选择和运用，统筹文章的结构布局，导向文章语言的风格特色。

应用文主题的确立，不是来自某一写作活动，而是来自处理事务的需要。如文学写作，当作者缘于生活积累产生创作冲动后，再从浩瀚的生活素材中去思考作品要揭示表现的主题。而应用文写作则不一样，比如，下级机关要办某件事，必须经上级批准后才能办，所以要写这份请示；根据领导机关的要求，对市场进行预测研究，要将预测的结果报告给领导机关（或委托机关），所以要写这份市场预测报告。这里的请求上级批准办这件事，向领导或委托机关报告这一预测结果即是主题。它产生于人们处理某一事务必须要实现的意图宗旨。

二、材料

材料是作者日常积累或有目的地搜集为写作文章而用的各类资料。应用文的材料必须是真有其人，实有其事，时间地点有根有据，要绝对真实。

应用文材料的功用，有两个特征。

（1）在写作活动启动之前，它是人们认识事物和决策事务的依据

人们通过写作文章来处理某一事务，对这一事务如何处理，取决于人们对所处理事务的对象事物的认识。所谓对事物的认识，是指人们对事物内在属性的透视或对事物运动规律的抽象概括。这种认识活动的程序包括：第一，通过观察、调查、实验、统计等手段获取事物的现象材料；第二，将现象材料按各自所反映的事物属性分类；第三，概括各属性性质特点；第四，理清各属性间的逻辑联系，从而透视事物的本质属性或运行规律；最后，用文字概括出事物的属性特征和规律，完成对事物的理性认识。这种认识是建立在对材料的占有和研究的基础上。对事物理性认识的完成，也即为这一事务的如何处理提供了理论依据。

（2）在写作活动中，材料是作者为实现意图宗旨，实施文章表达的构成要素

在这里，材料选择和运用的得当与否关系文章的写作质量。在应用文写作中，材料的选择和运用主要有如下几种方法。

1）典型材料法。应用文写作常常要求既概括出观点，又要用事实说话，不能空谈。前者的概括出观点，是判断事物的某一属性；后者的用事实说话，即是引用事物运行中体现这一属性的现象材料予以证明。而事物运行的现象是错综复杂的，有的甚至是多种属性的混合现象。作者要善于从复杂现象中鉴别和挑选最富代表性的现象材料各归其位，让读者从每一材料的引用中非常明确地领悟和认识事物的这一属性。所谓典型材料，就是最富代表事物某一属性的材料。用心从事物诸多现象中选择最富代表性的现象材料来揭示事物属性，以证明作者所概括观点的材料选择和运用方法，就是典型材料法。

2）个性材料叠加法。文章表述中，有时需要几个材料同时连续使用才足以说明问题。比如：某学生每学期学习成绩年级第一，助人为乐的事迹在全校最为突出，还是学校的竞走冠军……这里每个材料各自体现着“好学生”的一定属性。正确选择反映事物各个侧面或各层次属性的材料叠加在一起运用，能更好地集中揭示这一事物的本质特征。这就是个性材料的叠加运用法。

3）点、面材料结合法。点、面材料是相对的称谓。反映整体事物中个别现象的材料称之为反映事物点的材料；反映事物整体面貌的材料称之为反映事物面的材料。应用文作为人们处理事务和交流信息的工具，有时要求文章要能全面生动准确并由点带面地揭示所反映的事物。这种情况下，仅有点的材料，不足以全面；仅有面的材料，则文章空泛无深度且不生动。只有点、面材料的结合运用，才能既生动又全面地反映出事物的整体面貌。该方法的运

用要求，一是要准确选择好反映点的材料和反映面的材料，二是结合运用要得当。

三、结构

文章结构是指文章的内部组织构造，也即文章的整体布局。文章写作的布局和材料的选择运用均要服从主题表达的需要。结构的内容分标题、开头、主体、结尾、段落、层次、过渡和照应；文章结构的方法有横式和竖式两种。这些都是中学语文课和作文教学中反复讲过的文章写作的共性知识。但应用文的结构也有其别具一格的特有形式——具有条目组合的特点。

所谓条目组合，是指文章结构形式按内容范畴分门别类，每门类用标题概括内容或内容范畴，并以章节条款、大纲细目、序码连接，使文章内容多而不乱，达到条理清晰效果的一种构成模式，如章程、条例、法典等的写作最具典型性。这是应用文写作极富代表性的结构形式。

应用文的条目组合特点形成的根据如下。

（1）源于其为人们处理工作、学习、生活事务服务的属性

人们阅读文学作品，是在闲暇中追求心境的陶冶，可精读细品。故文学作品写作重在艺术表现技巧，宜曲径通幽。人们阅读应用文，是在工作、学习或生活快节奏的紧张氛围中，处于一种严肃务实心态。应用文写作为了适应人们在这种特定氛围中处理事务的特定心态，力求文章表达要直接明白，杂而有序。应用文条目组合的结构形式，将事物内容分门别类细分表述，并以标题概括各部分内容或内容范畴，大纲小目序码清楚，能满足人们在紧张节奏中对阅读文章易读易懂的要求。

（2）被规定于应用文反映事务内容繁杂与应用文写作又要简洁有序的矛盾统一性要求

在应用文写作中，对工作、工作内容及事物规律的揭示，主体对事务活动的分析、观点及处理意见，其内容往往错综复杂，而又要在有限文章篇幅中简要明确地综合表述清楚。内容繁杂又要表述简要，必然带来文章表达时内容单位转换快。而应用文反映的事务内容往往各自独立，这就使应用文写作在内容繁多时，若采取一气呵成的结构方式，文章衔接处理上不易把握。采取条目组合结构，不仅避免了应用文写作在内容转换表达上的麻烦，能以尽量短小的篇幅去容纳更多的内容，而且以条目形式形成间隙，标志着内容间的区别，不仅有利于阅读的轻松和领会的快速明确，还能减少文字简明带来的读后枯燥感。当然，应用文写作，在处理的事务内容单一时也无需分条列目，但就其带普遍性的成型特征而言，条目组合应是其重要的结构特点。

四、语言

语言是人类表达思想的媒介和工具，这是关于语言概念的一般表述。作为写作理论，研究文章语言则重在文章写作的语言风格。文章语言风格又以文章种类功用的不同而相区别。应用文写作在语言上除了要达到准确简练、通俗流畅等一般要求外，因其特殊的功用又须具备其特有的风格特征。

1. 庄重而不失活泼

应用文不是供人们欣赏的艺术作品，而是作为人们处理事务的工具。在语言要求上，

不可刻意雕琢，脂粉味太浓。因为文章中辞藻的堆砌、文辞的华丽，必然导致言词累赘，语义难辨，与应用文处理实际事务的严肃务实风格不相一致。因此，应用文语言要求朴实庄重。要实现这一风格要求除上述不可刻意追求文辞华美外，在措词上，要注意粗俗词不用，叹词、象声词和部分感情色彩过于浓烈的形容词、副词控制使用，方言土语和儿化词之类的口语少用，以此强化应用文的庄重感。但庄重不是呆板，应用文语言要庄重而不失节奏感，词汇丰富而不浮华，以造就应用文语言朴实的活泼美。

2. 明确而不失弹性

由于应用文受文者阅读时的特定氛围和心态，要求应用文语言必须语义明确，不宜像文学语言那样追求含蓄和耐人寻味，更不能隐晦、多义和拖泥带水，而要一目了然，语义明白确定。所谓语言弹性，是指作者赋予文章的某些词组或语句，在特定的语言环境中，含义明确但外延界定较宽泛，使其在语义理解上形成一定伸缩性的语言特点。比如，公文语言在科学性的把握上，要求在反映情况、评价事物、表述决策时要语意贴切，避免绝对化。像“工作力度不够”、“效果不佳”、“产品质量低劣”、“卓有成效”、“做了一些工作”、“一般来说”、“基本上”等一类语言，让人读来感觉游刃有余，分寸适度。这样语义表达的不绝对化，还可减少语言表现的差错，提高公文的权威性和严肃性。应用文语言的这种不同于文学语言的含蓄和一语多义，既语义明白确定又极富理解伸缩性的语言风格，是应用文的又一重要语言特征。

3. 直述而不空谈

应用文写作在语言表述上要求直接亮出作者的观点、意图、要求、建议或告知事项，而不可曲折委婉。这种直述分为两种形式：一是先用一句话或一段话亮出观点、意图、要求，再展开论述，或补充说明，或陈述依据；二是按大纲小目逐层次分项表述。其目的都是为了让受文者便于阅读理解。不空谈，是说在直述观点、意图、要求、建议或告知事项时，要言之有物，内容具体，理由充分。

五、表达

所谓表达，是指人们传递思想情感或态度的表示方式或手段。文章的语言表达，是指文章语言的表现方式，简称表达方式。

文章的表达方式是多种多样的，主要有叙述、描写、抒情、说明、议论。这5种表达方式各具特点。它们在写作中，有的单独使用，有的交相使用，更多的是混合使用。在应用文的写作中，常用的表达方式主要是叙述、说明、议论等3种。

1. 叙述

叙述，是述说事物或现象的发生发展过程的语言方式。文章的叙述，要求写作者有一个立足点，形成明确的观察方位。要么从自我出发，要么采取与叙述对象相对的观察角度，这就形成了语言表述的不同人称方式。第一人称，作者以当事人的身份出现，叙述“我”的所见所闻、所感所思，给人一种真实、亲切的感觉。第三人称，作者站在第三者立场，用叙述他人的口吻把人物的经历或事件的发展变化表述出来，能够比较灵活地反映对象事物。

应用文的叙述，也与一般文章相同，分为：顺叙——按照事件发生发展的先后顺序进行的叙述；倒叙——先叙述事件的结果，然后再从头道来的叙述方法；插叙——在顺序中插入一段与表现主题有关的另一件事的叙说方式；补叙——在叙述过程中对情况作某些补充和说明的表述方法。

应用文的叙述要注意几点：一是要真实，必须忠实于客观实际，反映人物事件的本来面目；二是简洁，对事情的陈述以服从于表现主题的需要明白即可，避免冗长累赘；三是完整，叙述的事件不管是全面的还是片段的，要使之头绪清楚。

2. 说明

说明，是具体或概括地对事理，事物的性质、状态、结构、关系、功用、缘由，或对人物的经历、特点、成就等所作的解说或介绍的语言表现方式。

常用的说明方式有如下几种：

1）定义、诠释说明。定义说明是用概括和精确的语言表述某事物的本质属性，使它界定区分于别的事物。下定义较为困难，有时就只说明对象的某些特点，这叫诠释或解释，使用则较为自由灵活

2）概貌说明，是对说明对象外观上进行的概括介绍。这种说明注重事物的总体性，要能给人一个完整的印象。

3）程序说明，是对说明对象的变化过程或工艺流程或工作进度的前后关系的解说。这种说明要注意程序之间的衔接和贯通。

4）局部说明，是对完整事物的切分解说。这种说明需要切分合理，要注意在解说中既突出各部分的独立特性，又把握好各部分间的相互关联性及作为整体构成部分的统一性。

5）举例说明，是一种通过举例来解说事物的方法。这种说明应注意所举实例与解说对象的相似点。

6）比较说明，是把两种（或多种）事物，或同一事物的不同发展阶段进行比较，借以说明对象的性质、特点和变化的方法。这种说明要注意两者的可比性。

7）数据与图表说明，这是利用有关数据或图片表格的直观效果来解说的说明方式。这种说明要注意数据的准确、图表的明了。

3. 议论

议论是作者运用材料及逻辑推理阐述道理，表明自己的见解、主张或驳斥别人观点的一种表达方法。

（1）议论的三要素

议论有三要素，即论点、论据、论证。所谓论点，是指作者对所论问题提出的看法、主张。它可分为中心论点和分论点。中心论点是文章的核心论点，可在文章开头提出，也可在篇末归纳，常以一个判断语句出现在文章中的明显位置上。分论点是从中心论点展开出来为表达中心论点服务的小论点，常在文章每部分的开头出现。所谓论据是证明论点的理论及事实依据。论证，则是指运用论据证明论点的过程与方法。证明过程一般包括提出论点的依据、论点的基本解说、推论、归纳推论结果等几个环节。

（2）议论的方法

1）立论，是正面阐述自己的观点。常用方法有：①归纳法，即以事实为依据，从许多“个别”现象抽象出“一般”性结论。②演绎法，则是以“一般”性结论为依据，去推知“个别”事物的属性。③引典法，是以名人或经典著作中的言论或公理、常理为论据，来证明作者论点的正确。④比较法，是把不同情况或事物摆出来加以比较，在比较中明辨是非，阐明事理。⑤类比法，是以相比事物之间具有的共同点或相似点通过讲故事、举实例的方式来达到由此知彼的推论方法。

2）驳论，就是反驳他人的论点。反驳他人的论点需要有一个切口，即如何切入的问题。这要看对方立论的错误主要在哪里。一般来说，立论的错误不外乎三个方面：论点概括的错误；论据与论点不相统一；证明的逻辑混乱。因此，驳论应采取相对应的切入口：直接驳其论点的错误；驳其论据的不实从而驳其论点；通过揭露其证明方法的违反逻辑而驳其论点的不能成立。

驳论的方法主要有两种：①直接反驳，即直接揭露对方论点、论据或证明中的错误。②间接反驳，又分为归谬法、反证法。归谬法，是对错误观点做“顺水推舟”式引申，以充分显示其荒谬从而证明其错误；反证法，是先充分证明与其相对立论点的正确，而且相关论点只有一个是正确的，从而推理出敌对论点必然错误。

第三节　经济应用文的写作原理

前节中的应用文文章要素构成理论是基于人们已写作成功的文章的研究。应用文处理事务的内容涉及社会活动的各个方面。所谓经济应用文，是指应用文中以经济活动事务为其反映对象内容的一类文章。文章，是写作主体创造性思维活动的成果，那么，经济应用文写作主体又是如何通过他的创造性活动写作出这些文章的呢？这里首先需要回答的是应用文写作的原理问题。

应用文的写作原理是指主导应用文写作活动的根据及其机理。该原理理论包括三个基本的内容点。

1）应用文是作为人们处理事务的工具，人们社会实践的需要是应用文写作的动力根据。应用文的写作是缘于人们的社会实践。在人类的认识能力还很低下的时期，主导行为的意念常是触发于一些单纯的感知意识，所产生的是直觉的眼前利益诱导下的念头和行为。当时的人类思维和行为方式都极明了且在今天看起来是简单化的。伴随科技的进步和人类认识能力的不断提高，尤其是随着生产力的进步和人类社会分工的细化，人类生存方式的社会化程度越来越高，人类实践涉及的内容与范围也日趋广泛和深入，以致人类的文明程度越高，人类的思维乃至意识活动愈益复杂化，同时对人们行为方式的要求越高。这即是说，社会的进步赋予人们社会行为动机的理性化和行为方式的规范化要求更高。要实现这种行为的理性和规范，人们及社会组织在处理一系列重大事务时，不能不借助文章写作的方式。因为，文章既是人们理性思维的成果，又是人们交流思想和传递信息的工具，借助文章写作办理事务，才能保证行为的理性化并且促进人们行为规范遵循日益进步的现代文明社会的要求。而且，恰是人们在社会实践中面临一件件事情需要通过写作文章的方式去办理，而启动并主导着应用文写作主体的写作活动，这才是应用文写作主体行为的动力根据。

2）应用文主题的确立，以及文章写什么，怎么写，是被规定于人们处理事务的具体的意图宗旨。文章主题实际上是指写作主体对文章写什么的核心内容的认识理解，并由此规定和主导着写作主体的思维活动。应用文写作主体对文章主题的确立，是产生于处理某一事务要实现的意图宗旨（前节中已作论述）。由于应用文写作是缘于人们对事情办理需要通过写作文章的方式去解决，而今天人们的行为动机均有着明确的目的，且对行为目的的如何实现有着周密的计划性，这反映在应用文的写作活动中即是主体通过文章写作办理某一事务的意图宗旨。又由于人们办理每一件事情的内容和目的的特定性规定着该次文章写作内容和意图的特定性，也就由此规定了每一写作活动意图宗旨的具体性。人们的动机决定行为，这种人们处理事情的具体的意图宗旨也就规定着应用文的主题，乃至规定着每一文章写作的具体的内容，以及文章的材料、结构、布局和语言风格，即规定着文章写什么，怎么写。

3）应用文写作产生的不同文章体式，乃至同一文章体式写作在材料、内容、表达上的千差万别，是由人们社会实践中的不同事务特性，事务处理所涉及的对象事物纷繁多样的复杂性，以及写作主体认识上、语言能力上和语言风格上的差异所导向的。

在这里，我们首先要将人们社会实践中的事务与事务处理中涉及的对象事物从概念上区别开来。所谓事务，是指人们要办理的事情，是一个相对抽象的概念。而人们办理的每一件事情均要涉及具体的时间、地点、对象人、对象物，以及事件、事由、事理等，这些统称为事物。

一般来说，文体的形成是由所办理事务的特性所规定的。譬如，为报告对经济活动中的问题研究的意见要写作经济活动分析报告，写作这类文章办理事情的共性特点，在于其目的意图是要向领导层报告在对本单位（或本地区、本行业）经济活动的研究中发现的问题及其原因分析和提出的改进措施。文章写作要从该目的意图的实现出发来选择材料和布局文章结构实施表达，于是处理该类事务的共有特性主导着文章写作便形成共性的形态特征。在长期的实践中，人们写作处理该类事务的文章若由不自觉到自觉地认同和遵循着一种基本的特征模式，那么，这种文体的概念也就形成了。

然而，遵循同一文体模式写作的文章也千差万别，那是为什么呢？这是因为，即使相同的事务也涉及万事万物，每一事物又顺时顺势而变化，人们处理事情要依据对象事物的固有属性又要因时因势遵循其运行规律来选择正确的途径方法；又由于不同主体的素质、经验、认识能力不一样导致对事物规律的认识和对事务处理的途径方法的选择不一样，以致不同主体、不同时期、处理不同对象事物而写作的文章在表达的内容上千差万别；再加上不同主体的语言能力和语言风格上的差异，这就使我们的文章世界，不仅不同文体的文章，即使同一文体的文章也五彩缤纷。

第四节　经济应用文写作的运思规律

对经济应用文写作主体活动的研究需回答的第二个问题是思维规律问题。文章，从与主体思维活动的关系上去认识，它是主体创造性思维活动的成果；而从存在形式上去研究，文章，又是人的思维与语言表达相统一的实现形态。写作活动的基础是思维活动。任何事物的规律形成均是被决定于事物的本质属性。经济应用文以其特定的内容属性规定着文章写作的思维活动，形成了经济应用文写作主体思维必须遵循的基本法则。

一、必须明确所处理事务的具体的意图宗旨

文章写作，要先确立主题（如前所述）。应用文的主题，是产生于人们处理某一事务必须要实现的意图宗旨，因此，明确所处理事务的具体的意图宗旨成为应用文写作主体思维活动的第一任务。

这里强调的所谓“具体的”，是指写作主体对某一写作活动所要处理的事情，以及对这一事情的处理要解决什么问题、达到什么目的、实现什么样的效果的具体理解。每一文章的写什么，怎么写，正是由这样的具体意图宗旨所规定的。

应用文写作，除了个人生活和学习事务的处理，作者与写作主体相同一外，其他写作以是某一级政府机关，或企业、事业单位，也可以是某部门），写作主体则为执笔人。并表现为主体活动的作者与写作主体是两个概念。经济应用文写作中的作者一般为某机关（这里的机关可受命写作的被动性——主体受命之前难以自主产生写作的意识动机），这即是说，经济应用文的写作主体不能代表作者，不能决定文章写作处理事务的意图宗旨。但是，他受命后要理清文章写作的思路，又必须明确通过该文章写作处理这一事务是要达到什么目的，解决什么问题，实现什么样的效果。这种“明确”需要通过两种途径来实现：一是通过对材料的占有和分析，完成对事物的正确认识（这在前面论及文章要素时已作了详细的论述）；二是从机关的代表者——领导集团那里接受领导层的意志。

领导者较之非领导者，在事务处理的意志形成中有三个特点：一是，领导者肩负的责任感，使他能自觉地站在机关利益立场上去思考问题，形成领导者特有的思想境界高度；二是，领导者所处的位置，使他能有效地全面汇集各方面的信息，以致对问题的分析研判更全面、深刻、准确；三是，领导者长期从事领导工作的经验、知识和综合素质，决定着他们的成熟程度，从而保证了处理问题方法的高正确率和高有效率。这三个特点决定着领导者处理事务的价值取向。这是一般写作主体所不能及和不能替代的。

因此，写作主体不宜以自己的意志去代替领导者的意志，而必须是接受领导者意志，并依赖自身的素质和正确的思想立场方法，结合对所处理对象事物的正确认识，来明确本机关处理这一事务的意图宗旨，从而确立文章写作的主题，主导文章的写作。

二、必须遵循所处理事务对象的自身运行规律

人们在学习、生活、工作中每天有许多的事情，每做一件事情都要涉及相对应的事物。人们每做好一件事情，除了要有明确的目的性外，还需要解决好如何做的问题，即选择正确有效的途径方法。目的的确定和途径方法的选择均来自主体对事情涉及的对象事物及事物规律的认识。应用文作为人们处理实际事务的工具，要求文章准确反映主体处理事务的目的性及如何处理的途径方法。应用文写作的成功与否，在于文章能否准确反映主体的认识思路和遵循事物的运行规律来正确选择事情处理的途径方法。

经济应用文是以经济活动为事务对象，需要遵循经济活动的特有规律。其内容包括：

1）市场活动规律。包括：消费者的需求心理、动机及行为规律；市场竞争法则；企业行为法则等。

2）经济运行规律。包括：国家宏观经济运行规律；国家、地区与企业经济运行的构成

关系；企业经营与管理的运行法则等。

3）国家宏观调控及政策导向规律。重在认识国家对经济的宏观调控手段与国家政策导向对市场及经济运行产生的干预作用。

主体写作文章，对处理事务的意图宗旨和方法的表达，必须是以准确揭示事物规律为依据，来选择和运用材料，布局文章结构。应用文写作是为处理实际事务，文章写作正确遵循了这一处理事务的对象事物规律，才能把事情处理好，文章才能写得好。否则，就难以把事情处理好，这一写作不能实现文章的特定价值意义，这一文章当然也不能说写得好。

三、遵循作者的特定角色身份来规定写作的思维方法和思维程序内容

在经济应用文写作中，作者与受文者所形成的双方角色关系及作者所处的地位对写作活动意义十分重大，并由此规定着主体写作活动的思维方法和思维程序。

1. 上行文

上行文，如请示、报告类的文章，受文机关是领导机关，作者是下级机关。这里，写作主体要以作者处于下级机关的角色身份去思考如何实现本机关的意图宗旨，领导机关的权责范围、需要了解什么，如何选材，如何进行文章布局来表达。则主体写作活动的思维程序及内容是：本机关的意图宗旨→受文机关的权责范围→文种选择→文章材料和结构布局→下级对上级行文的语言风格。

2. 下行文

下行文如通知、指示、批复、会议纪要、法规性文件等，受文机关是下级机关或被管理者，作者是领导机关。写作主体是以作者处于的领导角色地位去思考，如何贯彻本级机关的意图宗旨，文章应写什么，如何布局结构，及采取什么样的语言方式。则主体写作活动的思维程序及内容：本级机关的意图宗旨→下级机关工作的任务特点及要求→文种选择→文章表达的内容及结构布局→语言方式。

3. 平行文

平行文作者与受文机关是互不隶属的平行关系。写作主体必须是以作者与受文者平等的角色身份，以平常的心态，以商榷的口吻，以沟通的方式，来主导文章写作。主体写作活动的思维程序及内容：本机关的意图宗旨→双方的利益需求→如何激发对方对该事情的兴趣和关注→双方如何沟通和合作→文种选择→文章表达的内容及结构布局。

4. 自行文

自行文如合同、策划书、计划等。该类文书是作者为承诺、导向和调控自身行为而写的。其写作文章的意图宗旨是导向自身行为。文章重在行为的目标任务、如何做的策略、内容、方法。主体写作活动的思维程序及内容是：意图宗旨→该行为的目标任务→认识行为的内容及规律→如何做的策略方法→文种选择→如何表达的文章布局及语言方式。

思考与练习

一、填空

1．应用文主题的确立，不是来自某一写作活动，而是来自处理________的需要。

2. 应用文写作中，材料的选择和运用主要有如下几种方法：________；________；________。

3．应用文语言的特有风格特征：①________；②________；③________。

4．应用文的常用表达方法主要是________、________、________3 种。

5．应用文常用的说明方式是________、________、________、________、________、________。

6．立论的常用方法有________、________、________、________、________；驳论的主要方法有________、________。

二、名词解释

经济应用文　应用文主题　材料　结构　语言　表达　典型材料法　点面材料结合法　个性材料叠加法　叙述　议论　说明　归谬法　反证法

三、简答题

1．我国应用文的发展主要经历了哪几个阶段?

2．应用文材料的功用具有哪几个特征?

3．经济应用文需要遵循经济活动的哪些运行规律?

4．怎样确立应用文的主题?

5．经济应用文的写作思维必须遵循哪些基本法则?

6．怎样反驳他人论点?

7．经济应用文的写作原理理论的内容是什么？

第一篇

市场研究与投资决策

工业企业的经营管理，若依据单个产品的运行轨迹，企业首先涉及的是对产品市场前景的考察，从而决策项目的投资。

第一章

市场研究

教学目的和要求

- 通过本章内容的教学，让学生懂得什么是市场调查报告，什么是市场预测报告，掌握市场调查研究与市场预测分析的基本知识，能写作市场调查报告和市场预测报告。

第一节　概　　述

一、工业经济与市场研究

经济在经济学中的含义是指社会物质的生产和再生产活动。其理论概念按照研究对象的差异又有宏观经济和微观经济之分。宏观经济反映的是社会的总体行为，主要由政府行为来控制；微观经济关注的是单个产品，具体体现为企业行为。在微观经济活动中，工业经济运行不仅有着行业、产品、生产工艺、市场竞争的复杂性，又有着程序性的规律，体现着社会经济运行的一般性特点。故工业经济运行中处理各类事务所产生出的应用文种类最为系统，最具代表性。工业经济是经济应用文的摇篮。这是本书框架体系的理论依据。

在工业经济运行中，企业的行为是围绕产品展开的。如果我们遵循产品生命周期理论，以单个产品的运行轨迹为依据，那么，工业企业的经营运作，无论是新产品的研究开发，或是新的投资决策，还是传统产品的经营战略的调整，首先要做的工作是市场研究。

二、市场研究的内容与所涉及的应用文种类

市场研究的内容包括三个方面：一是对市场本身的研究，包括分部市场、潜力市场、消费者市场、工业原料市场以及新产品市场；二是行业竞争态势，包括主要竞争对手、竞争格局和对手的竞争策略；三是宏观经济形势以及来自政治的、经济的、社会的乃至对未来经济形势产生的影响。

而市场研究的途径，主要是通过市场调查来获取市场的动态信息和通过预测研究来认知市场的未来变化趋势。在该项事务活动中要写作的应用文主要有市场调查计划任务书、市场调查设计方案（也称市场调研计划书）、市场调查报告、市场预测报告等。

三、市场研究的方法

市场研究的方法主要是指市场调查的方法和市场预测研究的方法。

1. 市场调查的方法

市场调查的方法按调查的方式可分为四大类。

（1）文案调查法

文案调查法又称第二手资料调查法或文献调研法。它是调查者在调查目的的指导下，通过搜集企业内部的文件资料及企业外部各种相关文案，加以筛选、分析、整理、归类，从而获取有价值信息的调查方法。这是调查方法中最基本的方法，也是应用最为广泛的方法。

（2）实地调查法

调查是为获取有价值的信息，调查的过程，同时伴随着调查者对获取资料去伪存真和剔除过时与无效信息的过程。上述文案调查法（第二手资料法）是间接来自于他人研究的成果。若调查者仅有这些缺乏直接感性认识的间接来源的资料，会使他们的认识停留在笼统、模糊的状态，对下一阶段信息资料的筛选、分析、整理工作的深化不利。且文案调查法也难以获取所需的全部资料，所以，还需要进行实地调查。实地调查法又可区分为两种。

1）观察调查法。即调查人员通过人体感官或借助仪器设备跟踪、记录被调查事物和人物的行为痕迹和活动环境来取得第一手资料的方法。

2）询问调查法。也称访问法，是指调查人员深入现场，通过与被调查对象面对面的询问方式，向被调查者了解并收集市场情况和信息资料的调查方法。

（3）问卷调查法

问卷调查法，是指调查人员将所需求信息设计在问卷中，以某种方式让被调查者按问卷及其要求答卷，以此获取信息资料的调查方法。它又可以有多种方式，如邮寄问卷、电话问卷、电脑问卷、留置问卷等。问卷调查法的优势在于方便大面积大范围的调查，不足之处在于难以有深度。

（4）实验调查法

有些市场信息存在于消费者的潜意识中，需要借助实验的方式才能获取。所谓实验调查法，是指调查人员借助实验的方式，假设某种环境，设置相关因素，人为操作地选择和控制自变量的值，从而测量对因变量的影响而获取信息资料的方法。它可以通过合理的实验设计，比较清楚甚至精确地反映事物的因果或关联关系，这是其他方法所无法比及的。

2. 市场预测的方法

所谓市场预测，是依据预定的研究目标，对某一市场的未来变化趋势或某个（或某类）产品的未来市场需求量作出的研究判断。它需要借助一系列科学的预测方法。由于预测方法很多，这里只从大类上作概要性的介绍。

（1）朴素评判预测法

该方法是由研究者根据所掌握的信息资料，凭借自己的知识与经验，对某一市场的未来变化趋势作出判断。由于这种方法的主要特点是通过研究者以自身过去的经验来做参照判断，故又称经验研判法，主要用于定性预测。

此种方法在适用中，又产生出多种具体方法。有：直接预测法，包括点面联想法、类推预测法、征兆指标预测法；集合意见法，包括专家会议法、专家函询法（德尔菲法）；推定集中值法等。

（2）时间序列预测法

时间序列是指将现象的指标值按时间先后顺序排列形成的数列，它能反映出现象随时间变动呈现的变动趋势。遵循该趋势以测算指标的延伸值，来推算未来的可能水平的方法，成为时间序列预测法，也叫外推法。该方法用于定量预测。

常用的外推方法有：直接平均法，包括算术平均法、增长量平均法、发展速度平均法；移动平均法，包括一次移动平均法、加权移动平均法、二次移动平均法；指数平滑法，包括一次指数平滑法、二次指数平滑法；趋势延续法，包括直线趋势延续法、曲线趋势延续法、龚珀兹曲线趋势延续法；季节变动预测法，包括季节指数水平法、季节指数趋势法等。

（3）回归预测法

市场的发展变化受到市场内部与外部多种因素的影响，市场现象变化与多种影响因素变化之间存在着一定的依存关系。这种依存关系通常可以表述为数量关系并加以分析研究。其数量关系又可分为函数关系和相关关系两类，而市场实际现象中的依存关系呈现函数关系的较少，更多地表现为相关关系。依据市场现象中的相关关系，建立回归方程进行定量分析，以实现对市场未来变化的量化预测的方法，即回归预测法。

回归预测法又分为：一元线性回归预测法，包括静态回归预测和动态回归预测；自回归预测法；多元线性回归预测法；非线性回归预测法。

市场预测的方法除上述方法外，还有经济计量分析预测法、马尔科夫预测法、灰色系统预测法等。

四、市场研究类文书的写作及思维特点

1）市场是一个宽泛的概念，而一次市场研究只能是针对某一特定的目标市场，故研究者必须首先在思想上完成对特定目标市场的界定，以明确研究活动和文章写作对这一目标市场的指向。

2）无论是对市场的调查研究或是对市场未来变化的预测研究，都是建立在占有有效材料的基础上。在占有材料后，研究者根据材料抽象出观点或形成研究结论，而不能是先有观点后找附材料。

3）市场研究类文书中，无论是市场调查报告的调查材料还是市场预测报告的研究结论，都是作者的认识成果。在文章写作中，作者首先要理清自己研究的认识思路，从而体现到文章中去实现有条理的表述，才便于读者的理解和接受。

第二节 市场调查报告写作

一、文体概念及市场调查报告的特点

在激烈的市场竞争中，企业的经营运作都要根据市场进行决策，即使是应对国家的政策调控，最终也是取决于市场，因此，企业必须密切关注市场、研究市场。这种关注和研

究的途径首先是要通过调查来占有反映市场动态的信息资料，这就是市场调查。

市场调查的启动是基于企业某种决策的需要，有着明确的针对性和目的性，虽然有些调查出自社会咨询机构或研究机构，也是在他们认识到企业的这种需要或是接受企业委托而作为的。而市场调查的目的是为企业认知市场，从而实现正确决策提供信息依据。故调查者在占有资料后，要对原始零散的资料进行去粗存精、去伪存真，由表及里、由此及彼的分析和筛选，从中挑选出有价值的信息，并理清这些信息间的内在联系，才能使调查获取的信息有效服务于决策。这项工作是通过对信息资料的整理和书面表述的方式来实现的。这种建立在市场调查所占有信息资料的整理工作基础上，反映和表述有价值信息的书面报告，就是市场调查报告。

写作市场调查报告不一定要有明确的结论。虽然市场调查报告的表述中也体现着作者的认识或倾向性观点，但这些观点的形成是服务于作者为完成认识过程而区分材料，或在构思文章写作时为实现文章表达的条理性，或作为文章写作结构单位的需要。写作市场调查报告不是为了表述观点，其写作活动的价值归根结底是市场调查获取的有效信息。

二、调查研究的基本程序

市场调查报告是在对市场进行充分调查研究的基础上形成的。市场调查研究大体分以下几个步骤。

1. 确定调研的必要性

市场调研的目的是帮助企业正确决策。但并不是在每一经营决策时，都要开展市场专项调研，如，在可用信息已经掌握、时间不充足、资源缺乏、成本高于信息价值的情况下，就不必了。

2. 界定调研的问题

即明确调研的目标属于哪一类性质的问题，需要什么样的信息以及如何有效地获得这些信息。市场调研的问题包括准确地确定研究目的和研究目标，研究目标又需表述成若干具体目标。每一次调研的问题一定要具体明确，范围不能太宽也不宜太窄。

3. 调查设计

调查设计通常以市场调研计划书的形式来表达，其内容包括确定收集资料的种类和来源、选择资料搜集的方法、确定资料搜集的工具与方式、选定抽样方案以及时间安排和经费预算。

4. 资料收集

收集资料是调研活动的关键性实践操作环节。

5. 分析资料

分析资料的基本程序：一是对搜集的资料进行去伪存真的鉴别和筛选；二是对筛选出的有价值的资料进行性质区分；三是对同性质的资料归类并概括所反映事物的属性；四是

理清类与类间的逻辑联系，从而回答预定的研究目的。

三、市场调查报告写作的基本结构思路

1. 前言

市场调查报告的前言，在内容上一般应交代调查的时间、对象、范围、目的，采用的调查方法、调查的基本情况等。

2. 主体

调查报告主体部分的写法，主要是将搜集到的资料经过去伪存真、分析归类，以类与类间的逻辑联系来形成主体部分的写作结构思路。通常的方法有如下几种。

1）将每类材料所反映事物的属性概括为小标题，在该标题统领下系统表述反映事物该属性的各种资料，由各类材料间的逻辑联系形成材料的整体系统性，从而体现出材料的归宿——说明什么。如例文 1《武汉调味品市场调查报告》主体部分的标题："一、武汉市场优势及特点"；"二、武汉调味品市场背景"；"三、武汉市场竞争格局"……等，均是以概括材料所反映的事物属性来形成标题，文章各结构部分以标题统领材料，通过材料属性来说明问题。

2）按资料的内容范畴分类概括标题，统领材料。如《××市××××年服装市场产销形势的调查》，其主体部分"一，服装生产情况"、"二，服装销售情况"的标题只表明资料的内容范畴。这种标题统领下的材料一般不能直接说明问题，需借助统计分析的方法来说明问题。

主体部分的写作重在归纳信息。

3. 尾部

调查报告结尾的写法，是依据主体部分的信息归纳提出问题，以激发人们的关注和思考，而不必致力于结论和解决问题。这是市场调查报告有别于市场预测报告和经济活动分析报告等研究性文书的特点所在。

四、文章写作结构原理分析

1. 导言（前言）分析

市场调查报告的导言写作，可区分为两部分内容，各自的写作意义也不一样。

第一部分是调查对象、目的、基本情况。其作用是统摄全篇，并为启动文章主体部分内容的写作作铺垫。导言部分既然交待了调查对象及目的，沿其逻辑思路，主体部分当然也就要去写对该对象调查获取了哪些有用的信息。

第二部分是调查的时间、范围、方法。其意义是为读者对文章主体部分所报告信息的价值评价提供依据。因为，人们评价信息的有效性及其可信度往往要联系你的信息获知的时间、途径、方式方法去思考。故上述写法，能让读者一接触文章的导言，就能对文章主体的内容产生欲读的兴趣。

2. 主体分析

写作市场调查报告的意图宗旨，是向决策层或其他的信息采用机关报告调查所获取的

有价值信息。因此，要求文章主体部分的写作既要系统地综合出所筛选的有用信息，又要实现有条理地表述清楚。这里需要提请注意的是，调查报告中是经加工和筛选了的信息，这种加工和筛选融入了作者的理性思考。而文章之所以能实现作者与读者的交流功能，是因为文章表达的语言法则遵循了人们共性的认识规律。市场调查报告主体部分综合了诸多的有用信息。作者正是以自己的理性思考，遵循着人们共性的认识规律，才能将诸多的有用信息通过语言的表述形式进入读者视觉思维中的有条理状态，让读者接收和理解这些有用信息。文章主体部分写作的两种结构方法，即以每类材料所反映事物属性来概括标题统领材料，和按材料的内容范畴分类概括标题统领材料的方法，也正是作者理性思考并遵循人们共性认识规律所产生出来的两种安排内容结构的思路方法。

3. 尾部分析

严格地说，调查报告只需提供信息，而不必以作者的思考结论去影响读者对信息的采用。因此，市场调查报告的尾部不需要以作者的研究结论作结，这也是市场调查报告写作相区别于市场预测报告和经济活动分析报告的特点之一。但作者却可以将通过调查发现的问题提示或加以强调，以激发读者的关注和研究，以此形成市场调查报告尾部现行的写作模式。

例文 1

武汉调味品市场调查报告

一、武汉市场优势及特点

1. 武汉在全国的区位优势

武汉是我国华中地区的重镇，自十六七世纪始，便是我国内陆最重要的商品集散地与中转贸易中心。经武汉的商品可直接辐射到河南、湖南、江西、陕西、四川、重庆、湖北、安徽、江苏、山东等地，自古有“九省通衢”之美誉。

从近三四百年的发展情况来看，中国商品的出口主要集中在上海，上海已成为全球知名的国际贸易之都。而欲做中国全国市场，首选地则武汉第一，不但因为武汉拥有得天独厚的地理条件，更因为武汉所拥有的强大消费能力。武汉市常住人口 930 多万，常年流动人口 410 万左右，在全国超大城市中排名第五，仅次于上海、北京等地。2004 年武汉人均 GDP 达 3000 美元，属典型的中上等消费型城市。武汉市场直接辐射的消费人群约为 5.6 亿人，几乎占到全国总人口的一半。武汉不但对华中地区起着关键性作用，更可影响华东、华西与华南这三个全国最主要、同时也是最大的消费市场。

尽管近几年随着中国信息化进程的迅猛发展，市场格局有所变化，但从实际情况来看，作为传统商业业态中的物流、中转、辐射等功能优势，武汉仍数第一。据武汉大学市场专家李知恩教授分析预测：未来 20 年内，武汉市场依然会是众商家的宠儿，依然会是各路商家角力打拼的首选市场，武汉的区位优势依然相当明显，若政策发展顺利，这种优势还会得到更进一步的加强。

调味品在武汉市场很早以前便颇受商家的青睐，在各类商品中排名始终保持在前五名左右，这在全国都算奇迹。上溯至清中期，武汉的调味品贸易开始闻名全国，19 世纪七八十年代至九十年代，武汉的调味品贸易与生产更是辉煌，武汉生产的各类调味品也广受全国消费者的欢迎。近十年，各地的名优调味品更是不惜余力，纷纷登陆武汉市场，欲借这个平台，打开全国市场的大门，几乎 80%的调味品生产企业在选择全国市场时，无一例外将武汉选为样板或试点。业界有“能做好武汉市场，便一定能做好全国市场”的说法，可见，调味品企业对武汉市场的认可度有多高。无论成败若何，武汉都早已成为广大调味品企业必争的市场。

2. 武汉及周边地区的饮食习惯

武汉地处中国中部地区，紧依长江、汉水，周边大小湖泊100多个，首先是个多水的城市，同时武汉又是举世闻名的“三大火炉”城市之一，因此，“闷热潮湿”便是武汉地区最主要的气候特征，这种气候对饮食习惯影响甚大，加上“百年商埠”所带来的南北口味大融合，便逐渐形成了现如今武汉及周边地区的饮食口味，那就是整体偏重、辛、辣、鲜、酸为主要特征的饮食习惯。酱油、食醋、胡椒、辣酱、复合调料、味精、鸡精这些调味产品也因此最受武汉及周边地区消费者的喜爱。这几种产品的销量要比其他各类调味品的销量大得多。从酱油、食醋、胡椒销量全国排名第一，辣酱、复合调料、味精全国排名第二的实际情况中不难看出，这种饮食习惯对调味品需求的影响有多大。

3. 武汉调味品市场的优势特点

1）武汉本身是一个调味品消费大市，年调味品消费量全国排名第二，仅次于上海。据武汉市商业局提供的信息，2004年武汉全市调味品总产值约31亿元人民币，约占全国调味品总产值的7%左右，其中批发业态雄踞第一，完成16.7亿元；餐饮业首次完成8.71亿，排名第二；超市零售以4.59亿元紧随其后（详见附表1），这其中还不包括众多小饭店与便利店的消费额，若要将这些也统计进来，恐怕要接近35亿元。

附表1：2003～2004年武汉市场各渠道调味品销售排名表（略）

2）武汉向周边辐射的能力全国排名第一。众所周知，武汉是我国最大的调味集散地与中转中心，每年经武汉向河南、陕西、湖南、江西、山东等地发送的各类调味品贸易额不低于15亿元人民币。虽然近几年郑州市场有一定的发展，但相比武汉来说仍然存在较大差距。而武汉保持第一优势，除多年来广大调味品企业对武汉市场的认可因素外，更主要的是武汉市场本身有一大批专业从事调味品贸易的大型商贸公司。据统计，年销售额超过亿元的就不低于6家，超过3000万元的接近30家，300万元左右的达到200家以上。这些贸易公司每家都有一大批自己的省内外客户群，对武汉调味品市场向周边省市辐射与促进武汉市场的繁荣起着关键性作用。

二、武汉调味品市场背景分析

1. 百花齐放、百家争鸣，你方唱罢我登场

不知是武汉市场的诱惑实在太大，还是武汉对调味品企业的经营战略链起着至关重要的作用，总之，每年都会有众多的调味品企业来武汉试水，从而形成了武汉调味品市场一道独特而又亮丽的风景。百花齐放、百家争鸣，你方唱罢我登场，热闹非凡。尽管有的功成名就，有的折戟沉沙。客观上讲正是这种百家争鸣充分竞争的局面，才促进了武汉调味品市场的发展，才促进了调味品企业的成熟与进步。成功了继续加劲干得更辉煌，失败了认真总结经验找差距，他日寻机卷土重来，市场是永远的市场，武汉大，调味品商机永远存在。

2. 产品良莠不齐，假冒伪劣严重

武汉市场另一个表现最突出的特点便是假冒产品的大量涌现。尽管执法部门也多次打击过，但收效甚微，很多知名企业都深受其害。像镇江香醋、海天酱油、水塔老陈醋、南街村复合调料、莲花味精、大桥味精等，总之，越是知名的越易被假冒。现在武汉市场早餐摊点使用的醋类产品绝大多数是假冒伪劣产品。据估计，每年假冒伪劣调味品所产生的非法收入接近10亿元人民币，如果算上这些收入，武汉市场每年起码可以再提高1/3产值。

3. 个别品种表现抢眼

由于武汉的气候特征与“食鱼”习惯，个别调味产品的表现尤为突出。比如胡椒，2004 年武汉胡椒果及胡椒粉的消费量约为 4000 吨，产值约 1 亿元，其中胡椒粉约占 700～800 吨，产值约 3700 万元。武汉胡椒消费在全国是个特例。另外，鲜、酸味在武汉市场也被普遍看好。

4. 武汉市场容量巨大

从武汉 2003～2004 年度的各类调味品市场销售情况与排名中不难看出，武汉市场上几乎所有的单品种调味品在全国销售都排名前三位，可见武汉市场的容量有多大（见附表 2）。

再从餐饮业角度上讲，据武汉餐饮业协会提供的信息，目前，武汉全市有中等规模、年收入 5000 万元以上饭店 60 多家；中小规模、年收入超过 500 万元的餐厅 500 多家；小型餐馆 2.6 万家左右；而高校后勤集团所属餐厅、食堂则达到 50 家之多。这些餐饮机构每年还在呈一定程度的扩张之中。调味品的消费量自然而然会随之不断上升。

附表 2：2003～2004 年武汉市主要调味品销量表及排名情况一览（略）

三、武汉市场的竞争格局分析

1）本地品牌占据了鲜味产品近 40%的市场份额，主导产品以味精、鸡精、胡椒、蒸肉米粉、辣椒产品等为主。近几年，武汉本土原有的知名品牌“黄鹤楼”酱油、食醋已完全退出了竞争舞台，原副食集团只剩下“江花”与“黎明”来力扛市场，而“江花”品牌主打的产品是蒸肉米粉，虽然这几年又增加了一部分新产品，但并未出现太大亮点。“黎明酱油”市场反应也不突出。

而另外一个调味品巨头“国营大桥味精厂”，则通过转制或股份制改造表现出强劲的发展势头。无论是“大桥鸡精”或是“大桥味精”都高歌猛奏，为武汉人守住了尊严，现味精与鸡精产品的竞争主要集中在本土品牌之间，武汉市场畅销产品中有大桥、厨师乐、味全、劲宝、太子等品牌，太太乐鸡精能从本土市场中争得份额实属不易。胡椒是武汉调味品市场的另一个亮点，销售不错的品牌有味福、鼎鼐、美味全、九天乐、南亚等。

2）外地企业携品牌与资本优势，攻城夺寨，一点点将武汉市场除鲜味与传统特色调味品外的其他产品市场份额掠夺一空。“调味之王”酱油被海天、加加、李锦记、淘大、美味鲜等南派巨头瓜分，武汉仅有“劲宝”一家争得些许份额。食醋则完全由山西水塔与江苏恒顺包办，南街村以“复合调料王”一枝独秀，来自四川榨菜之乡的涪陵军团，轻而易举便把酱腌菜的市场份额收入囊中。

四、武汉消费者分析

1. 武汉市民偏爱绿色、健康的调味产品

2004 年武汉人均 GDP 超过 2800 美元，按国际惯例这标志着武汉人在日用品方面的消费将会有较大幅度的提升。事实上，武汉人长期以来对绿色、健康的要求一直较其他地区强烈。一些偏远山区来的调味品就很受武汉市民的欢迎，如产于贵州的辣椒酱、云南的酱菜等，市场反应就很好。这几年中央媒体对伪劣调味品的连续曝光宣传及城市居民收入的提高、健康意识的加强，则直接让武汉人在选购调味品时，更注重此点。

2. 价格定位——中等偏上为宜

不能说价格是影响武汉人购买习惯的主要因素，但绝对是一个非常重要的因素，武汉人选购商品最怕“吃亏上当”，吃一次亏可能会导致他终生不购买此产品，武汉人购买商品要品质最好，价格又最合适。笔者专访了 4 家超市，随机询问了一些调味品购买者，几乎都这样认为：调味品价格太低不能要，太贵又不合算，中等偏上则刚刚好。而在实际选购中，大多的武汉消费者确实会选择中等偏上价位的调味品。因此，中等偏上的定价策略对于要打武汉市场的调味品企业来说是一个不错的选择。笔者将在走访过程中得到的一些产品最适合价格信息整理如下：酱油：5～6 元；香醋：4～5 元；陈醋：3～4 元；复合调料：2～3 元；鸡精：4.5～5.5 元；味精：3.5～4.5 元；辣酱：5～6 元。

3. 对品牌与包装形象要求甚高

品牌形象与商品包装现已成为市场竞争的第一要素。随着市场竞争的加剧，各类商品的包装也变得越来越漂亮，越来越精美了，企业负责人对产品包装的重要性都非常清楚，但各地风格习惯不同，在包装上也应有着不同的要求，因此企业在给自己产品做包装设计时，不妨反过来推演一番。比如，若我这个产品准备重点打武汉市场，那么就应该根据武汉市场消费者的喜好特点来设计产品包装，要做到产品一投向市场，武汉消费者马上便能认可喜爱。这样，你再进行其他形式的促销或推销，便容易多了。以下是武汉市民对调味品品牌与包装形象的一些偏爱特点。

1）武汉人喜爱典雅的色调，不喜欢太火气的色彩。喜欢的色彩有淡蓝、浅绿、黄、米黄、浅棕、金、银等，不喜欢的色彩有大红、紫、桃红、黑、白等，如“太太乐”。

2）武汉人偏爱简洁明快、大方的图案，不喜爱繁缛、灰暗的形象。

3）对传统时尚的设计有好感，如“李锦记”的“中国风格”。

4）武汉人对现代化公司品牌形象有好感。

5）对品牌产品的选购率较大。

武汉市场多年来有一个很明显的规律：那就是品牌越响，销量越好；宣传越多，销量越大。由于来武汉打市场的调味品企业很多，品牌销售变化太快，因此要想在武汉打开局面，除通路准确、促销得力外，树立品牌也至关重要，未来的市场竞争中，品牌的影响作用还会更大，而武汉市民与其他大城市的市民一样，在生活水平提高，消费能力不断上升的前提下，要想买得对、吃得好，首选肯定是品牌产品，因此，企业打武汉市场时切记抓住一切可利用的机会，扩大产品的品牌影响力，方为上策。

五、武汉市场渠道分析

1. 传统渠道是致胜关键

从武汉市场各渠道销售排名中，不难看出，传统业态调味品销量占了武汉整个市场 68%的份额，是武汉市场制胜的绝对关键所在。目前，武汉大型商超（包括跨国企业）约 50 家，其中沃尔玛 1 家、家乐福 3 家、麦德龙 2 家、华联 3 家、武商量贩约 6 家、中百仓储 27 家、新世界 1 家、好又多 2 家、新一佳 2 家等；连锁便利店 700 多家，其中中百便民 240 多家分店、双汇近 100 家分店，其他如好邻居、丽江、乐购等若干家；普通超市 600 多家；工商旗下的集贸市场 310 多家；专业调味品批发市场 8 个。可以说，武汉几乎每区每街都有不同规模的超市或其他形式的销售终端，是全国商超竞争最激烈、也是最密集的城市，笔者在调查中发现，约 80%的顾客在购买调味品时，会选择这些传统业态。因此，企业在进入武汉市场时，传统业态一定要把握好。

2. 新渠道异军突起，不容小视

2003 年曾在武汉掀起了一股开发新渠道的风潮，就在那时，学校后勤第一次被业界抬出水面，原来大家都不关心的学校后勤一下子成了香饽饽，这一年武汉各大学校餐饮业实际完成销售收入 30 多亿元人民币，调味品消费额达 1.2 亿多。去年，武汉市各类学校（包括高等院校、大中专职业技校、中学、小学）调味品采购量约为 1.8 亿元，上升势头迅猛。据湖北省教育厅提供的材料，目前，武汉共有各类高校近 40 所、中专及职业学校约 30 所、中学约 120 所、小学约 140 所，现在仅武汉大学后勤集团与华中科技大学后勤集团两家每年的调味品消费量便可达到2000万元人民币。可以预见，未来几年，这块肥肉必将成为众商家力争的热点。

六、武汉市场的推广特点

1. 传统推广方式盛行

武汉调味品市场最为常见的推广手段是有奖促销，然后是“买一赠一”、“抽奖旅游”等。很多企业在攻夺餐饮通路时，会首先给餐馆厨师一定的现金返利，或者直接将现金藏在包装中，这样效果颇为有效；针对武汉市民的推广方式则大多为“特价”或“买几赠几”，这样更符合武汉市民购买商品的心理，既买到了较贵的好的调味品，又收到了不少赠品，很划算；针对经销代理商，大多调味品生产企业采取“开箱有奖”或“完成销售任务的返旅游”等方式。这样做，从众品牌推广的角度上讲，过于追求局部效果或一时的业绩，并不利于长期的发展战略，会大大影响品牌形象的建设，造成虚假的品牌效果，一旦不用促销手段，马上便会陷入销售困境，因此，企业在做市场时，应根据企业的规模综合考虑，有条件的多学习西方如“可口可乐”、“百事”、“雀巢”等食品巨头的营销推广模式，倡导用“整合营销”方式来促进自己企业的发展。

2. 借力“从众心理”，口碑传播效果甚佳

武汉市场有一个比较有趣的现象，那就是“从众心理”严重，看别人买什么品牌，自己也买什么品牌；别人或熟人说某某品牌质量好，价格合理，他一定也去尝试，甚至不考虑现在需不需要。专家李知恩认为：中国人在现阶段的“从众心理”强烈，一个重要的原因是，当前我国市场经济的初期给广大消费者所提供的选购机遇太少，也就是真正能让消费者放心的品牌太少，加上收入、消费能力的提高及对高品质的追求，因而会形成一个决策“真空”。从而在选择商品时，会带有一定的盲从性，缺乏自我。针对这种现象，企业在推广时，除应该多加检讨外，是不是还应多想一想如何利用这个特点，及时树立起真正的品牌形象，取得一个不错口碑，来迅速填补这个绝佳的市场商机。

3. 终端的宣传不够，凸显机遇

尽管武汉市场是一个竞争激烈的成熟市场，但就调味品市场来讲，仍然处于发展初期，从竞争角度上讲，其他行业如医药、化工、建材等几乎“无机可施”，推广也在各个通路争得“你死我活”，而调味品行业却大多“水波不兴”，虽然说这与整个调味品产业的发展现状有一定关系，但最主要的还是企业的“眼光问题”，企业的目光能看多远至关重要，若是只想“混个饭吃”，那么便不用谈，但假若希望能抓住这个发展前途极佳的行业机遇，则应该放眼未来，一切从长计议，一切从现在开始。“海天酱油”近几年已在武汉投下巨资，在各个终端甚至各个街区的小型店铺门头上大做终端广告（大约400块），效果甚佳，就是个典型的案例。“海天”这样做无外乎希望达到如下目的：一、让广大消费者天天能看到海天酱油，记住这个品牌，树立海天酱油的品牌影响力。二、让消费者在选购调味品时，一定要选海天酱油。三、在长期战略上，谋求稳固的霸主地位，并让这种印象长期留在消费者心中。其实这三点目的都达到了。现在武汉市场还有很多像这样的绝佳机会，绝大多数并未得到有效开发，这种机会谁抓住了，谁就能致胜。从其他行业的发展规律来看，“终端的决战”才是企业真正的“生死决战”。

七、武汉市场的发展机遇与前景

1）除海天酱油与本地品牌“大桥”外，尚无绝对的领导型品牌，很多品种尚处在发展培育阶段，给广大调味品企业争取武汉市场提供了一个绝佳的竞争机遇。较有前途的品种有复合调料、辣酱类、腌菜、西餐调料等，目前武汉空缺严重，机遇多多。

2）未来三年武汉调味品市场的发展前景是一片光明。据有关专家分析，武汉调味品市场实际上尚处

在市场经济的初级阶段，因此市场走势强劲，机会处处存在。预计在2008年来临时，市场总值会较2004年翻上一番。下面是专家们所作的一个预测（见附表3）。

附表3：武汉市场主要调味品未来三年销售产值预测表（略）

3）中高档调味品与西餐调味品行情被普遍看好

武汉市政府日前公布了武汉市人均GDP预计数据，到2007年武汉人均GDP要超过5000美元大关。加上市场专家对未来三年武汉调味品市场的保守估计，虽然不能说武汉地区消费能力会有较大幅度的提高，但有一点是肯定的，那便是武汉的调味品消费量与消费产值会大幅上升，武汉市餐饮市场这几年突飞猛进，高档中、西餐厅层出不穷，高档调味品销量大幅攀升，便是明证。另外参考香港、台湾地区及新加坡、日本、韩国的调味品发展规律，我国近几年的中高档调味品发展的大势已不可逆转。各个大中城市对中高档调味品的需求会大增，行情为广大专家普遍看好，武汉在这方面更是如此，发展形势喜人，前途一片光明。

总之，武汉市场作为全国最重要的调味品市场，机遇与竞争并存，成败与风险同在，无论市场有多大，前途有多么光明，只有找准市场定位，树立起强势品牌形象，广建网络，厚积薄发，才会获得真正的成功。

（资料来源:http：//www.gerenjianli.com/wm/ms/diaocha/871d5498c3be.html）

第三节 市场预测报告写作

一、文体概念及市场预测报告的特点

企业对市场的研究，有时不满足于一般的认知了解，如在制定计划任务目标或确定某一战略目标时，需要有对目标市场未来一定时期变化趋势乃至市场需求量的准确判断，这就要借助市场预测。

市场预测是通过对目标市场变化趋势的准确判断，以其研究的结论来服务于企业的经营决策。而决策者作出决策的决心取决于对预测结论的确信程度，这就要求研究者对于预测成果不能仅是结论，还必须告知其依据什么，是怎样研究出这一结论的。这种依据占有的信息资料，借助科学的研究方法，对市场未来一定时期的变化趋势作出判断，向领导机关或相关企业报告预测结论及其理论依据的文书，就是市场预测报告。

市场预测报告处理事务活动的特点不同于市场调查报告。尽管两者都是要在完成市场调查占有资料的前提下来完成书面报告的写作，但市场调查报告的写作意在提供信息、提出问题；而市场预测报告则是要从占有的市场信息资料中，作出市场今后如何变化发展的研究判断，是以占有的资料来证明结论的正确，从而报告研究判断的结论，直接为经济决策提供理论根据。它对调控企业行为、减少决策失误、提高决策效率有着十分重要的意义。

二、市场预测报告的种类

市场预测报告按不同的标准可分为不同的类别。

按市场预测的对象特点来分，有宏观市场预测报告和微观市场预测报告；按预测的时间来分，有长期（五年以上）、中期（二至五年）、短期（一年左右）三种；按预测的方法来分，有定量市场预测和定性市场预测两种。

三、市场预测报告写作的基本结构思路

市场预测报告正文写作的基本结构模式一般应包括导言、预测、建议三个部分。

1. 导言

导言也称概述部分，通过概要介绍预测对象的历史及现状，影响因素，提出问题，表述研究的目的及意义。在问题提出和目的意义表述对全文的理解没有实质性意义的情况下，文章也可以不要导言部分，而直接进入分析研判。

2. 预测

重在反映研究主体如何运用科学的预测方法，依据翔实的资料进行研判的基本思路。写法有两种模式：其一，先集中介绍历史和现在的基本情况和数据，再分析影响因素，从而提出结论。如《我国城乡居民购买力水平与变动趋势》(《新编财经应用文写作》，王志、姚丽芳编，大连理工大学出版社，2002 年 8 月版）文章中“一、购买力变动的总体评估”、“二、居民购买力变动的总体特征”、“三、对影响居民购买力实现因素的深入分析”，是对居民购买力历史、现状和影响因素的分析，再在第四部分对“未来城乡居民购买力变动趋势”作研判，提出结论。其二，以预测的程序过程为依据来布局主体部分结构，将预测对象的历史与现状的相关资料、数据、影响因素、预测方法融入到预测的程序中，突出主体的研判思路。如本书第二版原载例文《2000～2003 年我国彩电城乡需求量的预测分析》，文章主体部分“2．预测步骤”，即体现了这一结构特点。

3. 结论与建议

结论与建议也有两种写法：一是，当预测的形势很好无需建议时，可突出结论作为全文的收束；二是，当预测的形势不好，需要为企业提供对策的情况下，一般在预测部分即作出结论，而突出建议部分作为全文的收束。

四、文章写作结构原理分析

1. 导言分析

市场预测报告导言部分，亦可区分为两部分内容来分析。

第一部分内容为“问题”及“目的意义”，其作用是统摄全篇和启动主体内容的写作。由此“问题”产生了此“目的意义”，当然紧接着就要完成预测了，故此引出后文主体内容。

第二部分内容为“对象市场的历史及现状”和“影响因素”，是为主体部分的如何进行预测研究作铺垫的。对市场未来变化的研究是科学的研究，该研究需以市场历史及现状所呈现出的规律及影响因素分析为根据，导言部分作此铺垫，有利于读者更好地读懂文章主体部分的预测内容。

2. 主体分析

市场预测报告写作的意图宗旨是报告对某市场未来变化趋势或某商品的未来市场需求

量的研究结论。但该结论必须是科学和正确的，该研究才具有价值意义。故市场预测报告虽然是要报告预测研究结论，然而文章主体部分却要用重笔去写是如何研究的，其意义在于以此揭示预测研究结论的科学性和正确性。遵循这一意义的要求，其主体部分的写作重在要将预测研究所依据的信息、研究方法和预测研究的程序过程写清楚。主体部分写法的两种模式就是遵循这一要求所产生出来的。

3. 尾部分析

尾部的结论是承接主体部分预测研究过程的自然作结；或当预测的市场形势不好时，应信息采用者的需求而提出相应对策，由于是为他人提出的参考性意见，故称建议。

例文 2

12 月份化工市场预测分析报告

一、国际国内宏观经济分析

目前欧债危机、美国经济以及中国流动性的情况演变可谓三驾“马车”，决定了近期大宗商品短期震荡偏空的轨迹。

1. 欧债危机挥之不去

欧洲债务危机自 2009 年以来即挥之不去，且除德国外的三大欧元区经济体法国、意大利和西班牙正成为新的风暴点。事实上，即使德国在欧债危机持续恶化的环境下也无法保全，其 10 家银行的优先债务和存款评级被穆迪在 16 日下调。而标普于近日宣布计划更新全球 30 家最大银行的债信评级，四成银行恐遭调降，其中欧洲银行成为重灾区是大概率事件。虽然欧盟委员会将于 11 月 23 日提出有关发行欧元区共同债券（欧元债券）的建议，但这一建议能否在现实条件下得到切实执行及其对欧债危机的缓释效果，还有待进一步观察。

欧元区经济疲弱不堪，即使金融危机以来一直引领欧元区经济复苏的德国也被欧债危机拖累。德国 ZEW 经济景气指数 11 月为－55.2，连续 9 个月下滑，创 2008 年 10 月以来最低；制造业 PMI 指数从今年 3 月开始逆转 2009 年 10 月公布该数据以来的上升趋势，转而进入下降通道，并在 10 月创有始数据以来新低，为 49.1，位于分界线下方。

2. 美国经济现回暖迹象

在一系列刺激政策的作用下，美国经济似有见暖迹象，其中咨商会领先指标 10 月升至 117.4；制造业 PMI 指数 10 月为 50.8，仍在 50 分界线上方；消费者信心指数和 sentix 指数 11 月分别为 64.2 和－13.9，持续三个月改善；全部工业部门产能利用率和制造业产能利用率 10 月分别为 77.76%和 75.39%，继续维持上升趋势。然而，在美国经济彰显见暖迹象的形势下，其赤字危机却仍没有较好的解决方案，美国国会特别委员会削减赤字的谈判上周日进展不顺就是较好的注解。

3. 中国流动性难言整体宽松

在全球经济复苏步履维艰和我国结构调整稳步推进的格局下，我国未来经济增长放缓将是常态。回顾今年，悬在我国宏观经济运行头上的三柄达摩克利斯剑——通胀压力、房地产泡沫和地方政府债务风险在相关政策调控下已出现舒缓。CPI 和 PPI 10 月分别同比上涨 5.5%和 5%。不过由于欧美通胀压力仍存，我国劳动力成本已经步入上行通道，我国通胀形势中长期仍较严峻。一系列房地产调控组合拳的调控效果也持续显现，全国 70 个大中城市新建商品住宅价格 10 月份环比 9 月份下降的城市有 34 个，其中京沪穗深环比分别下跌0.1、0.3、0.2、0.1个百分点。但房价拐点的最终确立仍需要政策的持续和深入。地方政府债务风险在四个地区试点自主发行地方政府债券的政策支持下也有望弱化，然而地方自主发行债务的规模还比较有限。这些都制约着我国流动性的全面放松。

二、国家法规政策影响程度及相关产业变化分析

中国证监会于10月24日晚正式发布了《关于同意郑州商品交易所上市甲醇期货合约的批复》，经证监会批复同意，郑州商品交易所定于10月28日挂牌交易甲醇期货，首个期货合约是2012年3月，中原大化公司成功入选为首批交割厂库之一，另外两家是山东兖矿和新奥凤凰。

甲醇期货的上市，将对促进相关行业及企业的健康发展，服务国民经济具有重要意义。一是有利于完善我国能源化工期货品种体系，拓展期货市场服务国民经济的广度和深度。二是广大甲醇生产、加工和贸易企业通过甲醇期货平台，开展套期保值交易，能够有效地规避现货价格不利变动的风险，锁定成本及利润，实现企业乃至行业的稳健发展。三是依托我国甲醇的生产和消费实力，通过甲醇期货市场，扩大我国对全球甲醇定价的影响力，有助于我国争夺甲醇国际定价权。四是郑商所通过规定高品级的甲醇用于期货交割，指定大型甲醇生产企业作为交割厂库等手段，从产品质量、厂库资格等方面，扶持和鼓励相关企业利用期货市场做大做强，加快淘汰技术及产能落后的企业，有助于推动我国甲醇产业结构调整。五是对我们生产企业提供了一个发现价格、规避风险、套期保值、扩大影响及增强定价权的有力平台。

三、国际进口、国内生产总量分析（10月份数据）

1. 甲醇

根据海关数据显示，10月份进口甲醇为54万吨，较9月份增加约40%，国外低价甲醇进口的增加很大程度上冲击了国内华东地区甲醇市场行情，进而将影响内地后期价格。10月中国甲醇产量为173.7万吨，较去年同期上涨50.5%；1～10月累计产量为1675.2万吨，较去年同期增加28.4%。

2. 尿素

由于国内实行淡旺季关税政策，并且国内价格一般低于国际价格，所以几乎没有国外尿素进入国内。10月份因国内尿素产量基本与上月持平，据不完全统计国内总体产量在230万吨左右。

四、国际出口、国内需求总量分析（10月份数据）

1. 甲醇

由于国内甲醇制造成本远高于中东地区甲醇成本，国内常年受国外低价甲醇冲击，基本无出口。随着进入冬后下游逐渐进入淡季，市场需求将略有下滑，国内月总需求约180万吨左右。

2. 尿素

受旺季关税执行前集中报关集港影响，根据海关数据显示10月份国内尿素出口数量为48万吨左右。

五、市场供需变化趋势预测及价格变动幅度预测

1. 尿素

进入11月份，国内尿素行情一直处于不温不火中，局部地区受小包装出口、厂家部分装置检修、天然气供应不足、限电等因素影响，价格一直相对平稳运行中，个别省份更因现货偏紧，主流报价甚至小幅上扬。但面对当前的尿素价位，东北采购商、下游复合肥厂商，依然选择退市观望为主。分析原因主要有下。

1）无烟煤。无烟煤价格稳定，目前无烟煤市场走货变化还是不大，下游企业并没有加大采购意向，缺乏下游支撑，无烟煤价格上调阻力较大。预计这种平衡的局面还将维持一段时间，12 月后，下游企业有一个冬储过程，而已经完成生产任务的企业有降低产能计划，届时可能会对市场有一定拉动作用。

2）开工率。西北、西南受天然气供应不足影响，尿素产量不足，再加上近期山西晋城、河北都已收到限电通知，时间为一个月，此举必然影响尿素产量。

3）社会库存量。据不完全统计，2009 年同期社会库存量为 700 万吨，2010 年 250 万吨，2011 年 353.9 万吨。

4）冬储备肥。冬储领头羊东北地区采货并未启动，信心不足是其中原因之一，更多是因连续三年的淡储赔本，让经销商视冬季尿素市场为鸡肋。

5）出口方面。当前尿素关税执行 110%，但并不排除小包装尿素接单及前期保税区尿素走单。

6）经销商心态。这几年的尿素行情跌宕起伏，旺季不旺，淡季不淡，使得经销商的冬储观念在潜移默化中改变，越来越难再见之前大规模的采购；更多的时间适合短线操作，而不是适合长线操作。

综上所述，近期尿素市场走势趋稳，部分地区低位略有向好迹象，无非是受装置停车、限电支撑，加之成本影响，但因下游需求方面仍未有硬性需求，所以预计后期尿素市场保持稳中盘整的可能性较大，预计价格运行区间 1950～2050 元/吨。

2. 甲醇

（1）供应方面

国产方面：进入本月下旬后有新疆、川渝等部分装置因天然气供应受限已停车检修或计划检修，国内焦炭市场低迷减产导致部分焦炉气制甲醇企业减产，山西地区限电严重，部分甲醇企业也被迫减产，但以上情况对国内整体市场供应影响不大。而随着前期西北检修装置的陆续重启，如内蒙古久泰 100 万吨/年、咸阳化工 60 万吨/年及华亭中煦 60 万吨/年装置等，11 月下旬以后国内甲醇企业整体开工率仍将继续回升，截至目前统计甲醇整体开工率为 65%，充足的供给在后期将进一步制约甲醇市场。

进口方面：由于 9 月中东主要装置负荷全面提升、对华输出明显增量，因此 10 月中国甲醇进口量较上月增加 40%至 53.7 万吨。由于 10 月甲醇进口到港增量明显，导致港口库存压力增加，截至 11 月初统计，国内社会库存 61 万吨，其中华东沿海（含江、浙、闽）较 10 月初上升 16%，至 50 万吨水平；华南沿海（含粤、桂）较 10 月初减少 18%，至 10 万吨左右水平。截至目前统计华东地区甲醇库存继续增长至 55 万吨左右，华南库存仍在 10 万吨左右。虽然 11 月进口预期较 10 月减少，但由于港口成交持续清淡，库存消耗着实有限，因此港口库存承压仍将延续。

（2）需求情况

从 11 月中下旬开始，甲醇市场逐步进入传统的消费淡季，下游需求短线难有明显改观，近期主要下游产品甲醛、二甲醚、醋酸、有机硅等市场均现萎靡，需求端对价格的压力将进一步体现。

甲醛方面，今年以来，受国内房地产市场调控影响，我国房屋成交量增速持续下滑，甲醛需求仅靠保障房建设难以获得支撑。近期甲醛市场供货量充足，但交投有减弱趋势，板材需求未出现明显改善。加之板材和家具受美国双限政策打击，致使今年国内甲醛市场呈现旺季不旺、淡季更淡的局面。临近年底，企业资金越发紧张，板材企业开工率难以提升，据部分华东港口人士表示，当地部分甲醛企业因需求萎靡目前已停工，计划春节后复工，后期甲醛需求将持续低迷。

二甲醚方面，因为生产企业采取保价措施，导致下游采购积极性降低，观望情绪较浓。尽管冬季的到来会在需求上对二甲醚有所提振，但考虑到民用燃气中掺烧二甲醚会带来安全问题，需求提升可能会受到阻碍，未来二甲醚市场需求不会太乐观。

醋酸方面，由于市场上醋酸供应量充足，下游需求不畅导致现货价格持续走低，醋酸企业生产积极性受到打击。综上从需求面来看，后期下游需求将持续低迷短期内难以改善，在供过于求的背景下，甲醇市场会因为基本面乏力而缺失上行动力。

（3）甲醇期货走势解析

郑交所甲醇期货上市以来，金融属性得到不断增强，其价格深受欧美债务危机以及全球经济衰退的不利影响，加之自身产能过剩以及下游产品需求持续低迷的拖累，ME1203合约自上市日遭爆炒后阴跌不止，自11月9日开始弱势下探，连续突破3000、2900点整数关口，目前已跌破2800元/吨，近一个月内期价累计重挫超过12%。由于下游需求疲弱，期货市场对外围的悲观情绪反应更为灵敏。全球经济悲观情绪将持续影响甲醇期货价格走势，随着种种消极因素的增多，空头氛围弥漫，后期甲醇期货难改弱势下行格局，此轮跌势尚未结束。目前甲醇期货价格与江苏港口现货出罐价格形成倒挂，期货反过来制压现货的特征进一步显现。

综合以上各种因素分析，鉴于目前国内甲醇供应相对充足，下游传统消费领域步入淡季以后市场需求持续低迷，加之新兴产业蓄势还有待时日，短期内难以见效，在市场基本面持续弱势的背景下，且随着欧债危机影响的扩散，全球经济衰退现象将持续，预计近期国内甲醇市场弱势运行局面难改，局部仍不乏继续下跌可能，市场难言筑底，大量持仓仍有风险。当然后期来看随着国内多数地区进入深冬季节，极端恶劣天气的出现可能会导致甲醇长途运输受到一定影响，不乏推动内地局部甲醇价格阶段性期反弹的可能，但反弹的持续性及高度难以保证，建议多关注天气、运输方面的变化，预计12月份甲醇价格波动空间2820～2920元/吨。

六、竞争对手及客户情况分析

近期国内主要甲醇厂家装置运行情况：

省份	企业名称	产能（万吨）	原料	装置情况
山东	山东兖矿集团	113	煤	国宏、鲁化均降负，日产1400余吨
山东	山东明水大化	35	煤	日产600吨
山东	山东联盟化工	51	煤	日产1100吨
山东	山东新能凤凰	36	煤	开工6成
河北	河北正元化工	30	煤	日产350吨
河北	河北旭阳焦化	24	焦炉气	日产600余吨
河南	河南中原大化	50	煤	本周停车检修，重启时间未定
河南	河南心连心	30	煤	日产600吨
上海	上海焦化	80	煤	负荷75%
海南	中海石油建滔	140	天然气	传闻部分装置停车
内蒙古	内蒙古远兴能源（博源）	135	天然气	日产2700～2800吨
内蒙古	新能能源（新奥）	60	煤	满负荷
内蒙古	内蒙古久泰	100	煤	运行稳定
内蒙古	内蒙古天野	20	天然气	日产500余吨自供为主
内蒙古	神华乌海西来峰	30	焦炉气	日产700余吨
内蒙古	神华蒙西	10	焦炉气	日产200余吨

续表

省份	企业名称	产能（万吨）	原料	装置情况
内蒙古	内蒙古庆华	20	焦炉气	日产 400 吨左右
内蒙古	大唐国际	168	煤	低负荷需外采甲醇供烯烃
内蒙古	内蒙古易高	20	煤	运行稳定
内蒙古	内蒙古伊东	10	煤	运行稳定
内蒙古	神华包头煤化	180	煤	自用烯烃
青海	青海中浩	60	天然气	满负荷
青海	青海油田格尔木	42	天然气	运行稳定
陕西	陕西华电榆天化	61	天然气	运行稳定
陕西	兖州煤业榆林能化	60	煤	日产 1700～1800 吨
陕西	神木化工	2#40	煤	运行稳定
陕西	神木化工	1#20	煤	运行稳定
陕西	陕西咸阳化学	60	煤	10.24 起检修，预计本月底重启
陕西	陕西黑猫焦化	10	焦炉气	日产 300 余吨
陕西	陕西陕焦化工	20	焦炉气	日产 500 余吨
陕西	陕西延长石油集团	20	煤	正常
陕西	陕西渭河化工	60	煤	1#日产 600 吨自用产二甲醚，2#日产 1000 余吨
陕西	陕西咸阳石油化工	10	天然气	日产 300 余吨
陕西	陕西延长石油兴化化工	30	煤	日产 700～800 吨
甘肃	兰州蓝星	20	天然气	日产 500 余吨
甘肃	华亭中煦	60	煤	重启目前日产 1000 余吨
新疆	新疆吐哈	24	天然气	停车检修，预计明年重启
新疆	新疆巴州东辰	18	天然气	停车检修
新疆	新疆库车新城	20	天然气	日产 500 余吨
新疆	新疆克拉玛依	20	天然气	低负荷运行自用为主
宁夏	神华宁煤	85	煤	运行正常，自用烯烃为主，基本无外销量
宁夏	宁夏庆华	15	焦炉气	停车检修，重启时间未定

客户需求情况：甲醇、尿素属于大宗化工类产品，我公司各下属化工单位经过长期的市场培育和开发，按照终端用户为主（约占 70%），经销商为辅（约占 30%）的经营策略形成了稳定的客户群体，在没有特殊政策及其他情况影响下，需求较为稳定。

七、进销存工作应采取的措施建议、存在问题及解决建议

1）鉴于当前尿素价格处于高位盘整中呈现下行趋势状态，建议各单位密切关注市场成交变化、国际尿素价格变动及淡储动态。

2）鉴于当前甲醇市场已进入淡季且 ME03 期货价格已跌至 2800 元/吨，建议各单位把握市场时机，

积极做好市场判断和进销存工作，争取在价格高位大量出货。

3）各单位要积极做好煤炭储备工作，确保冬季装置稳定运行。

（资料来源：http://www.zikoo.com/reports/4iad1drts.html）

例文 3

东莞市外贸进出口情况的预测报告

文/郑贤生

这里采用时间序列分析的常用预测方法：WINTERS、STEPWISE、ARIMA 三种方案，分别侧重从消除季节变动、长期趋势预测等方面反映东莞市外贸进出口基本走势的情况。

一、WINTERS 法预测方案

取 2004 年 1 月至 2008 年 8 月的东莞市月度外贸进出口额做时间序列，为了消除季节性因素的影响（由于春节不同年份所在月可能不同，对原时间序列部分春节假期所在月份数据进行了必要调整），在进行预测时对月度的时间序列以一年为周期的指数平滑拟合模型. 实现对 2009 年 1～12 月的东莞市月度外贸进出口额进行预测计算，得下表（表 1）。

表 1 利用 WINTERS 法预测的东莞市月度外贸进出口额 单位：亿美元

时间	外贸进出口额预测值	预测下限值（95%置信水平）	预测上限值（95%置信水平）
2009 年 1 月	99.8782	89.05397	110.7024
2009 年 2 月	81.46596	72.63349	90.29844
2009 年 3 月	112.6885	100.4475	124.9296
2009 年 4 月	114.5124	102.0307	126.994
2009 年 5 月	109.9548	97.91127	121.9983
2009 年 6 月	117.3059	104.376	130.2358
2009 年 7 月	122.6771	109.051	136.3032
2009 年 8 月	128.9719	114.5175	143.4264
2009 年 9 月	139.5495	123.7416	155.3574
2009 年 10 月	132.5661	117.3709	147.7613
2009 年 11 月	136.2086	120.3941	152.0232
2009 年 12 月	130.8098	115.4112	146.2084
累计（2009 年）	1426.589	1266.939	1586.238

根据实际值与预测值可作 2004 年以来东莞市月度外贸进出口总额基本走势图（图 1）。

根据 WINTERS 方案，我们预测 2009 年全年东莞市外贸进出口总额为 1426.6 亿美元，比上年增长 14.99%。[使用该预测方法，我们对 2004～2008 年东莞市外贸进出口总额的预测值与实际值的误差（绝对值），其中该预测方法对 2008 年 1～8 月东莞市外贸月度进出口总额的平均预测误差为 1.3%（表 2）。]

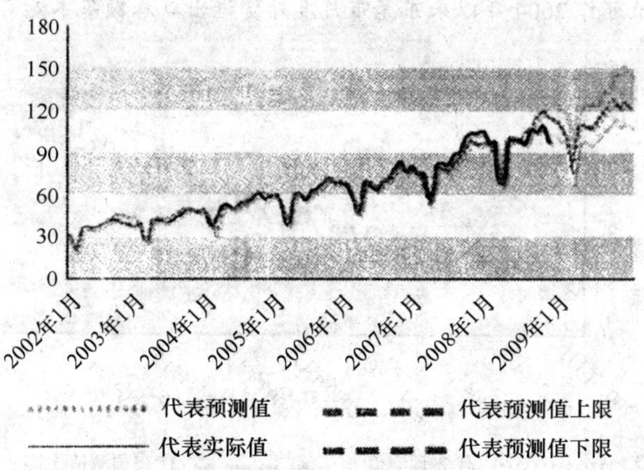

图 1　WINTERS 法预测东莞市月度外贸进出口总额走势图

表 2　2003～2007 年 WINTERS 法预测误列差表　　单位：亿美元

年度	实际值	预测值	误差（%）
2004 年	644.9	656.5	1.8
2005 年	743.7	765.3	2.9
2006 年	842.4	848.5	0.7
2007 年	1068	1002.6	6.1
2008 年 1～8 月	769.4	779.1	1.3

二、STEPWISE 回归法预测方案

同样，取 2004 年 1 月至 2008 年 8 月的东莞市月度外贸进出口额做时间序列，在进行预测时对月度的时间序列作二次线性指数平滑拟合逐步回归模型，实现对 2009 年 1～12 月的东莞市月度外贸进出口额进行预测计算，得下表（表 3）。

表 3　利用 STEPWISE 法预测的东莞市月度外贸进出口额　　单位：万美元

时间	外贸进出口额预测值	预测下限值（95%置信水平）	预测上限值（95%置信水平）
2009 年 1 月	107.7419	91.91786	123.566
2009 年 2 月	91.24017	75.34339	107.1369
2009 年 3 月	108.7846	92.81563	124.7535
2009 年 4 月	110.211	94.16874	126.2533
2009 年 5 月	111.1778	95.06048	127.2951
2009 年 6 月	109.6942	93.5002	125.8882
2009 年 7 月	116.4257	100.1533	132.6981
2009 年 8 月	115.4095	99.05705	131.762
2009 年 9 月	118.2159	100.1392	136.2926
2009 年 10 月	119.3368	100.8507	137.823
2009 年 11 月	120.613	101,9801	139.2458
2009 年 12 月	118.3475	99.62248	137.0726
累计（2009 年）	1347.198	1144.609	1549.787

根据实际值与预测值可作2004年以来东莞市月度外贸进出口总额基本走势图（图2）。

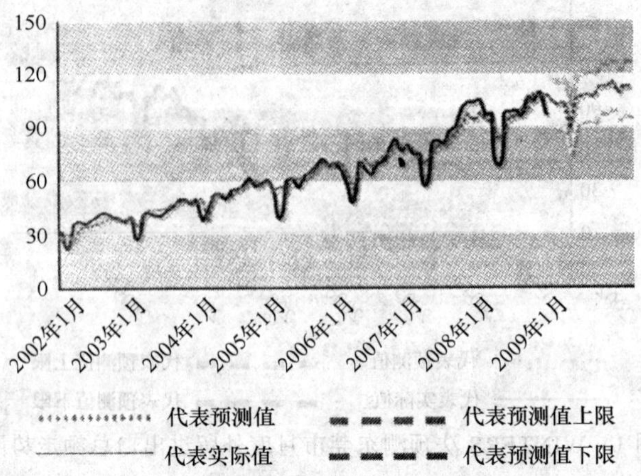

图2 STEPWISE法预测东莞市月度外贸进出口总额走势图

根据STEPWISE方案，我们预测2009年全年东莞市外贸进出口总额为1347.2亿美元，比上年增长11.6%。[使用该预测方法，我们得到2004～2008年8月东莞市外贸进出口总额的预测值与实际值的误差，其中该预测方法对2008年1～8月东莞市外贸月度进出口总额的平均预测误差为0.4%（表4）。]

表4 2003～2007年STEPWISE法预测误列差表　　单位：亿美元

年度	实际值	预测值	误差（%）
2004年	644.9	620	3.9
2005年	743.7	764.3	2.8
2006年	842.4	868.7	3.1
2007年	1068	1033.1	3.3
2008年1～8月	769.4	772.2	0.4

三、ARIMA自回归法预测方案

同样，取2004年1月至2008年8月的东莞市月度外贸进出口额做时间序列，为了消除季节性因素的影响，在进行预测时对月度的时间序列进行间隔为12个月的一阶差分，通过拟合模型，对2009年1～12月的东莞市月度外贸进出口额进行预测计算，得下表（表5）。

表5 利用ARIMA法预测的东莞市月度外贸进出口额　　单位：亿美元

时间	外贸进出口额预测值	预测下限值（95%置信水平）	预测上限值（95%置信水平）
2009年1月	106.2074	92.07924	120.3355
2009年2月	79.55915	64.61343	94.50488
2009年3月	107.015	91.29413	122.7358
2009年4月	108.8646	92.40507	125.3241
2009年5月	109.3934	92.22694	126.5598

续表

时间	外贸进出口额预测值	预测下限值（95%置信水平）	预测上限值（95%置信水平）
2009 年 6 月	107.8529	90.00751	125.6982
2009 年 7 月	117.1248	98.6254	135.6242
2009 年 8 月	116.6459	97.51481	135.7769
2009 年 9 月	124.6076	101.1861	148.029
2009 年 10 月	123.6947	98.60567	148.7837
2009 年 11 月	125.2299	98.57751	151.8823
2009 年 12 月	117.2491	89.12008	145.3782
累计（2009 年）	1343.444	1106.256	1580.633

根据实际值与预测值可作 2004 年以来东莞市月度外贸进出口额基本走势图（图 3，略）。

根据 ARIMA 案，我们预测 2009 年全年东莞市外贸进出口总额为 1343.4 亿美元，比上年增长 10.5%。[使用该预测方法，我们得到 2004～2008 年 8 月东莞市外贸进出口总额的预测值与实际值的误差(绝对值)，其中该预测方法对 2008 年 1～8 月东莞市外贸月度进出口总额的平均预测误差为 3.3%（表 6）。]

表 6　2003～2007 年 ARIMA 法预测误列差表　　单位：亿美元

年度	实际值	预测值	误差（%）
2005 年	743.7	757.6	1.9
2006 年	842.4	843	0.1
2007 年	1068	1038.9	2.7
2008 年 1～8 月	769.4	794.5	3.3

以上三种方案，WINTERS 法侧重于消除季节变动，STEPWISE 逐步回归法侧重于拟合长期趋势，考虑到长期增长的趋势和季节性波动是区域外贸进出口的主要特征，而 ARIMA 则更适应较为平稳的时间序列，因此对月度外贸进出口额的预测值也相对剧烈。综合考虑三种方法的预测结果，我们取其几何平均数（$\sqrt[3]{1426.6\times1347.4\times1343.4}$）即 1371.9 亿美元作为 2009 年东莞市外贸进出口总额的预测值；对比 2008 年东莞市外贸进出口总额 1221.1 亿美元，全年增长速度的预测值为 12.4%。

（作者单位：黄埔海关）

（资料来源：统计与咨询．2010.2.）

思考与练习

一、填空

1．市场研究的内容可分为________、________、________、________。

2．市场调查常用的调查方法有________、________、________、________。

3．市场调查报告的正文一般应包括________、________、________、________。

4．市场预测报告处理事务活动的特点是________________。

5．市场预测报告的正文由________、________、________三部分组成。

二、名词解释

定性预测法　定量预测法　时间序列预测法　回归预测法　文案调查法　问卷调查法　实验调查法　市场调查报告　市场预测报告

三、简答题

1．市场调查方法有哪几大类？

2．市场预测方法有哪几大类？

3．市场调查报告主体部分通常有哪几种写法？

4．市场调查研究的基本程序一般包括哪些步骤？

5．市场调查报告与市场预测报告的联系与区别是什么？

6．市场预测报告写作应注意什么问题？

四、分析题

评析例文2、例文3的分析方法和结构形式，谈谈市场预测报告应该怎么写。

五、作文题

1．深入市场，自选对象，写一篇不少于1500字的市场调查报告。

2．为某企业的某一产品写一份市场预测报告。

第二章 投资决策

教学目的和要求

- 通过本章内容的教学，让学生懂得可行性研究报告和商务计划书的文体知识，并能写作这两种文体。

第一节 概述

一、关于投资与决策

投资，是指为达到一定目的而投入资金的行为。它既可以是经济行为（为实现一定经济利益），也可以是非经济性行为。经济行为可分为个人理财投资和企业投资。企业投资又可细分为一般性固定资产投资、流动资产投资、有价证券投资与新项目投资和企业并购投资等。

所谓决策，是指组织或个人为了实现某种目标而对未来一定时期内有关活动的方向、内容及方式的选择或调整的过程。本章内容主要指向的决策是组织中的企业新项目投资决策。在企业投资中，工业的新项目投资和企业并购投资因其投资额高、投资过程及其影响因素复杂、投资收益具有不确定性而风险大，因此尤其需要慎重决策。

前章论及的市场研究，其意义之一就是为企业的投资决策提供依据。

二、项目投资决策的要素及主要内容

工业新项目投资的决策活动有三个基本的构成要素：一是条件，这些条件包括有市场的、政策的、法律的和资金筹措方面的，这些条件应该是有利于投资计划的实施；二是要有可供选择的投资方案；三要预先确定一个选择标准，企业行为是以赚钱为目的，因此该标准指的是经济标准，其核心内容与收益相关。有了这三要素才能有决策活动的内容和过程。

企业决策的核心内容是如何利用已有的有限资源去实现最优效益。这里的有限资源主要是资金，核心问题是投资方向（项目），凭借的手段是科学的决策方法。

这种决策方法主要是定量分析的方法，其本质上包含两个方面的内容。

1）在预期经济效益的基础上，对不同可能的投资方案进行比较，以确定一个较好的投

资方案。

2）对已确定的投资方案，将投资活动过程中发生的各种费用进行定性的与定量的分析。

三、工业新项目的投资决策与项目立项

在工业中，依作业方式的不同有行业之分。每个行业，又是根据社会的不同需求，采用不同的技术加工方法生产出不同特点的产品去赢得市场。在资本运行中，企业高管层要根据对市场的准确判断来选择能生产适销对路产品的投资目标，投资目标按行业有门类之分，故称之为项目。企业为选择投资项目要先有备选方案，再选定具有相应专业知识的专门人员负责备选方案的调查研究和论证工作——即项目负责人。从项目运作的角度，项目负责人为争取高管层的认同批准投资该项目的行为活动叫做项目立项。企业的新项目立项的投资决策活动，是在项目负责人遵照高管层的指示完成对项目的调研和论证工作后，高管层再根据项目的调研和论证材料审查决定投资方案，是项目负责人与企业高管层关于项目抉择的互动的程序过程。

在市场经济中，工业新项目的立项和决策活动主要是企业行为。我国的政府管理部门现在对工业项目的立项是实行备案制（一般情况下，国家相关政府管理部门仅在环保、水电资源和生态资源保护等方面依据国家政策对拟定项目审查备案，大型项目由国家发展和改革委员会负责审查，中小型项目由地方政府发展和改革委员会进行审查。企业送审的项目资料以可行性研究报告为必备材料），而在市场预测研究、经济效益评估和技术可行性方面则由企业自行决策。

四、涉及的主要事务及要写作的应用文

在新项目的投资决策活动中，涉及的主要事务及要写作的应用文如下。

1）要对影响投资的相关因素进行分析研究，其最主要的是完成对市场的调查与研究。这在前章中已作论述。

2）要对多种可供选择方案进行比较分析，完成对各方案的可行性研究工作，并写作可行性研究报告。

3）对已确定的投资方案及投资过程的费用进行定性与定量分析，完成商务计划书的写作，以为项目的融资提供根据。

本章将重点介绍可行性研究报告和商务计划书的写作。

五、投资决策类文书的写作及思维特点

1）投资和决策活动是围绕拟投资项目展开的，因此，投资和决策类文书的写作主体首先要对拟投资项目及项目投资环境和相关影响因素做全面研究。文章写作要正确反映其研究思路。

2）投资决策类文书是写作主体完成对项目的研究且已形成确定性结论后去写作的，文章的写作要回答这一结论为什么是正确和科学的。

3）投资决策类文书写作的意图是为投资者提供决策依据，文章还需要表述清楚应如何去投资。

第二节 可行性研究报告写作

一、文体概念及工业项目可行性研究报告的文体特点

1. 工业项目投资与可行性研究

凡重大决策都要进行可行性研究，本节论及的可行性研究报告指向的是工业项目的可行性研究。由于市场竞争的激烈，工业项目的投资得当与否，事关企业存亡和社会安定，故企业对投资项目的抉择十分慎重，在投资前要组织专业队伍对项目方案进行全方位的可行性论证研究。

工业项目可行性研究的方法，一般是先备选多个方案，再依据国家政策，分析影响因素，从市场、技术、环保、经济效益与社会效益等方面去调查研究和比较论证各方案的可行性，从而择选出最优方案。

2. 关于工业项目可行性研究报告

在工业项目的投资决策活动中，研究人员在遵照高管层的指示完成对各备选方案的比较分析后，对所选中项目进行综合性的分析论证，向决策层或委托者表述其研究成果，说明选择该项目的可行性根据的报告性文书，就是工业项目可行性研究报告。

工业项目可行性研究报告在项目的抉择和实施过程中担负着以下使命：一是为领导层的决策提供科学依据；二是国家政府管理部门对项目立项审查备案的依据；三是企业筹资的依据，向银行申请固定资产贷款，向证券部门申请募股，都必须提供可行性研究报告；四是有关部门编制计划任务书和项目设计的依据。

3. 文体特点

（1）科学性

可行性研究报告是采用准确的数据和资料，依据科学的理论、原理和研究方法，论证项目在技术上、经济上的可行性。因此，科学性是可行性研究报告的一个突出特点。

（2）系统性

可行性研究报告围绕影响拟投资项目的各种因素进行全面、系统的分析，只有这样，才能说明之所以在众多方案中选择该方案的充足理由。

（3）综合性

可行性研究报告不仅要论证拟建项目在经济上是否划算，而且要论证其在技术上是否可行，此外，还要论证是否符合现行的法律和政策，其内容往往要涉及各个方面。因此，一项可行性研究往往要由多学科专门人才共同完成。

二、工业项目可行性研究报告写作的结构内容要点

可行性研究报告因分析研究的对象不同，写作内容各异，各有不同的写法和要求。其中，尤以工业项目可行性研究报告最具代表性。而且，工业项目由于其投资额高，市场风险大，所以，从政府到各企业，对工业项目的可行性研究十分重视。联合国工业发展组织曾于 1978 年出版了《工业可行性研究编制手册》，其中规定了工业项目可行性研究报告写

作的基本内容。

工业项目可行性研究报告写作的结构模式如下。

1. 首部

可行性研究报告的首部一般由标题、项目主办单位及人员、可行性研究报告制作人员、目录等部分组成。

（1）标题

可行性研究报告的标题一般由项目主办单位、项目内容和文种名称三个要素组成，如《××县柳蜡工艺品出口基地建设项目可行性研究报告》。现在也有以《××项目建议书》为题的，也就是可行性研究报告。

（2）项目主办单位的名称、日期

标题下面标注项目主办单位名称和可行性研究报告完成上报的日期。

以上两项为首页（封面）内容。

（3）项目主办单位和承担可行性研究单位简介

可行性研究报告的第二页是对项目主办单位和承担可行性研究单位的简介，实际上是文章落款部分的提前，以表示郑重和对该项研究工作负责，也便于呈报后的审批。该项内容包括：项目名称、项目主办单位名称及项目负责人、技术负责人、经济负责人签名，承担可行性研究单位的名称、参加可行性研究报告编制人员的工作单位、姓名、职务职称；此项目建议书批准机关、时间和批号等。

（4）目录

如果可行性研究报告篇幅较长，需列出目录以便于查阅，目录应将正文中的小标题和附件一一列出，并注明页码。目录要简明扼要，一目了然。

2. 正文

正文包括总论、分论和结论三大部分。正文是报告的主体部分，应以经济效益分析为核心，围绕影响项目实施的各种因素，运用大量的数据资料对拟实施项目的可行性进行论证。

（1）总论

1）项目提出的背景（改扩建项目要说明企业现有概况）、投资的必要性和经济意义。

2）研究工作的依据、范围和主要研究方法。

3）简述各种方案比较后的结论。

（2）分论

可行性研究报告的写作，是要对经过多种方案比较后所作出的抉择方案论证其可行性。报告的分论部分写作要能反映这种论证的具体思路。包括以下内容。

1）市场需求预测和拟建规模：①国内外需求情况预测；②国内外现有企业生产能力估算；③产品方案、工艺方案、定价策略、发展方向的技术经济比较；④产品竞争能力分析、销售预测及进入国际市场前景；⑤生产能力定位；⑥拟建项目的规模定位。

2）资源、原材料、燃料及公用设施。即对资源、原材料、燃料的来源、数量及相应公用设施（水、电、路）的需求情况进行分析，为明确建厂条件提供依据。

3）环境保护。主要是预测项目对环境的影响，提出环境保护和“三废”治理的初步方案。

4）建厂条件和厂址方案。根据上述对公用设施的需求和环保要求分析建厂条件，包括对地理条件及自然生态、交通通讯和社会经济环境等条件的分析，并依此提出厂址方案。

5）企业组织和定员。包括项目建成投产后的企业管理体制、机构设置、管理人员与生产人员的定岗定编等。

6）项目设计方案。这里主要指依据技术工艺和设备选型及厂址方案，完成对技术和厂区的建设设计方案。

7）项目实施进度计划。即对项目实施的日程安排，包括工程设计、工程施工、设备购置和安装、试产和投产的进度安排等。

8）投资估算和资金筹措。即对项目投资的数额、资金的来源、筹集方式及使用的安排等进行合理性和可靠性分析。

9）经济效益与社会效益。即对项目本身的投资收益率、投资回收期及项目的社会效益进行分析和评价。

（3）结论

在各项分析研究的基础上，作出项目是可行性的结论，并适当地写上一些建议。

3. 附件

根据需要附上必要的材料和表格，包括：项目建议书；有关协议、意向书；可行性研究委托书；地址选择报告、环境影响报告；引进技术设备专题报告；产品市场预测报告；工程项目一览表、设备材料一览表等。

三、文章写作结构原理分析

本节论及的是工业项目的可行性研究报告写作，文章结构模式可分为三大部分：

第一部分为“总论”，即文章开头，主要是对项目及项目的研究作概括性的陈述。从项目提出的背景（即是怎样想到要投资该项目的）入手，以阐明投资的必要性和经济意义，同时说明研究的依据、范围和方法，从而为分论作铺垫。

第二部分为“分论”，具体陈述展开研究的内容和方法，内容条序的关系是遵循可行性研究的思路。

内容“1）市场需求预测和拟建规模”，是从市场需求研究入手以定位该项目的建设规模。该条内容的研究是要完成项目的建设规模定位。工业项目的投资意义在于项目建成后能生产与市场对路的产品以满足市场需求，从而实现其社会效益和经济效益。所谓建设规模定位，主要是指工业项目的工艺设备能力以及厂区规划和厂房建设规模的定位。其定位依据是生产能力定位。所谓生产能力是项目设计工艺设备的年产品加工能力。生产能力定位既要依据市场需求，又要根据该项目定向产品的竞争优势。故，①小点研究市场需求后，继而要研究：②现有企业生产能力（现有从事该类产品生产企业的年总加工量），总需求减去现有企业总加工量即得出潜在市场需求量。③小点产品方案、工艺方案、定价策略、发展方向的技术经济比较，是为④小点内容的研究提供依据的。产品方案有两个概念：一是指某一产品实现其性能功用的设计方案，二则是指企业为实现规模生产形成系列产品的组合方案，这里是指前者。工艺方案，是指上述设计方案的产品投入生产所采用的生产技术方案。定价策略是指上述产品进入市场的价格策略以及其定价。发展方向，是指上述产品伴随科技进步在产品性能及科技含量上的今后改进方向。所述技术经济比较是指从上述内容方面将该产品与已进入市场的其他同类产品进行技术上和经济性的比较分析，以明确本项目的产品与其他同类产品在上述方面的优势与不足，继而进入4小点的国内市场销售预测和进入国际市场的前景预测。上述四小点内容的研究都是为⑤小点内容的生产能力定位提供依据。所谓生产能力定位是指对项目投资建成后所形成的产品加工能力（年生产量）的设计定位。从而依据生产能力定位决定⑥小点内容建设规模的定位，即依据年设计加工量的要求决定要建几条生产线，以及厂房、配套设施乃至厂区规划的大小。

内容“2）资源、原材料、燃料及公用设施”和内容“3）环境保护”的研究与内容“1）”，又都是为内容“4）建厂条件和厂址方案”提供依据。资源，是指用于产品生产的某些原料来自自然界的出处。原材料，是原料（用于生产而未经加工的物料）与材料（可以直接用于加工成品的物料）的合称。燃料，即能产生热能或动力的可燃物质。工业项目可行性研究中对这些内容的研究是要完成对这些物料的来源、需要量及其运输方式的选择，以及对项目中关于水、电、路等公用设施的需求，加上对项目在环境污染上的影响程度的分析，以明确建厂条件，从而确定厂址建在何处为妥。

内容5）“企业组织和岗位定员”，即对项目建成投产后的企业管理体制、机构设置、管理人员与生产人员的定岗定编。这一研究内容为办公楼的设计提供依据。

由上述研究才可完成内容“6）项目设计方案”。项目设计方案的内容包括生产工艺设计（产品生产线的设计）、厂房设计、办公楼设计，以及其他配套设施和厂区规划设计。完成了项目设计，便要对项目的实施作出安排（即内容“7）”），便可估算出项目的投资金额需要多少钱。依据前述的研究内容，便可对项目的经济效益和社会效益做出评价。这里的经济效益评价主要是对项目建成投产后的盈利能力的分析；社会效益评价则是对产品所满足的社会需求所作的评价。

可行性研究报告，是表述通过多种方案的抉择后所选出的最佳方案及其研究内容的文书。文章的写作，不仅要反映对该方案研究的内容，而且有着论证性的特点。因此文章内容的条序遵循“该项目为什么可行”的研究思路和论证的逻辑联系。理解了其中的逻辑思路，才能真正认识可行性研究报告写作的结构模式特点。

例文1

太阳能产品综合开发项目建议书

第一章 项目概况

一、项目名称：太阳能产品综合开发

二、承办单位：盖洋镇人民政府

三、项目负责人：张根兴

四、项目性质：新建

五、建设地址：明溪

六、建设规模

总投资12000万元，在明溪县十里埠园区内购置土地100亩，建立年产太阳能产品产值为1.5亿元的太阳能产品综合开发企业。

七、项目总投资与资金筹措

项目总投资12000万元，在明溪县十里埠园区内购置土地，购买太阳能路灯、草坪灯、太阳能热水器等产品生产加工设备，建立太阳能产品综合开发企业。项目分两期实施，第一期投资8000万元，盖建生产厂房、办公楼、职工宿舍楼等相应建筑，建成年产产值1.1亿元太阳能路灯、草坪灯的生产线；第二期再投资4000万元，扩大生产规模，并引进先进国际技术和先进设备，最终建成年产产值为1.5亿元的太阳能产品综合开发企业。

八、项目经济效益分析

项目建成后，年产125000件太阳能产品，产值17000万元，减去销售税金等成本投入，利润3600万元，投资利润率30%，所得税前静态投资回收期3.3年。

九、合作方式：独资或者合资

第二章 项目提出的背景和发展概况

一、太阳能灯具

太阳能灯是由通过太阳能电池板来将太阳光能转换为电能。太阳能作为一种“取之不尽，用之不竭”的安全、环保新能源越来越受到重视。

随着地球资源的日益贫乏，基础能源的投资成本日益攀高，各种安全和污染隐患可谓无处不在。这样，太阳能照明产品随着太阳能热水器普及之后应运而生，使用太阳能灯具和使用市电灯具相比具有如下优点。

1. 安装简便

在市电照明灯具工程中有复杂的作业程序，首先要铺设电缆，这里就要进行电缆沟的开挖、铺设暗管、管内穿线、回填等大量基础工程。然后进行长时间的安装调试，如任何一条线路有问题，则要大面积返工。而且地势和线路要求复杂、人工和辅助材料成本高昂。太阳能照明灯安装简便，太阳能灯具安装时，不用铺设复杂的线路，只要做一个水泥基座，然后用不锈钢螺丝固定就可。

2. 节约电费

市电照明灯具需要支付固定高昂的电费，要长期不间断对线路和其他配置进行维护或更换，维护成本逐年递增。太阳能照明灯具免电费，太阳能照明灯具是一次性投入，无任何维护成本，三年可收回投资成本，长期受益。

3. 无安全隐患

市电照明灯具由于在施工质量、景观工程的改造、材料老化、供电不正常、水电气管道的冲突等方面带来诸多安全隐患。太阳能照明没有安全隐患，太阳能灯具是超低压产品，运行安全可靠。

4. 太阳能照明的其他优势

绿色环保，能为高尚生态小区的开发和推广增加新的卖点；可持续降低物业管理成本，减少业主公共分摊部分的费用。

综上对比所述，太阳能照明安全无隐患、节能无消耗、绿色环保、安装简便、自动控制免维护等固有的特性将为楼盘的销售、市政工程的建设直接带来明显可利用的优势。

二、太阳能热水器

在全球能源形势紧张、气候变暖严重威胁经济发展和人们生活健康的今天，世界各国都在寻求新的能源替代战略，以求得可持续发展和在日后的发展中获取优势地位。太阳能以其清洁、源源不断、安全等显著优势，成为关注重点。在太阳能产业的发展中，太阳能热水器的热利用转换技术无疑是最为成熟的，其产业化进程也较光伏电池、太阳能发电等产业领先一步。

2009年太阳能热水器"下乡"是太阳能热水器行业的一件大事，标志着太阳能热水器得到国家认可，我国太阳能热水器行业已迈入新的时代。太阳能热水器"下乡"正式竞标意味着太阳能热水器行业得到了政策支持，太阳能热水器"下乡"如一缕春风，使整个行业焕发强大的生命力。

目前，我国城乡居民对洗浴热水的需求增长迅猛。在农村地区和中小城市，太阳能热水器已经成为提高人民生活质量，全面建设小康社会的重要手段。随着中高温太阳能热水器的开发以及太阳能与建筑一体化技术的日益完善，太阳能热水器的应用领域不再局限于提供热水，正逐步向取暖、制冷、烘干和工业应用方向拓展。中国太阳能热水器在近3年时间内还将保持30%以上的增长速度，市场潜力巨大。

第三章 项目研究的依据

一、《中华人民共和国农产品质量安全法》

二、《国务院办公厅关于进一步加强"家电下乡"工作的通知》

三、明溪县社会经济发展"十二五"规划

四、明溪县自然资源条件和现有生产基础条件可靠性

五、国内外市场发展的趋势

第四章 项目建设必要性及意义

几位太阳能方面的专家前不久起草了"关于制定阶梯电价和促进我国光伏发电发展的议案"建议稿，起草人之一、中国太阳能学会光伏专业委员会常务理事王斯成说："从资源的数量、分布的普遍性、技术的可靠性来看，光伏发电比其他可再生能源更具有优越性，目前成本较高的障碍正在随着技术进步和大规模生产而减小，光伏发电将成为未来电力的重要构成是毋庸置疑的。"专家建议，我国的目标应该在2020年使光伏发电的累计装机容量达到30000兆瓦，使光伏发电量达到届时全国发电量的1%。虽然这个指标同欧、美、日的目标相比差距还相当大，但要想达到这个目标，要排除诸多障碍。专家指出，在世界上许多国家，光伏发电已经进入商业化发展轨道。近年来全球光伏发电产业以平均30%以上的速率迅猛增长，2002年的系统产值达到35亿多美元。预计在各国减排行动和优惠政策的拉动下，产业发展将进一步加快。我国只要出台相应政策、培育规范的规模市场、加大投入、加速能力建设，我国企业完全有条件依托国内市场挺进国际市场，进入国际十强。

第五章 项目建设有利条件

一、自然条件

1. 地理位置

明溪县十里埠工业园区位于明溪县城关，地处东经117°～117°13′，北纬26°～26°34′，东与三明市相连，南和清流县毗邻，西与宁化县接壤，北与将乐县、泰宁县交界。交通十分便利。

2. 地形地貌

明溪县地形属闽西北中部中低山和丘陵区，海拔多数在360～460米，最高山峰圣水岩海拔1561.4米，山脉多呈北东—西南走向。地貌深受地区构造、岩性、气候、河流等因素的影响和控制，地势较为复杂，大体分为低山丘陵区和丘陵河谷地带。山体坡度一般小于25度。

二、资源优势

明溪县具有大量富余劳动力，且交通便捷，通信发达，园区的供水、排水、供电等其他配套条件均能满足项目建设要求，易于管理建设，

第六章　产品市场预测和项目规模

一、市场预测

目前，我国城乡居民对洗浴热水的需求增长迅猛。在农村地区和中小城市，太阳能热水器已经成为提高人民生活质量，全面建设小康社会的重要手段。随着中高温太阳能热水器的开发以及太阳能与建筑一体化技术的日益完善，太阳能热水器的应用领域不再局限于提供热水，正逐步向取暖、制冷、烘干和工业应用方向拓展。中国太阳能热水器在近 3 年时间内还将保持 30%以上的增长速度，市场潜力巨大。

二、项目规模

项目总投资 12000 万元，项目建设区在明溪县十里埠园区，引进企业，规划用地 100 亩，建立太阳能产品生产开发生产线，其中固定资产投资 10000 万元，流动资金 2000 万元。建成年产太阳能产品 125000 件，形成产值 1.7 亿元的生产规模。

第七章　工程技术方案

一、太阳能灯具

1. 系统组成

太阳能灯具包括太阳能电池组件部分（包括支架）、LED 灯头、太阳能灯具控制器、蓄电池（包括蓄电池保温箱）和灯杆等几部分构成。太阳能电池组件一般选用单晶硅或者多晶硅太阳能电池组件。LED 灯头一般选用大功率 LED 光源。控制器一般放置在灯杆内，具有光控、时控制、过充过放保护及反接保护，更高级的控制器更具备四季调整亮灯时间功能、半功率功能、智能充放电功能等。蓄电池一般放置于地下或则会有专门的蓄电池保温箱，可采用阀控式铅酸蓄电池、胶体蓄电池、铁铝蓄电池或者锂电池等。太阳能灯具全自动工作，不需要挖沟布线，但灯杆需要装置在预埋件（混凝土底座）上。

2. 工作原理

系统工作原理简单，利用光生伏特效应原理制成的太阳能电池板白天接收太阳辐射能并转化为电能输出，经过充放电控制器储存在蓄电池中，夜晚当照度逐渐降低至 10lux 左右时，太阳能电池板开路电压为 4.5V 左右，充放电控制器侦测到这一电压值后动作，蓄电池对灯头放电。蓄电池放电 8.5 小时后，充放电控制器动作，蓄电池放电结束。充放电控制器的主要作用是保护蓄电池。

太阳能电池板是太阳能发电系统中的核心部分，也是太阳能发电系统中价值最高的部分。其作用是将太阳的辐射能转换为电能，或送往蓄电池中存储起来，或推动负载工作。太阳能电池板的质量和成本将直接决定整个系统的质量和成本。

太阳能控制器的作用是控制整个系统的工作状态，并对蓄电池起到过充电保护、过放电保护的作用。在温差较大的地方，合格的控制器还应具备温度补偿的功能。其他附加功能如光控开关、时控开关都应当是控制器的可选项。

蓄电池一般为铅酸电池，小微型系统中，也可用镍氢电池、镍镉电池或锂电池。其作用是在有光照

时将太阳能电池板所发出的电能储存起来，到需要的时候再释放出来。

在很多场合，都需要提供220VAC、110VAC的交流电源。由于太阳能的直接输出一般都是12VDC、24VDC、48VDC。为能向220VAC的电器提供电能，需要将太阳能发电系统所发出的直流电能转换成交流电能，因此需要使用DC-AC逆变器。在某些场合，需要使用多种电压的负载时，也要用到DC-DC逆变器，如将24VDC的电能转换成5VDC的电能。

二、太阳能热水器

1. 太阳能热水器构件

太阳能热水器是由真空集热管、保温水箱、支架、连接管道等组成的。

（1）集热器

系统中的集热元件，其功能相当于电热水器中的电热管。和电热水器、燃气热水器不同的是，太阳能集热器利用的是太阳的辐射热量，故而加热时间只能在有太阳照射的时候。目前中国市场上普及的是全玻璃太阳能集热真空管。结构分为外管、内管、选择性吸收涂层、吸气剂、不锈钢卡子、真空夹层等部分。全玻璃太阳能集热真空管一般为高硼硅3.3特硬玻璃制造，采用真空溅射选择性镀膜工艺。可分为铝氮单靶镀膜工艺和铜、铝、不锈钢三靶镀膜工艺。而国外成熟的集热器都是平板集热器，平板集热器具有寿命长、稳定性高、可回收的优点，但由于较真空管集热器成本稍高，国内生产的很多价格低廉的平板集热器性能确实不好，平板集热器的性能因此被国内主流太阳能厂家歪曲了。但是平板集热器在太阳能行业的发展势不可挡，不是靠一些厂家的误导就可以扼杀的。现在很多设计院的给排水设计师已经意识到了这个问题。

（2）保温水箱

储存热水的容器。因为太阳能热水器只能白天工作，而人们一般在晚上才使用热水，所以必须通过保温水箱把集热器在白天产出的热水储存起来。容积是每天晚上用热水量的总和。太阳能热水器保温水箱由内胆、保温层、水箱外壳三部分组成。水箱内胆是储存热水的重要部分，其材料强度和耐腐蚀性至关重要。市场上有不锈钢、搪瓷等材质。保温层保温材料的好坏直接关系着热效率，在寒冷的东北尤其重要。目前较好的保温方式是进口聚氨酯整体自动化发泡工艺保温。外壳一般为彩钢板、镀铝锌板或不锈钢板。保温水箱要求保温效果好，耐腐蚀，水质清洁，使用寿命可长达20年以上。

（3）支架

支撑集热器与保温水箱的架子，要求结构牢固，抗风吹，耐老化，不生锈。材质一般为彩钢板或铝合金。要求使用寿命可达20年。

（4）连接管道

将热水从集热器输送到保温水箱、将冷水从保温水箱输送到集热器的管道，使整套系统形成一个闭合的环路。设计合理、连接正确的循环管道对太阳能系统是否能达到最佳工作状态至关重要。热水管道必须做保温处理。管道质量必须符合标准，保证有10年以上的使用寿命。

2. 太阳能热水器性能

随着人们环保意识的不断加强，越来越多的消费者倾向于选择太阳能热水器，但很多人对使用这种产品又不是很了解。在这里，我们将太阳能热水器、电热水器和燃气热水器的性能作一个粗略的比较。

（1）热水产量

燃气热水器有5升、7升、8升等不同的型号，是指在1分钟内将水温升高25℃时所产的热水量，如果自来水的温度为25℃，则每分钟可产50℃的热水5升、7升或8升。

电热水器的标注则是30升、60升、90升等，这是指电热水器的容水量，相当于我们在电炉子上加一个水壶，这个水壶的盛水量是30升、60升、90升。拿一个8升的燃气热水器与一个40升的电热水器相比较，8升的燃气热水器可连续不断地产生每分钟8升的热水，而电热水器需要间隔半小时加热一罐水。如果这一罐水用完，还要等半小时左右。

太阳能热水器按照年平均气温15.7℃、年日照时数2014小时、太阳总辐射总量年均为111.59千卡／平方米计算，如果集热面积为2平方米，年吸收太阳辐射能量为9.37×10^6千焦，按把水温升高35℃计算（基础水温10℃），全年可提供生活用热水（45℃）53.5吨，每人每次洗澡用热水约需50公斤，则全年可洗1070人次，平均每天可洗2.93人次。

（2）加热速度

目前生产的燃气热水器大多为快速热水器，不论什么时候，只要想用热水，打开燃气阀和水龙头，热水就会流出来。而电热水器需要预先通电半小时左右，才能开始使用。太阳能热水器在天气晴朗的时候使用更好，最理想的楼层在六至八层。

（3）温度稳定性

燃气热水器由于是快速加热，并有调整温度装置，只要在使用开始时调到人体感觉舒适的温度，而后就会一直保持在这一温度恒定地供应热水。

电热水器在使用时需要另外接一根冷水管兑入冷水，当罐内水不断流出，冷水不断加入时，水温就会逐渐下降，直到全部是冷水。所以在使用时，需要不停地去调整冷热水的比例。

太阳能热水器使用起来暂时还不大方便，要上水，且不能保证时时有热水。

3. 功率

燃气热水器的功率要比电热水器大很多，拿一个8升的燃气热水器和40升的电热水器相比较，8升燃气热水器的功率相当于16～17千瓦，而40升的电热水器一般为3千瓦，这也是为什么燃气热水器可连续供应热水的缘故。那么，电热水器是否也可做成16千瓦的呢？这是不可能的，因为家用电表、电线都无法承受。

4. 价格

8升的燃气热水器价格一般在800元以上，再加上安装费，大约在1000元以上，有的甚至接近2000元。电热水器现在都在500元以上，加上安装费用，一般不到1000元。太阳能热水器的价格都在3000元以上。

使用费用方面，目前天然气每立方米为1.7元，每度电为0.44元，而太阳能热水器仅耗水费。

5. 安全性能

燃气热水器的优点是加热快、出水量大、温度稳定、结水垢少、占地小、不受水量控制。缺点是使用时要排出大量的废气，废气中除了二氧化碳以外，还有一氧化碳，如果使用时关闭门窗，通风不良，一氧化碳会增加，严重时会发生中毒事故，但如果能正确地了解这一点，使用时注意，也是很安全的。另外，燃气热水器启动水压高，有些住高层的用户如果不装增压泵就无法启动；安装不方便，要在墙上打洞、安排气扇等。

电热水器的优点是能适应任何天气变化，普通家庭可直接安装使用，长时间通电可以大流量供热水；使用时不产生废气，所以从这一点上讲是既安全又卫生，目前市场上销售的电热水器多数还带有防触电装置。缺点是体积大、占用室内空间大、易结水垢、对电能浪费大，最新型的电热水器内置了阳极镁棒除垢装置，解决了产品容易结垢的问题，但阳极镁棒须两年更换一次，给保养带来了麻烦。

太阳能热水器的优点是安全、节能、环保、经济，尤其是带辅助电加热功能的太阳能热水器，它以太阳能为主、电能为辅的能源利用方式，可全年全天候使用。缺点是安装复杂，安装不当会影响住房的外观、质量及城市的市容市貌，且因要安装在室外，维护较麻烦。

6. 生产线建设

以质量为依托，产量与质量并重，提升产品质量，增强市场竞争力，促进企业增效，加强产品生产的管理，严格执行产业标准，严禁使用高污染原材料，严格控制各生产工艺操作规程，确保太阳能产品的生产，促进走向现代化、产业化。

7. 产品生产工艺线路

1）剪板→打孔→焊接→压加强筋→试压（内筒完成）。

2）剪板→打孔→折边→压边→两端收口压筋→端口螺丝（外筒完成）。

3）套筒（即把做好的内筒放进外筒里面）→发泡工装→发泡→盖端盖（整个保温桶成型）。

三、加工厂厂区的规划

1）加工工厂通常由加工区、办公区和生活区组成，应合理布局各个功能区。加工区是加工厂的核心区，应与生活区完全隔离，办公区可与加工区相连或相隔，既要方便管理人员组织生产，对品质进行监控，又能限制无关人员自由出入。

2）加工厂厂前区包括工厂出入口、传达室、车棚、厂部办公室等，要与加工区有明确的分界。

3）做好加工厂区周边、道路、局部环境绿化工作，科学布设厂区排水、管线和道路系统，保护和改善厂区的生态环境条件。

4）厂区内要配套卫生间、盥洗室、更衣间、工休室和相应的消毒、通风、照明、防蝇、防鼠、防蟑螂、污水排放、存放垃圾和废物等设施。

5）加工厂房要求气流通畅，采光良好；地面平整、光滑硬实，不起灰尘，可采用混凝土地面，铺设地砖或环保石材等；墙壁使用达到环保要求的内墙涂料粉刷或贴瓷砖。

第八章 环境保护与劳动安全

一、环境保护

环境是人类生息、繁衍、发展的基础，我们的建设必须坚持发展与环境相协调的方针，注意保护和改善环境。本项目的建设要注意可持续发展，为此提出了保护和改善环境的措施。

1. 设计依据及采用的标准

（1）设计依据

1）国务院253号令《建设项目环境管理条例》。

2）原国家计委、国家环境保护委员会［87］国环字第002号文《建设项目环境保护设计规定》。

（2）设计应采用的标准

1）《环境空气质量标准》（GB 3095—1996）二级标准。

2）《地表水环境质量标准》（GB 3838—2002）II类标准。

3）《污水综合排放标准》（GB 8978—1996）一级标准。

2. 主要污染源和主要污染物

本项目生产过程中没有严重的有毒或有害物质排放。

3. 防护和治理措施

1）建立环境卫生责任区，实行分区到人的严格管理制度，必须做到日产、日清、日运并定期喷洒消毒剂。做到本项目内的垃圾及时处置。

2）加强管理，减少生产对环境的影响。

二、劳动安全

1）严格执行民用建筑防火设计规范《建筑设计防火规范》（GBJ16—2001），人员疏散，消防设计均应符合规范规定。

2）厂房等建筑物应进行防雷设计、电气设计均采用防火材料，并设置保护接地装置。

3）建立完善的消防系统、加强防火意识教育。①建立公司消防、生产用水池，水量可同时保证生产及消防三需。②各车间根据规范设置相应数量的干粉灭火器。

4）装修材料均采用防火材料进行制作安装。

5）由专人对本项目范围内定时进行清扫、清洗和洒水防尘。

6）严格执行有关行业的职业卫生及劳动保护的规程规范和标准，保持本项目内的各类人员的健康安全。

7）健全防护保障措施，杜绝各类危险事故的形成和产生。

第九章　项目进度安排

第一阶段（2011.04～2012.02）

引进企业，做好新建企业的选址，在园区购置土地，建设厂房、仓库、办公楼、宿舍楼等设施，购置部分生产设备，确定制作工艺及各项工艺指标。

第二阶段（2012.03～2012.11）

对原有生产线进行高新技术改造，对前阶段中各项工艺控制指标进行确认，并探讨其他对产品质量和原材料消耗有影响的因素，扩大生产线并做好相关基础配套设施建设。

第十章　投资估算和资金筹措

一、投资估算

项目总投资12000万元，其中固定资产投产10000万元，主要是相关厂房、仓库、办公、生活设施，设备购置。流动资金2000万元，用于项目前期流通、企业管理等费用。

1. 基础设施投资：2610万元

1）厂房：1500万元。

2）仓库：400万元。

3）办公楼：100万元。

4）宿舍楼：70万元。

5）生产、生活配套设施：80万元。

6）厂区绿化：50万元。

7）办公设备：300万元。

8）产品测试楼：60万元。

9）实验楼：50万元。

2. 生产加工设备投资：6810万元

1）16T冲床：40台×35万元/台＝1400万元。

2）剪板机：50台×18万元/台＝900万元。

3）折边机：40台×15万元/台＝600万元。

4）压边机：40 台×22 万元/台 = 880 万元。

5）滚筋机：45 台×20 万元/台 = 900 万元。

6）焊机：40 台×3 万元/台 = 120 万元。

7）发泡工装：30 台×18 万元/台 = 540 万元。

8）打孔机：30 台×20 万元/台 = 600 万元。

9）压筋机：30 台×27 万元/台 = 810 万元。

10）其他费用：60 万元。

3. 产品测试设备投资：320 万元

4. 实验设备投资：260 万元

二、资金筹措（略）

第十一章 经济效益和社会效益分析

一、经济效益

1. 成本分析

总成本由原辅材料、燃料动力、工资福利费、折旧费、修理费及其他费用组成。其中其他费用包括管理费用、财务费用和销售费用。

项目年经营成本估算见下表。

年经营成本估算表

序 号	项 目	金额（万元）	备 注
1.0	固定成本	2750	
1.1	管理人员工资	25	
1.2	管理人员福利	3.5	按工资总额的 14%提取
1.3	工会经费	0.5	按工资总额的 2%提取
1.4	职工教育经费	0.13	按工资总额的 0.5%提取
1.5	社会保障费	6.5	按工资总额的 26%提取
1.6	办公费	144	按销售收入的 4%
1.7	设备折旧、摊销	39	按 15 年摊销
1.8	财务费用	100	i＝10%
1.9	其他费用	10	
2.0	变动成本	1200	
2.1	原材料	1345	
2.2	车间工人工资	390	生产工人 325 人，1000 元/（月・人）
2.3	销售费用	72	按销售收入 2%
2.4	水费	2	正常年份用水 10000 吨，2 元/吨
2.5	电费	43	正常年份用电 100 万度，0.43 元/度
2.6	科研费用	10	

总计：6140.63 万元

 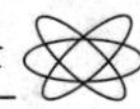

2. 经济效益。预计年销售收入可达15000万元。减去销售税金等成本投入净赚利润约为3600万元，投资3.3年即可收回成本。

销售税金及附加表　　单位：万元

序　号	项　目	计税金额	税率（%）	合　计	备　注
1.0	增值税	17000	17	2890	
1.1	附加税			274.4	
1.2	城市维护建设费	2125	7	148.75	
1.3	教育附加税	2125	4	85	
1.4	社会事业发展税	17000	0.2	34	
总计：3432.15					

二、社会效益

1. 解决一批剩余劳力的就业。在项目实施期间产品生产需要大量的劳动力，项目实施后，由于管理精细，产量增加，需要增加劳动力，为明溪县剩余劳力提供就业机会。

2. 促进交通运输等其他产业发展。项目的开发，将吸引更多的外来客商前来接洽，带动交通运输业、餐饮业和旅游业的发展，对进一步调整产业结构，促进明溪建设，扶贫致富等工作起到良好的示范效应。

3. 项目符合国家优先发展产业政策，建成后对国家和地方社会经济发展作出应有的贡献，能提高农民收入、繁荣地方经济。

第十二章　财务与敏感性分析

一、财务盈利分析

1. 投资利润率和投资利税率

投资利润率＝（平均年利润总额÷经营期（年）÷项目投资）×100%
＝（3600÷12000）×100%
＝0.3×100%
＝30%

2. 投资利税率＝（平均年利税总额÷经营期（年）÷项目投资）×100%
＝（3570÷12000）×100%
＝0.2975×100%
＝29.75%

全部投资内部收益率为33.9%。所得税前静态投资回收期3.3年。

二、盈亏平衡分析

以生产能力利用率表示的盈亏平衡点（BEP）。

生产能力利用率＝固定成本÷（销售收入－变动成本－销售税金及附加）×100%
＝2750÷（15000－1200－3088.15）×100%
＝2750÷8341.58×100%
＝25.67%

BEP（产量）＝设计能力×利用率

＝125000 件/年×25.67%

＝32087.5 件/年

计算结果表明，本项目只要达到设计生产能力的 25.67%，即阀门和太阳能产品产量及销售量分别达到 25670 件/年，32087.5 件/年就能保本。

三、财务评价结论

本项目全部投资内部收益率为 33.9%，高于行业平均水平；投资回收期为中期，3.3 年；投资利润率和投资利税率较高；不确定分析结果表明该项目为具有十分强的高风险能力。加上采用先进生产工艺，科学制造方法，质量上过硬，自然风险和市场风险小，总之，项目在财务上和实践上表明均是可行的。

第十三章　结论及建议

通过对以上的初步分析，本项目建设既符合国家的产业政策，又适应市场经济的客观要求，所采用的先进技术与设备，具有较强的盈利能力，在技术上与经济是可行的。本项目财务评价效益较高。在全球能源形势紧张、气候变暖严重威胁经济发展和人们生活健康的今天，太阳能以其清洁、源源不断、安全等显著优势，成为关注重点，投资效益（经济效益和生态效益）将更加显著。因此，本项目是可行的，无论在经济发展和生态保护上都有重要意义。本项目是以太阳能产品综合开发，通过产品高投入产出的建设，在保护生态环境的条件下进行可持续开发，对明溪工业生产起到示范和带动作用。综观本项目：

1）本项目符合国家产业政策，投资方向正确。

2）产品市场缺口大，前景看好。

3）经济效益好，社会效益显著。

（资料来源：http：//wenku.baidu.com/view/ef45600c7cd184254b353551.html）

第三节　商务计划书写作

一、文体概念

企业在选定并完成项目立项后，下一个步骤的工作就是融资。而要吸引风险投资家愿意出资，这里首先需要解决的问题是要让他能认同拟投资项目。企业出于融资的需要，以项目投资计划的方式推介项目并说明融资事项的文书，就是商务计划书。

二、文体特点

虽然可行性研究报告也可以作为融资的依据，而且在文章写作上两者有很多的共同点，但两者的侧重点和思路的根据不一样。可行性研究报告是从市场需求、技术、经济、环保和投资效益上来论证项目可行，而商务计划书则是从介绍项目及投资计划入手，重点说明该项目需要多少钱、还缺多少钱以及如何融资的问题。从而使风险投资家能看好该项目，并认真考虑如何投资的方案。

三、文章写作的结构内容要点

1. 产品（或服务）介绍

1）产品的概念、性能及特性。
2）产品的专利和品牌。
3）产品的研究和开发过程。
4）产品成本分析。
5）发展新产品的计划。
6）产品的竞争能力分析。
7）产品市场前景预测。

2. 市场分析

1）市场现状综述。
2）竞争厂商。
3）目标市场。
4）本产品的市场地位。
5）市场区域和特征。

3. 营销策略

1）价格策略。
2）营销渠道选择。
3）促销计划与广告策略。
4）营销队伍与管理。

4. 人员及组织结构

1）公司的组织结构图。
2）各部门功能与责任。
3）各部门的负责人及主要成员。
4）公司的报酬体系。
5）公司的股东名单、认股权、特权等。
6）公司的董事会成员。

5. 生产计划

1）产品制造所需技术设备及厂房。
2）新产品投产计划。
3）技术提升和设备更新要求。
4）质量控制和质量改进计划。

6. 财务规划

根据假设来做如下财务项目预测分析：
1）资产负债表。
2）损益表（利润表）。
3）现金收支分析。
4）资金来源和使用。

7. 融资需求

1）资金需求说明。
2）资金用途。
3）融资方式。
4）资金退出方式。

8. 风险及风险防范

1）可能风险。
2）风险防范措施。

四、文章写作结构原理分析

内容“1”是推介项目。经济项目主要是两类：一是工业产品加工型项目；二是社会服务性项目。这里是以工业产品加工型项目来介绍。商务计划书写作的意图宗旨是通过投资计划的形式来推介投资项目，以吸引风险投资家的资金投入，所以文章写作需要从介绍项目入手。

遵循人的认识思维的一般规律，接触了项目后，紧接着就需要了解市场，这就是内容“2”。该部分内容通过对市场作全方位的分析，直接回答出该类产品的市场需求量有多大，本产品的前景如何，以让投资者阅读后能建立起对本产品的信心。

市场虽好还需要有正确的营销策略，所以，就需要写内容“3”。这里是遵循“4P”理论来描述，由于“产品策略”在内容“2”作了专项介绍，所以该部分只重点说明价格、渠道、促销三大策略。

内容“4”是对项目建成后人员组织结构的实施计划。内容“4”与内容“3”、“5”、“6”都是建立在假设条件下对项目投资计划的描述。

而内容“5”又同时是为内容“6”、“7”提供理论根据。它既是对遵循内容“1”的产品性能设计定位和内容“3”中的价格策略定位来实施生产计划的描述，同时又通过对生产所需设备与厂房以及技术提升和设备更新等要求的陈述为后续内容的财务规划与融资需求作铺垫。

内容“6”、“7”是承接前述内容，对该项目投资计划需要多少钱、能赚多少钱、还缺多少钱以及如何融资等的说明。

内容“8”是对该投资计划的可能风险及应对措施的陈述。

以上，通过对该项目投资计划的系统描述，向投资者详细推介项目，并回答了该投资项目需要多少资金，需要融资多少，如何参与融资等问题，以为参与融资者的抉择提供根据，从而实现了该商务计划书写作的意图宗旨。

例文 2

高亮度 LED 户外照明产业化项目商业计划书

第一章　××××投资集团介绍

一、集团简介

××××投资集团创建于 1997 年 6 月，经过十多年的艰苦创业，已经发展成为一家集浓缩果汁、富硒生物工程、高亮度 LED 户外照明工程等产业为一体的民营高新技术企业集团，集团现有资产总额 4.7 亿元，年产值 3.4 亿元，员工 680 余人，拥有数家控股和参股企业。

集团于 2003 年全套引进德国先进浓缩果汁生产线和 HACCP 系统，并于 2004 年建成投产，产品品质达到欧盟标准，基本全部销往欧洲。并随后在北京密云县和安徽砀山分别建成了两条浓缩果汁生产线，进一步增大了浓缩果汁生产规模。2006 年，集团下属企业××××食品有限公司被北京市政府评选为北京市农业产业化经营重点龙头企业。

集团经过多年的生物科研开发，成功突破了从剧毒无机硒到对人体无害的有机生理活性硒的转化这一生物工程难题，成功开发出了富硒大蒜、富硒鸡蛋及富硒梨等生物产品，并在山东及北京分别建立了富硒大蒜产业化种植生产基地和富硒梨产业化基地，已经进入到初等规模的产业化生产阶段。

2007 年集团成功开发了高亮度 LED 绿色照明产品，并通过了国家电光源质检中心的各项检测以及新产品专家鉴定，被认定为国内领先水平。目前该产品已在首都机场中央首长专机楼广场、北京新媒体产业基地、山东临沂机场等单位得到应用，赢得使用单位的好评。鉴于该产品在技术上的领先优势，2008 年 12 月，××××集团实施的“高亮度 LED 户外照明产业化示范工程项目”被国家发展和改革委员会列为全国十大重点节能工程之一，获得中央预算投资支持。在四川大地震北京对口支援城市什邡市重建中，集团被北京市政府指定为市政 LED 路灯照明建设单位。

二、集团高亮度 LED 户外照明产品简介

能源问题已经成为世界的头号问题，就目前实际情况来看，推动能源节约或高效率使用能源是现在和将来很长一段时间能源问题的最实际的解决策略。照明所消耗的能源极为惊人，在中国如此广大的国土中，每一盏灯所消耗的能源以及排放的有害物质对环境的伤害程度非常巨大，因此照明节能将是最重要的新能源科技之一。而 LED 具有高效节能、长寿命低维护、环保无污染等优点，被称为 21 世纪替代传统照明的绿色照明。在国家节能减排的政策背景下，LED 产业得到政府的大力扶持和推动，市场前景巨大。××××集团 2007 年进军 LED 产业，在短短的时间里，凭借自身技术、管理和市场等各方面优势，已经成为国内 LED 户外照明应用行业的龙头企业，产品在国内得到了广泛的应用，并受到用户的一致好评，得到中央财政预算投资支持及北京市政府的大力扶持，更加巩固了集团在行业内的龙头地位，在以后的发展中继续占据领先地位

第二章　高亮度 LED 户外照明产业化项目主要管理负责人介绍

一、项目总负责人情况简介

法定代表人×××，男，高级经济师，毕业于复旦大学经济系，研究生学历。1997 年至今任××××投资

集团有限公司董事长、总裁。曾先后荣获北京市青年星火带头人、大兴区十大杰出青年、中国青年企业家协会优秀会员等荣誉称号，并担任中国青年企业家协会常务理事、大兴区政协委员、北京市青年企业家协会副会长、大兴区工商联副主席、大兴区青联副主席、大兴区榆垡镇副镇长等政府及社会团体职务，并被选举为共青团北京市第十一次代表大会代表。

二、经营负责人简介

×××，男，毕业于山东工业大学，高级工程师，1999年至今任集团照明事业部总经理。具有丰富的照明生产、市场开拓经验，在业界享有较高的知名度。

三、市场总监简介

×××，男，毕业于哈尔滨工业大学应用电子专业，长期从事半导体等产品的研制开发与市场开拓，先后担任台湾宏塑光电科技有限公司技术总监、市场总监等职务，2007年至今，担任××××投资集团有限公司市场总监，先后组织了对北京五环路、首都机场、临沂工业开发区、临沂机场等路灯、高杆灯改造工程的公关、谈判与设计工作，有着丰富的市场开拓和对产品安装的个性化设计经验。

四、业务经理简介

×××，女，毕业于北京工业大学市场营销专业，毕业后长期从事照明产品的市场推广工作，有着丰富的市场营销和推广经验，2001年加盟××××投资集团，从事照明业务工作，为公司业务的拓展做出了巨大的贡献。

五、技术总监简介

×××，男，高级工程师，华中理工大学应用电子专业毕业，博士学位，曾在××××集团昆山有限公司任技术总经理，一直从事LED光源的研制与开发，2006年任××××投资集团照明事业部技术总监至今。

第三章 市场分析

一、国际市场

1. 全球LED产业现状与发展趋势

今天似乎全世界的目光都聚焦在LED这个新型的光源上，LED被誉为21世纪的绿色照明产品，甚至人们预言未来会大部分取代传统的光源。因为它具有寿命长、启动时间短、结构牢固、节能、发光体接近点光源（有利于LED的灯具设计）、薄型灯具，灯具材料选择范围大，不需要加反射器，低压，没有紫外辐射，尤其在公共环境中使用更加安全等特点。再加上LED光源的生产可实现无汞化，对于环境保护和节约能源更具有重要意义。

目前，全球有近200家公司和300多所大学以及研究机构从事LED的相关研究和开发工作，居于领先水平的公司主要有日本的Nichia（日亚化学）、Toyota Gosei（丰田合成），美国的Cree，欧洲的Osram、菲利普，中国台湾的芯片厂家主要有宏塑、国联、晶元等。这些公司多具有原创性的专利，掌握着LED的核心技术，引领LED技术潮流。

面对半导体照明将要形成的巨大市场，世界上各半导体公司和照明公司纷纷投入巨资进军半导体照明市场，美国自2000年起投资5亿美元实施“国家半导体照明计划”。美国能源部预测，到2010年前后，美国将有 55%的白炽灯和荧光灯被半导体照明所替代。通用电气、飞利浦、欧斯郎世界三大照明巨头，全都启动大规模商用开发计划，与半导体公司合作或并购，成立半导体照明企业。

我国台湾是世界LED生产的最重要基地，其产量超过全球LED产量的1/3，早在20世纪90年代初已经名列世界第三位。目前我国台湾LED产品市场占有率已达28%，超过了美国，位居世界LED市场第二位。

2. 巨大的市场需求与广阔的市场前景

目前，据美国市场研究公司CIR（Communications Industry Researchers）预测，2008年全球LED产业市场将达68亿美元，平均每年增长20%～30%。

据业内人士预测，到2008年，全球LED的应用市场将从2004年的125亿美元提高到500亿美元，市场潜力巨大。

二、国内市场

1. 我国LED产业高速发展

我国LED产业起步于20世纪70年代。经过30多年的发展，我国LED产业已初步形成了包括LED外延片的生产、LED芯片的制备、LED芯片的封装以及LED产品应用在内的较为完整的产业链。现阶段，从事该产业的人数达5万多人，研究机构20多家，企业4000多家，其中LED外延片生产和LED芯片制备企业约50余家，封装企业1000余家，LED产品应用企业3 000余家。

我国LED总体产量和销售额增长较快，均高于国际市场同期增长水平。其中高亮度LED（HB-LED）增长速度明显快于LED整体产业的增长水平。

在中国本土企业LED产能不断扩大的同时，外商也加大了在国内的投资力度。预计在未来几年中中国大陆将成为继日本、韩国以及中国台湾地区之后又一个LED产业基地。

2. 技术水平与专利

不可否认的是，现阶段我国LED产业仍然存在核心技术缺乏、专业人才短缺、产品质量不高、设备自主生产能力偏弱等发展制约因素。国内的技术水平与国外相比还存在很大的差距，这一点在专利方面的体现尤其突出。我国上游专利申请量少，并以外国发明专利为主，下游申请量虽大，但大部分都是实用新型专利。可以说LED最先进的核心专利技术仍然掌握在国外LED大公司手中，这是个不争的事实。

3. 产业链特点

目前上游领域的外延及芯片的核心技术仍然是国外领先，国内的芯片生产企业主要还是依赖国外的技术，芯片供应能力目前远不能满足需要，还必须大量进口。总体来看，国内企业主要集中在下游的终端应用领域。

4. 我国LED产业发展前景

2007年，中国市场LED应用产品产值已超过300亿元，已成为LED全彩显示幕、太阳能LED、景观照明等应用产品世界最大的生产和出口国，新兴的LED产业正在形成。中国市场在LED照明领域已经形成一定特色，其中户外照明发展最快，年规模达200亿，路灯市场每年有400～500个亿的市场需求。根据专家预计：LED照明进入通用照明市场将在2～3年之内必将实现，其潜在市场将是现有照明行业产值的3～5倍。

从目前来看，我国LED产业发展动力强劲。《国家中长期科学和技术发展规划纲要》将半导体照明产品明确列为“重点领域及优先主题”，提出“重点研究高效节能、长寿命的半导体照明产品”。节约能源是建设节约型社会的基础之一。“十一五”期间我国将开展十大节能工程，“绿色照明工程”是其中之一。LED照明产品的应用是一个重要的方面。2006年10月，科技部启动“十一五”半导体照明工程“863”计划，将对半导体照明产业予以更大的支持。

同时，应该看到我国在发展LED产业方面有不少优势。首先，我国有很大的市场需求。例如，普通照明是LED未来应用的一个重要领域，而我国有3亿家庭，如果LED普通照明技术和生产得到突破，市场将会非常巨大。此外，城市景观照明、城市亮化工程对LED也有很大需求。2008年北京奥运会和2010年上海世博会对LED的城市照明应用进程起到促进作用。据有关预测，2010年我国整个LED产业的产值将超过千亿元。

5. 2007年国内LED照明应用市场有关数据统计（表1及图1，数据来源：驰昂咨询 Sinotes）

目前LED照明应用市场主要分为景观照明、交通信号灯、室内装饰灯、汽车用照明、室内照明和其他应用领域。

表1 2007年按应用分中国LED照明市场规模（按销售额）

应用领域	景观照明	交通信号灯	室内装饰灯	汽车用照明	室内照明	其他
销售额（亿元）	21.2	19.5	4.3	3.2	0.2	0.1
所占比例（%）	43.7	40.2	8.9	6.6	0.4	0.2

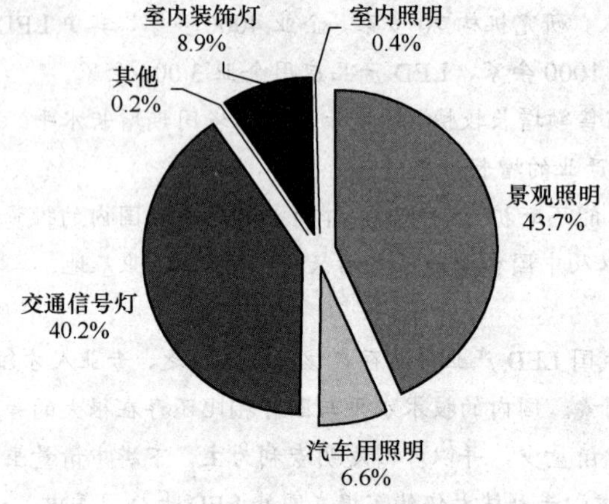

图1 2007年中国LED照明各应用市场比

从以上数据可以看出，景观照明市场是LED照明的最大市场之一。主要原因是来自政府的推动。

（1）目标市场设定

目前我们专注于景观（户外）照明市场这一目前规模最大和最具发展潜力的市场，针对的目标客户主要是政府工程项目。

（2）目前公司产品市场状况

目前我们的产品正处于高成长阶段，在国内市场处于技术和市场的领先地位。

第四章 竞争分析

一、竞争优势

1. 技术方面的优势

1）芯片技术的国际领先性。与拥有国际最先进芯片核心技术的国外厂商合作，保证了芯片技术的国际最先进性，在国际和国内同行业中保证了芯片技术领先地位。

2）LED照明光学设计上的突破。一直以来LED照明特别是户外照明（如路灯等）配套的二次光学设计是制约LED照明应用和发展的最重要的瓶颈，我们通过自主研发和试验，成功地突破了这一瓶颈，填补了国际国内在这方面的空白，使我们在光学配套设计中占据国际和国内的制高点。

3）在散热技术上的突破。散热问题也同样是制约 LED 照明应用的瓶颈之一，散热不理想直接影响到 LED 的使用寿命，我们同样也突破了这一瓶颈，大大提高了 LED 的使用寿命，我们自主研发的散热技术在国内外同行中处于领先地位。

4）拥有高亮度 LED 户外照明五环高杆灯外观设计国内专利。

5）高亮度 LED 户外照明模块获得国家电光源质量监督检验中心的检测认证以及北京市技术创新服务中心的新产品新技术鉴定验收证书。

2. 市场成功案例优势

（1）首都市场成功示范效应

为迎接 2008 北京奥运会的召开，我集团经过对首都机场夜景照明的实地考察测量，为首都机场集团研制开发了“北京 2008 奥运五环标识高杆景观灯”，并已经在首都机场 1 号航站楼、3 号航站楼广场以及首长专机楼广场点亮。这种照明效果在所有举办过奥运会的城市中都是绝无仅有的，为北京 2008 年奥运会增添了一道独特的亮丽风景。另外在北京新媒体产业基地、京开高速永定河大桥、北京六元桥桥区等都有我们的高亮度 LED 照明灯矗立。其他正在论证过程中的项目有北京五环路、北京生物医药产业基地等 LED 照明工程项目。可以说目前我们在北京 LED 户外照明市场占据着无可争议的第一的地位。

（2）天津、山东等地市场

天津滨海机场同样点亮着我们的“北京 2008 奥运五环标识高杆景观灯”，与首都机场遥相呼应。同时我们的 LED 户外照明产品在山东临沂机场、山东临沂经济开发区、山东临沂滨河生态城等得到了广泛的应用，山东成为我们迄今为止建成的最大的 LED 照明示范工程地区。

3. 国家扶持优势

（1）北京市政府的大力扶持

从进入 LED 产业初始我们就得到了北京市政府的关心和大力扶持，市领导和相关部门领导多次到我公司考察和指导。在四川大地震北京对口支援对象什邡市重建中，市政府指定我集团作为市政 LED 路灯照明建设单位。

（2）中央财政支持

鉴于我集团 LED 产品在技术上的领先优势和产生的巨大市场影响力，2008 年 12 月，××××投资集团实施的“高亮度 LED 户外照明产业化示范工程项目”被国家发展和改革委员会列为全国十大重点节能工程，获得中央预算投资支持，将极大地推动我国高亮度 LED 户外照明产业的研究、开发和推广进程。

4. 产业化、规模化优势

我集团在中央预算投资支持下的高亮度 LED 户外照明产业化示范工程项目建成投产后，将极大地促进高亮度 LED 户外照明产业化进程，真正形成规模化，推动 LED 及相关技术的研究和发展，使我们同时具备产业化和规模化优势以及先进技术研发优势，届时我们预测将年产高亮度 LED 户外照明光源模块 120 万个（25W/个），同时在未来的 3～5 年内将占据国内 LED 户外照明市场份额的 30%～40%。

二、对竞争对手的观点

1. 国际上

虽然 LED 的核心技术和专利掌握在国外大公司手中，但在 LED 的应用领域，特别是户外照明领域，大家都处在同一起跑线上，而且由于国内政府的推动，我们的应用发展反而要比国外势头更猛，我集团在自身努力和政府扶持下，更是处于行业的绝对领导地位。再加上这个行业处于新兴时期，各个国家都在发展和培育自己的LED市场，短时间内还不会产生国际间的激烈冲突，所以目前我们不担心国际的竞争对手。以后我们相信经过市场的洗牌，进入到成熟期，我集团也必将更加强大，不会惧怕任何国际竞争对手。

2. 国内

虽然目前国内有3000多家从事LED应用的企业，户外照明应用企业也不在少数，但真正形成规模，成功操作过有相当影响力项目以及得到中央财政支持的企业，除我集团之外，没有第二家，所以在国内我们是当之无愧的领跑者，对于国内的竞争对手我们会关注，但不会担心。

3. 潜在竞争对手

国外和国内的任何从事于LED照明应用的企业都是我们的潜在竞争对手，但我们会通过不断提升自己的实力来始终占据行业制高点，永远保持领先。

第五章 商业发展模式

一、市场定位

在计划进入LED产业之初，我们就对整个LED产业的发展进行了科学详尽的考察和研究，根据研究结果我们把自己定位于LED产业终端应用企业，并且专注于高亮度LED户外照明产品的科研、生产和销售。因为上游领域的外延及芯片的技术境外领先，但在应用端方面，国内外的起点是同步的。只要我们的发展思路正确，就有机会成为LED产业应用端的领头企业。

二、发展思路

引进世界一流的芯片来封装自己所需要的LED或模块，应用到开发产品中来，降低开发和生产成本，体现出整合的优势和性价比，实现产业化，由此相互依赖，相互促进，共同发展。从提高技术水平入手，开发和生产与LED发光特性相匹配的照明产品，提升企业自身研发水平，开发生产特定应用和细分市场的高规格的“市场型产品”，并研发“战略型技术”，突破尚未成熟的LED应用中的核心技术（例如光、电、热等商品化技术），提高产品的技术含量和市场地位，抢占行业制高点。

三、盈利收入来源

收入来源主要是高亮度LED照明模块销售收入和承接LED户外照明工程的产品销售收入和工程建设施工收入。

四、生产基地建设

基于北京高亮度LED户外照明产业化示范项目基地的基础，在未来的时间里我们计划投资5～10亿在全国建十个生产基地，寻找各地区有实力、有市场能力的照明行业企业合资经营。我们投入资金和技术，包括全资、控股、占股三种方式。

五、全国推广计划

1. 全国招募100个加盟商

1）免费提供企业品牌、标识等无形资产。

2）免费提供技术指导、培训、售后服务。

3）产品价格低于出厂价15%。

4）帮助地方攻关及市场推广宣传工作。

5）大额政府工程订单可提供运营资金。

6）可代为申请30%、50%的财政补贴。

2. 全国选设1000家代理商

1）提供技术指导、售后服务。

2）全国统一出厂价。

3）协助地方攻关与市场推广宣传。

4）大额政府工程订单可提供运营资金。

5）可代为申请30%、50%的财政补贴。

六、服务建设

将努力建设和完善我们的销售、技术、售后等各项服务，提升我们的服务品质，为客户创造更大的价值。

1. 销售服务

面对中间经销商、工程建设单位、直接应用客户，在互惠互利、诚实守信的原则基础上为客户提供销售服务。

2. 技术服务

为客户提供全面周到的技术指导服务，包括模块调试、安装、维护、故障解决等服务；对于工程提供从前期设计到工程实施到后期维护的全面技术指导和帮助。

3. 售后服务

只要是我们的产品，我们都会提供7×24小时终身售后服务。一旦出现问题，我们第一时间响应并在最短的时间内解决问题。

七、政府工程示范效应

在目前已经建成的政府工程基础上，力争再上一个台阶，建设几个全国知名的政府工程示范项目，并借此辐射全国市场乃至国际市场，提升自己的品牌，赢得同行业企业的尊重，得到国家政府的认可。

八、未来可开发的新盈利增长点

据Strategies Unlimited统计，LED将在未来10年内大举进入现被白炽灯和日光灯所占据的价值120亿美元的传统照明市场。美国能源部的研究报告分析，到2010年，美国将有55%的白炽灯和荧光灯被半导体灯替代，每年节约电费可达350亿美元，半导体灯有望形成500亿美元的大产业。国内目前LED照明在传统照明市场占用的市场份额还很小，但不代表它不会取代传统照明，恰恰相反，传统照明市场将是未来LED照明最大的一个市场。所以我们集团未来的LED产品开发会朝着民用LED照明发展，争取在这个市场中占据重要地位，增加我们的新盈利点。

第六章 融资需求

一、资金需求说明

2008年12月集团实施的“高亮度LED户外照明产业化示范工程项目”被国家发展和改革委员会列

为全国十大重点节能工程，获得中央财政预算投资支持，整个项目投入除去政府资金和集团自筹资金外，还需要对外融资6000万元左右。

二、资金用途

资金主要用于建设13300平方米的组装生产车间、检测室、库房、办公楼等；引进一条国际先进的高亮度LED模块产品生产、组装、检测生产线。

三、融资方式

目前主要采取股权融资、固定资产中长期贷款方式。

四、资金退出方式

投资方可采取股权转让、集团股权回购或股票上市的方式退出。贷款到期一次性还款。

第七章 集团财务信息

一、集团2008年销售收入、净利润情况

单位：万元

销售收入	成本	税金及附加	主营业务利润	费用	利润总额	税金	净利润
3650.00	1864.17	11.68	1774.15	131.65	1642.5	410.63	1231.87

二、未来三年销售收入、净利润预测

单位：万元

年 份	销售收入	净利润
2009	30000	990000
2010	60000	2040000
2011	100000	3500000

思考与练习

一、填空

1．投资，是指为达到一定目的而________的行为。

2．企业投资又可细分为________、________、________与________和________等。

3．企业决策的核心内容是________________。这里的有限资源是__________，核心问题是________，凭借的手段是_______。

4．可行性研究报告的文体特点：（1）____________；（2）____________；（3）__________。

5．商务计划书是从介绍________入手，重点说明该项目________以及________的问题。

二、名词解释

投资　决策　可行性研究报告　商务计划书

三、简答题

1．新项目投资的决策活动具有哪几个构成要素？

2．项目投资决策的定量分析方法，在本质上包含哪两个方面的内容？

3．工业项目可行性研究报告写作的意义是什么？

4．商务计划书与可行性研究报告两者在写作的侧重点和思路上有何不同？

四、分析论述题

1．请分析可行性研究报告分论“1）市场需求预测和拟建规模”中六小点内容写作的逻辑思路。

2．试对例文2“第六章融资需求”与前各章逻辑联系的根据原理作分析。

五、写作练习题

1．请假设某一投资项目模仿写作可行性研究报告。

2．请以上题项目再模仿写作商务计划书。

科研与新产品开发

在实施项目投资后，企业的生存与发展需要立足科学技术的研究与新产品开发。

第三章 新产品研究

教学目的和要求

- 通过本章内容的教学，让学生认识什么是新产品研究，了解新产品研究的程序、内容及事务特点，并懂得写作新产品开发项目建议书。

第一节 概 述

一、科研与新产品开发

一般意义上的科研，是指科学与技术的研究活动及其成果。而科学技术转化为生产力，还需要通过人们将新的科学技术成果应用于生产实践的发展研究，即技术开发。企业的科研主要是指技术开发。在工业中，技术开发的内容主要包括两个方面。

1）将新的科研成果应用于新的生产工艺的研究开发。其意义在于，通过发明新的产品加工方法或对传统产品加工方法的改进，来提高产品质量、降低生产消耗、扩大生产能力，有效增强企业竞争力。

2）将新的科研成果应用于新产品的研究开发。其意义是通过产品的更新换代和增加产品品种，来赢得企业的生存与发展。

本篇内容之新产品开发，包括从新产品研究至试行生产的整个过程。这项工作的主要内容有：市场调查研究和需求预测；提出开发新产品的初步设想和创意构思；进行研究试验与工作图设计；工艺方案的研究与设计；进行样机的试制、试验与评审；验证工艺规程、工序能力、工艺装备和产品质量标准及质量控制方法；完善设计和完成产品企业标准的上级备案。

二、关于新产品研究

企业是以产品来赢得市场，而产品是以其能实现的功用来获得用户的青睐。伴随社会的进步，人们对工作效率和生活质量的追求越来越高。这种高追求不仅使社会呼唤新产品，而且使人们即使是对同类产品的性能、功用和审美效果也不断提出新要求。也正是这样的不断的高追求，推动着新产品的研究和技术与生产的进步。因此，在激烈的市场竞争中，企业只有不断地推出新产品，才能赢得市场。新产品的研究与开发，是企业生存与发展的基石。

新产品的开发其前期的工作就是进行新产品研究。新产品研究是从消费者对产品的功用需求特点的研究入手，来分析新产品应具备的性能特点，从而运用已有技术及新技术设计出满足消费者需求功用特点的产品的程序性工作。

三、新产品开发涉及要写作的应用文

在新产品开发过程中，除要完成大量单纯技术性文件外，还要写作大量管理性的文书。这些管理性文书在过去一般都纳入科技应用文范畴，但新产品开发同时也是企业经营管理活动的重要环节，因此，为健全经济应用文的完整体系，除那些单纯技术性文件外，对其中反映企业经营与管理事务的主要应用文还不宜舍而不问。

由于在整个工业的发展与进步中，机械工业在管理上有着规范和典型性的特点，故本章的理论探索和理论阐述是以机械类产品的研究开发为根据。但需要注意的是，企业的新产品研究开发，因不同产品的技术内容不一样，涉及的事务特点不一样，其写作相关应用文的具体模式特点和内容是有差别的。

在技术开发工作中，其中关于新产品研究开发涉及的主要事务及相关应用文如下：

1）对技术、行业、市场的调查研究，写出调查报告，以寻求新产品开发的方向与目标，为提出新产品方案提供理论依据。

2）形成新产品设想方案，并提出攻关课题及先行试验大纲，进行先行试验，写出先行试验报告。

3）进行新产品的设计、生产的可行性分析，写出可行性分析报告，为决策层对新产品方案的选定提供依据。

4）对可行性分析报告等文件进行评审，编制出新产品开发项目建议书，经决策层批准后，正式列入企业新产品开发计划。

四、新产品研究文书的写作及思维特点

上述应用文，是新产品研究中为规范管理和处理相关事务而写作的文章，其写作的思维依据如下。

1）每一文章的写作都涉及新产品研究的一定程序中的特定事务内容，文章写作反映的特定事务内容要具体明确。

2）新产品研究需要遵循市场需求、产品的功用性能与技术相统一的原则。文章要反映主体实现这种统一展开研究活动的依据与研究活动的程序。

3）该类文章应区别于单纯技术性文件，明确是为规范管理服务的，就是说，该类文章的写作，是为了实现新产品研究活动的有序性和管理规范化，以保证新产品研究工作能体现决策层的意志并保持高效率的运行。文章写作要体现这一管理规范化的意图。

第二节　新产品开发项目建议书写作

一、文体概念

新产品开发项目建议书，是建立在新产品设想方案的基础上，依据先行试验和可行性

分析研究，正式提出新产品开发方案的请示性文书。

写作新产品开发项目建议书的意图宗旨：一是提出报请决策层批准的新产品开发方案；二是为下达新产品开发计划任务书，指导新产品的设计和试制提供理论依据。

二、新产品开发项目建议书写作的主要结构内容

1. 标题

要直接明了，以“××新产品开发项目建议书”或“新产品开发项目建议书”为题即可。

2. 正文

旨在让决策层具体了解“该新产品是什么样的产品”、“拟如何开发这一新产品”，从而促使决策层下定决心，批准建议方案，以此主导文章的写作思路。

1）企业开发新产品的依据、产品类型、产品用途及使用范围。

2）新产品方案：①基本参数及主要技术性能指标。②主要部件结构。③标准化综合要求，包括：应贯彻的产品标准和其他现行技术标准；新产品预期达到的标准系数；对材料和元器件标准化要求；与国内外水平的对比；对新产品的标准化要求及预期达到的标准化经济效果等。④关键技术解决办法及关键元器件、特殊材料、货源情况分析。

3）产品的技术先进性和经济合理性的初步分析：①国内外同类产品水平分析比较。②对新产品的设计性能、寿命与成本方面的分析比较。③产品既满足用户需要，又适应本企业发展要求的情况。

4）新产品设计、试验、试制计划及费用估算等。

3. 落款

写上建议书编制人，注明日期。

三、文章写作结构原理分析

新产品开发项目建议书正文的写作结构内容共分为四大部分。

1. 企业开发新产品的依据、产品类型、产品用途及使用范围，属文章开头的导言部分

这里的依据是指为什么要去开发这一新产品所依据的市场背景及其他动因；产品类型是指该产品性能的行业归属（如化工类、电子类、机械类）；产品用途及使用范围是指产品满足社会需求的功用特点及具体适用范围。该部分内容是对开发的新产品及其开发工作的依据先作概要性陈述，起着统摄全文的作用。

2. 新产品方案

该部分是具体介绍新产品技术设计的思路内容。新产品开发项目建议书写作的意图宗旨，是报请领导层批准立项该新产品开发方案。文章开头提示了要开发新产品，那么顺应人们的思维顺序，当然紧接着就要介绍你所设计的是一个什么样的产品。而且由于这些领

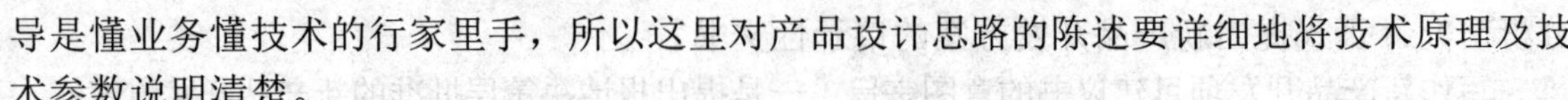

导是懂业务懂技术的行家里手，所以这里对产品设计思路的陈述要详细地将技术原理及技术参数说明清楚。

3. 产品的技术先进性和经济合理性的初步分析

描述了所要开发的新产品是什么样的产品后，紧接着就要回答该产品投入市场的前景。这要将该新产品与已进入市场的其他同类产品从技术先进性和经济合理性上来比较分析其优势所在。只有所开发的新产品具有上述优势，才能具有进入市场的竞争能力，这是对新产品开发价值的评价。有此优势，该新产品就具有开发价值，领导层才会批准该新产品开发项目的立项，以实现该文章写作的意图宗旨。

4. 新产品设计、试验、试制计划及费用估算

这是为领导层在审批该项目时的经费划拨提供依据。新产品开发项目一旦立项，就要全面启动研究开发工作。而新产品的研究开发工作要投入一定的人力物力，需要有经费支持。所以在项目建议书中，要制订出新产品开发的详细计划预案并测算所需费用，以便领导同时作经费的审批。

遵循上述思路的写作才能写清楚：①为什么建议开发该产品，从该产品的功用性能特点、设计原理、及技术先进性和经济合理性上，去说明该产品能满足市场需求，有进入市场的竞争优势而具有开发价值。②如何开发，从新产品设计、试验、试制计划及费用上向领导报告开发工作的整体方案。领导了解了拟要开发的产品有开发价值，又如保留开发的详细方案是可行的，才可下决心批准项目的立项，该“建议书”写作的意图宗旨便实现了，所以该文章应按上述思路来写。

四、写作中应注意的问题

1）对新产品方案的介绍要系统、完整、详尽、具体，以便决策者能通过建议书对新产品方案形成明确清晰的概念。

2）新产品的技术先进性和经济合理性分析，重在阐明新产品开发的价值意义。

3）新产品的设计、试验、试制计划要写出可操作的指导性，经费的估算则要相对准确。

思考与练习

一、填空

1. 一般意义上的科研，是指________与________的研究活动及其成果。

2. 企业是以________来赢得市场，而产品是以其能实现的________来获得用户的青睐。

3. ________的研究与开发，是企业生存与发展的基石。

4. 伴随社会的进步，人们对________和________的追求越来越高。

二、名词解释

新产品研究　新产品开发项目建议书

三、简答题

1．在工业中，技术开发包括哪两个方面的内容？
2．新产品开发的主要内容有哪些？
3．新产品研究类文书的写作思维有哪些特点？
4．写作新产品开发项目建议书的意图宗旨是什么？
5．新产品开发项目建议书在写作中应注意的问题有哪些？

第四章 试验与鉴定

教学目的和要求

- 通过本章内容的教学，让学生懂得什么是市场调查报告，什么是市场预测报告，掌握市场调查研究与市场预测分析的基本知识，能写作市场调查报告和市场预测报告。

第一节 概 述

一、关于试验与鉴定

试验与鉴定，是新产品开发程序中继新产品研究阶段、设计阶段，进入试制阶段的重点环节性工作。其任务是通过对新产品设计方案的试制与试验，验证产品结构方案及图样设计文件的正确性、产品性能的可行性与适用性，完成对新产品工艺方案的设计与评审，以及对新产品方案和设计文件的最终定审，为新产品的正式投入生产做准备。

新产品试制阶段的主要任务是要完成新产品的工艺设计，即解决如何依据新产品研究设计阶段所形成的产品方案和工作图设计实现其产品的加工生产问题。

二、新产品试制阶段的主要工作内容

试制阶段的主要工作内容有：工艺方案设计—样机试制—型式试验—样机试制鉴定、评审及定型—进行新产品的小批试制，验证工艺规程、工序能力、工艺装备和质量控制—小批试制鉴定—试销、用户意见和产品质量信息反馈—完善设计，并完成产品企业标准的上级备案—进入定型投产。

三、涉及要写作的管理性文书

试制阶段除要完成大量的单纯技术性文件外，涉及管理性的文书种类有试制工艺方案、试制总结报告、试验大纲、试验报告、试制鉴定大纲、设计评审报告、新产品质量分析报告、产品质量信息反馈报告等。新产品最终定型投入生产时，还要编写产品说明书。

本章只介绍其中几种最基本的管理性文书的写作。

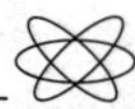

四、试验与鉴定类文书的写作及思维特点

1）虽然新产品试制阶段的任务是要解决如何依据新产品方案和工作设计图实现产品的加工生产问题，但这一任务是通过试验来不断验证和修改新产品方案及工艺方案的途径去实现，试验与鉴定类文书的写作主体要明确该类文书写作是为处理这一途径中的事务服务。

2）试验与鉴定工作的目的均是为检测和评价新产品设计方案和加工技术是否能满足市场需求，该类文书写作的思维活动不能偏离这一立足点。

3）试验与鉴定工作分为试验与依据试验结果作评价分析两个环节，写作主体要注意遵循各环节中所应用文体在该环节中所处理事务的意义来把握文章写作。

第二节 新产品试验大纲写作

一、文体概念

新产品试验大纲，是对新产品研制中为检测某些新技术、原理、结构、材料，以及要实现的性能而规定其研究试验项目与要求的一种文书。其处理事务的意义在于为新产品试验工作的顺利进行提供纲领性依据。

二、新产品试验大纲写作的主要结构内容

新产品试验大纲写作一般包括以下内容要点。

1）试验项目名称：要求明确、醒目，集中反映试验内容。

2）试验依据：对试验所依据的原理、理论作简要说明，包括所涉及的概念，依据的重要公式、定律，推算的重要结果。

3）试验目的：此试验对新产品的研制开发要实现的目的及效果。

4）试验内容：需进行试验的具体细分项目。

5）试验条件：所需仪器、设备及环境条件。

6）试验的方法、步骤和相应记录表格的说明。

7）注意事项：试验中所要注意的问题。

8）试验报告：对试验活动完成后要提交试验报告的要求。

9）经费估算：试验所需经费的预算。

10）提出单位：提出试验任务的单位。

三、文章写作结构原理分析

上述的新产品试验大纲写作的结构内容要点分解得较细，但仍然可以从一般文章结构的开头、主体、尾部的模式上去分析。

（1）开头部分

即上述内容要点的1）、2）、3）部分，是通过试验项目名称的介绍明确试验什么；通过试验依据的陈述来说明该任务的来源以及试验所依据的理论原理；通过试验目的陈述来为主体部分对试验内容、条件、方法的规定作铺垫，以此统摄全篇。

（2）主体部分

即上述结构内容要点的4）、5）、6）、7）部分，是为实现试验的既定目的来规定试验怎么做的具体内容、方法和要求。新产品试验大纲写作的意图宗旨，是为保证试验实现预期目的而事先制定的关于指导试验如何具体操作的方案，所以，该部分内容是全文写作的重点。其中，"试验内容"，是通过对项目分解的子项目内容的陈述来规定试验的具体内容；"试验方法"，是从试验的程序方法要求上说明试验应怎么操作；"试验条件"，既是对试验内容的相应方法所需设备条件的补充，又是为后续内容的经费预算提供依据；"注意事项"则是对操作程序方法中的重点环节中需重点把握的问题作突出强调。这样写，试验怎么做就规定清楚了，该试验大纲写作的意图宗旨就实现了，所以就要这样写。

（3）尾部

包括经费估算和写作试验报告的要求。其中，经费，是作为试验怎么做所派生出的内容。因为这里的试验工作是组织行为（不是个人行为），作为经济活动的组织行为需要组织提供经济条件的保证——这就是提供经费的支持。这一内容不属于指导试验的方案内容，而是为决策层提供经费审批的依据，所以应归于文章的尾部。至于对写作试验大纲的要求，则是对试验任务完成后的成果形式的规定——要以试验报告的书面形式向领导机关或委托机关报告试验的情况和结果，这也属于尾部的内容。

例文 1

第二届中国客车节油大赛试验大纲

一、项目承担单位和委托单位

项目承担单位：交通部公路交通试验场。

项目委托单位：第三届中国国际客车大赛暨第二届中国客车节油大赛组委会。

二、任务来源

受第三届中国国际客车大赛暨第二届中国客车节油大赛组委会委托，交通部公路交通试验场对参赛企业提供的车辆进行最高车速和燃油经济性测试。

三、试验项目

1. 汽车最高车速试验：对于公路、旅游客车进行最高车速试验。

2. 汽车燃油经济性试验：进行等速燃油消耗量试验（公路、旅游客车）或四工况循环燃油消耗量试验（城市客车）。

四、试验依据

1）GB/T 12534—1990 《汽车道路试验方法通则》。

2）GB/ T 12544—1990 《汽车最高车速试验方法》。

3）GB/T 12545.1—2001 《乘用车燃料消耗量试验方法》。

4）GB/T 12545.2—2001 《商用车燃料消耗量试验方法》。

5）GB 9744—1997 《载重汽车轮胎》。

五、试验条件

1. 车辆：参赛车辆

1）试验样车，由工厂按规定进行磨合试验，车辆装备完整性及装配调整情况符合该车装配调整技术条件的有关规定。

2）车辆试验前进行不少于 10km 的预热行驶，使汽车发动机、传动系统、轮胎及其他部分预热到正常工作的温度状态。

2. 载荷

1）公路、旅游客车进行最高车速试验时，按厂定总质量加载。

2）公路、旅游客车进行等速油耗 En 测量时，按规定总质量（厂定整车整备质量加上规定装载质量）加载。不同类型客车长度的规定装载质量见表 1。

表 1 不同类型客车长度的规定装载质量

车长 L（m）	12≥L>11	11≥L>10	10≥L>9	9≥L>8	8≥L>7
规定装载质量（kg）	3600	3300	3000	2700	2400

3）城市客车按厂定装载质量加载（厂定装载质量＝厂定总质量－厂定整车整备质量），进行四工况燃油消耗量试验。

4）厂定整车整备质量和总质量以《定型试验报告》为准，试验场将对参赛车辆进行测量、核对，加载时按厂定总质量或规定装载质量加载，与实测整车整备质量无关。

5）装载质量按《定型试验报告》轴荷参数均匀分布，使用表 1 中规定的装载质量加载时，亦按轴荷承载比例分配、调整，以保证装载质量的大小、分布满足设计要求。

3. 轮胎气压

在整个实验过程中（包括最高车速、等速油耗、四工况试验），轮胎冷充气压力的设定，应参考该车轮胎厂家按型号而定的最大额定气压，并根据车辆在厂定总质量加载时的实际轴重，依据国家标准《载重汽车轮胎》（GB 9744—1997）对轮胎气压进行检查、调整。误差不超过 10kPa（±0.1kgf/cm^2）。

4. 气象条件

风速≤3m/s，0℃＜气温＜40 ℃，湿度＜90％。

5. 道路条件

交通部公路交通试验场的长直线性能路和高速环形试验路。

6. 仪器设备

进口速度分析仪，燃油流量计（均经过国家级计量检定单位检定）。

7. 燃油

统一使用交通部公路交通试验场提供的符合国家标准的试验用油。

六、试验方法

1. 公路、旅游客车最高车速试验，在厂定总质量状态下按照 GB/T 12544—1990《汽车最高车速试验方法》的要求进行测试，往返各进行一次。

2. 公路、旅游客车燃油消耗量试验参照 GB/T 12545.1—2001《乘用车燃料消耗量试验方法》中等速油耗测试方法的要求，进行 5000m 封闭环路燃油消耗量测试。在规定总质量（厂定整车整备质量加上规定载质量）状态下，参照 GB/T 12545.2—2001《商用车燃料消耗量试验方法》用最高挡位按规定车速测量不同车速状态下的等速油耗。规定车速设定为 50、60、70、80、90、100km/h。试验进行两次，取两次试验结果的算术平均值作为测试结果 En。

3. 城市客车按照 GB/T 12545.2—2001《商用车燃料消耗量试验方法》中，四工况循环方法的要求进行燃油消耗量测试。

（1）城市客车四工况循环见图 1（略），具体情况说明见表 2。

表 2 城市客车四工况循环说明

工况序号	运转状态（km/h）	行程（m）	积累行程（m）	时间（min）	变速器挡位及换挡车速（km/h）	
					挡位	换挡车速
1	0～25	5.5	5.5	5.6	Ⅱ—Ⅲ	6～8
	换挡加速	24.5	30	8.8	Ⅲ—Ⅳ	13～15
		50	80	11.8	Ⅳ—Ⅴ	19～21
		70	150	11.4	Ⅴ	
2	25	120	270	11.4	Ⅴ	
3	（30） 25～40	160	430	（20.9） 17.7	Ⅴ	
4	减速行驶	270	700		空挡	

（2）试验方法

1）汽车尽量用高挡进行试验，当高挡位达不到工况要求时，应降低一挡进行，当车辆进入可使用高挡行驶的等速行驶路段和减速行驶路段时，再换入高挡进行试验。

2）减速行驶中，应完全放松加速踏板，离合器接合。当试验车速下降至 10km/h 时，离合器分离；减速工况必要时允许使用车辆制动机器。

3）试验车辆在四工况终速度偏差为 ± 3km/h，其他速度偏差为 ± 1.5km/h。在各种行驶工况改变过程中允许车速偏差大于规定值，但超过车速偏差的时间不得大于 1s，即时间偏差为 ± 1s。

4）在厂定总质量状态下按四工况试验燃油消耗量。往返各进行一次，取两次试验结果的算术平均值作为试验测试值 E。

七、试验数据

交通部试验场负责提供数据处理后的《燃油经济性试验报告》，保证其所提供的试验数据真实、可靠，并保证不向任何第三方提供试验数据及试验资料。

八、试验安排与组织

1）人员：试验由交通部公路交通试验场整车试验部人员承担，参赛企业最好能提供相应技术人员。

2）时间：自 2007 年 3 月 5 日起，在天气、场地、人员等条件允许的情况下尽快完成任务。

3）进度安排：每天计划 2 辆车的试验，包括数据处理。

4）由于北京春天属于多风季节，为确保燃油消耗量的测试的准确性，每天须根据风速条件选择有限的试验时间，委托方通知参赛企业按日程安排（另发）提前将车辆送试验场进行测试。

九、试验收费

交通部试验场对本委托试验收费见表 3。

表 3　试验费用表

项　　目	试验费用（元/车）
公路、旅游客车等速油耗试验	6000（规定载荷、6 个速度点）
公路、旅游客车最高车速试验	1000
城市客车四工况油耗试验	5000

附：试验车辆相关技术参数表.doc （略）

（资料来源：http://www.cqvio.com/qk83693x/2007/02/24019885.html）

第三节　新产品质量分析报告写作

一、文体概念

新产品的研究开发，在正式批量投入生产前，需要经过一个小批量产品试制的生产检验、型式试验与用户试用的过程，企业质量管理部门要依据上述过程中反馈的一系列信息，对产品质量及管理进行综合性分析，并写出书面的质量分析报告。审视的重点包括新产品的设计方案、工艺技术和质量管理的途径和方法。新产品开发研究中的质量分析报告，是企业质量管理部门，依据新产品的试制、试验和试用，对产品质量进行综合分析提交的报告性文书。其处理事务的意义，主要是从产品质量上，对新产品的设计、工艺、生产及管理作出综合性的评价，以为新产品研究开发工作的鉴定意见提供依据。

二、新产品质量分析报告写作的结构内容要点

新产品质量分析报告的写作，要围绕综合性评价意见及评价的依据来展开思路。

1. 导言

概括说明新产品及研究情况，陈述分析的目的。

2. 主体

具体阐明分析的思路，其内容如下。

1）介绍检验产品质量的依据，包括：产品质量标准；产品设计图样及技术条件；产品检验和企业产品质量验收技术条件；工艺规程等。

2）企业如何实施产品质量控制的方法，包括：进厂原材料复检；半成品、零部件的检查；外构件、外协加工件入厂和装配前的复检、筛选；装配过程检验及成品检验等。

3）产品质量状况。①主要零部件加工质量检验情况（列表，内容包括图号、项目、允许值、实测结果）。②主要外购件、外协件质量检验情况（列表同上）。③铸件、锻件、涂

覆件质量情况（列表）。④关键零件、部件临界值试验、可靠性试验情况（列表）。⑤整机出厂检验质量情况（列表）。

4）型式试验情况。①利用企业内检验手段，抽样后作出的型式试验（列表）。②有关法定检验部门的型式试验（列表或附检验报告）。

5）综合分析。①综合分析生产加工装配过程中可以肯定的问题。②生产过程中存在的问题及今后改进意见。③产品设计中潜在的问题及改进意见。④企业检测工具、仪器设备、检验制度建设情况及存在的问题与改进意见。

6）质量分析结论意见，即综上检验和分析，质量部门提出可否转入正式生产的意见。

3. 结尾

在分析的基础上给出解决问题的建议或措施。

三、文章写作结构原理分析

按导言、主体、尾部的结构模式来分析。

1. 导言部分

由于是新产品质量分析报告，所以，文章开头要说明分析对象是哪一新产品，并介绍前期的研究情况，同时陈述分析目的。文章的主体部分内容写什么、如何分析要依据分析目的来展开，文章开头陈述分析目的，就明确了文章主体内容的分析方向，以达到统摄全篇的效果。

2. 主体部分

新产品质量分析报告写作的意图宗旨，是通过对试制出的新产品进行质量分析评价，为鉴定该新产品的研究开发是否成功提供依据。

这里首先要明确的问题是两个：①以什么去分析评价新产品的质量——也就是说明企业制定并报上级备案的新产品质量标准；②如何遵循该标准来控制生产过程中的产品质量问题，即生产过程中的产品质量控制方法与相关制度。这就是文章主体部分内容首先涉及写作的 1）、2）两小点内容的思路根据。

紧接着就是遵循人们的认识思路去介绍在上述标准和控制方法下制作出的新产品质量状况。这里又是分两部分内容（即主体内容要点的 3）、4）来陈述：其中“3）”是分析各结构件（这里是依据机械类产品）的加工质量状况，因为，对于机械类产品，先保证各结构件的加工质量，是产品（成品）质量保证的前提条件。所以，要从产品结构件质量状况的分析入手；“4）”是对整机性能检测的质量分析。新产品能产生的功用是通过产品的性能来实现的。而机械类产品的性能需要将各结构件按照一定原理组装成整机后方能检测出来，这是关于新产品研究开发工作中设计和加工质量问题的最重要的焦点所在。这部分内容是全文的重点，要展开详细地将反映产品质量的指标数据陈列表述清楚，为后文的综合分析作铺垫。

然后，承接上述检验的质量状况作综合分析 5）。这里的综合分析要注意与上述的“3）、4）”两点内容写法相区别。“3）、4）”两点内容重在对检验出的质量指标数据的陈述，以为

综合分析“5）”提供依据，而综合分析则是依据“3）、4）”中提供的根据作定性分析，继而作出结论意见“6）”——该新产品的研究开发是否成功或是否能够成功。

以上形成主体内容的逻辑思路。

3. 尾部

新产品研究过程中的质量完全过关常常需要一个渐进的过程。存在的问题可能是设计问题、工艺技术问题或质量控制中的问题。因此，若结论是该新产品的研究其设计性能和工艺是成功的，但存在有局部问题需进一步改进，那么，在尾部应针对存在问题或从设计上、或从工艺技术上、或从质量控制上提出改进意见。改进意见即构成此类文章尾部的写作内容。这种写法最具代表性。

当然也有另外一种写法的可能，若从前述的质量分析中得出的结论是该新产品的设计或工艺加工上是不能成功的，那么，该结论也即是全文的结束语。这种写法的可能性很小。因为，即使经过质量检验证明该新产品的研究是完全失败的，那么，也就不必要花工夫对新产品的质量分析写作长篇文章的质量分析报告，而仅作简单结论予以否定即可。

例文 2

关于××牌 XPB20-5S 型双桶洗衣机产品质量分析报告

我厂生产的 XPB20-5S 型洗衣机是经市场研究和预测，为满足消费者的需要而试制生产的双桶并带有喷淋漂洗功能的新型洗衣机。自 1985 年 7 月进入小批量生产，至今已生产了万余台。该机除保持原双桶洗衣机的优点外，广泛吸取国内外同类产品的优点，使该机不论在外观造型，还是在主要性能指标及使用功能上都较原双桶洗衣机有很大提高，经试销，用户较满意。现将 XPB20-5S 型洗衣机质量检查情况报告如下。

一、产品的检验依据

1）国家标准：GB 4288—4289—84《家用电动洗衣机及其安全要求》。

2）内控标准：Q/IAMPI-85。

3）产品设计图纸。

4）产品设计技术条件：MX-TT0213-4。

5）产品工艺规程。

二、产品质量的控制方法

为确保产品质量，根据公司颁发的《质量管理手册》等有关办法，对产品的所有零部件进行特性功能分类，列出关键件、重要件，进行重点控制。在对产品质量影响较大的工序中确定出关键工序，并建立起相应的质量管理点，用“质量管理点控制卡”，对产品的生产过程实行重点控制。

对洗衣机所有自制零件均实行“三检”制，外购件由我厂认定的厂家供应，严格按公司“民品外购件质量监控制度”执行，对外购件严格执行入厂复检和抽检制度。重要件如电机、定时器、电源线实行 100%检验，电容、琴键开关实行 10%～20%的抽检，不合格的产品不装机。洗衣机出厂必检项目严格按照 GB 4288—4289—84 和内控标准 Q/I AMPI-85 所规定的内容 100%进行检查，抽检项目按照 GB 2828—31 进行抽样，依照 GB 4288—4289—84 和内控标准 Q/IAMPI-85 进行测试。

三、产品的质量水平

XPB20-5S 洗衣机共有零组件 153 项，其中自制件 31 项，外购、外协件 96 项，标准件 26 项。

自制件选用进口和国产的优质材料，严格按公司有关《民品材料质量管理制度》进行检查，不合格的材料不投料生产。

1. 主要质量水平

序号	名称	材料牌号	成品合格率（%）
1	洗涤内桶	U21-M-￡1.5	98.6
2	外箱体	08F-￡0.6	99.3
3	刹车盘	A3-￡1.0	99.2

2. 外购、外协件的质量水平

序　号	名　称	规　格	产　地	入厂复检合格率（%）	备注
1	洗涤电机	120W	贵阳 385 厂 湖北 3015 厂	99.8	部优产品
2	脱水电机	40W	湖北 3015 厂	99.6	部优产品
3	洗涤定时器	0～15 分	烟台定时器厂	99	
4	脱水定时器	0～5 分	烟台闹钟厂	99.2	
5	脱水桶		大连搪瓷厂	97	个别有碰伤
6	控制台		沈阳电工模具厂	98.5	
7	口框		山东黄县塑料厂	99	
8	底座		山东黄县塑料厂	98	运输碰裂
9	含油轴承		浙江玉环轴承厂	99.8	

3. 整机出厂检验项目的质量水平

整机出厂前按 GB4288—4289—84《家用电动洗衣机及其安全要求》和 GB 2828—31《逐批检查计数抽样程序和抽样表》以及 Q/l AMPI-85 企业标准所规定内容，对必检项目和抽检项目进行测试，经测试鉴定合格的方准出厂。

（1）出厂必检项目质量水平

序号	检查项目	测试标准	检查结果	合格率（%）
1	绝缘电阻测试	常态≥50MΩ 热态≥50MΩ	合格	100
2	接地电阻测试	≤0.2Ω	合格	100
3	电气强度试验	常态 190V/s 热态 150V/min	合格	100
4	制动性能试验	空载 4s 停车 50min 断电	合格	100
5	试运转检查	正常	合格	99.9
6	外观和装配检查	正常	合格	98.1

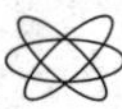

（2）出厂抽检项目质量水平

序号	检查项目	检查结果	合格率（%）
1	启动特性试验 220V×85%	合格	100
2	电压被动特性试验 200V±10%	合格	100
3	防漏性能检查	合格	100
4	消耗功率测定 P%＜Pmin115%	合格	100
5	温升试验 T≤67℃	合格	100
6	泄漏电流测定＜0.3mA	合格	100
7	淋水绝缘性能试验≥4MΩ	合格	100
8	溢水绝缘性能试验≥4MΩ	合格	100
9	电源线夹紧装置控力试验 100N25 次＜2mm	合格	100

（3）整机性能

XPB20-5S 洗衣机型的试验经“沈阳市产品质量监督检验”抽检测试检查，全部试验项目符合 GB 4288—4289—84《家用电动洗衣机及其安全要求》所规定的要求（详见鉴定报告）。

四、综合分析

1. 优势

松陵牌 XPB20-5S 双桶洗衣机经试制和小批量生产的不断改进和完善基本达到了：

1）设计结构合理，性能可靠，造型新颖，使用方便。

2）技术资料齐全合理。

3）工装，设备齐备，工程的质量较好。实行定岗定员操作，保证产品的质量。

4）严格控制原材料质量。对承制厂实行质量考察认定，厂际质量保证体系比较完善，保证了外购、外协件的质量。

5）质量管理体系健全，通过质量管理点对生产的全过程实行严格控制。

6）本着“质量第一”、“用户第一”的宗旨，做好销售和售后服务工作，让用户满意，受到用户的好评。

2. 存在的问题

1）个别外购、外协件质量有波动现象。一要加强信息传递，将信息反馈给承制厂，二要派人到承制厂共同处理质量问题。

2）内桶周转环节多，易造成外观缺陷，现已加强管理，改善运输条件，提高内桶质量。

五、质量鉴定结论

松陵牌 XPB20-5S 双桶洗衣机经试制、小批量生产和销售所反馈的信息来看，质量是稳定的，测试指标符合国家标准 GB 4288—4289—84《家用电动洗衣机及其安全要求》，具备批量生产条件，特请鉴定委员会审查。

沈阳××制造公司质量管理处（公章）

××××年×月×日

第四节　商品说明书

一、文体概念

商品说明书，又称产品说明书，简称说明书，是企业在新产品开发成功后正式将产品推向市场前写作的，向用户介绍产品的用途、性能、使用和保养方法，以指导消费者正确使用该商品的文书。一般说来，商品说明书是随产品一起送给用户的，简单的商品说明书只有几行文字，而科技含量高的商品说明书则内容复杂，篇幅也长，需要按一定格式写作。

二、商品说明书的形式

商品说明书的内容有多有少，在形式上就表现为有长有短，长的洋洋数万言，短的只有几行字。

为了方便，简短的商品说明书就打印在产品或产品的包装物上。篇幅较长的说明书则须有专用纸张或书册。如大件家用电器都有专门的说明书，使用一定规格的纸张；大型机械设备的说明书，常常装订成书册。其中，结构复杂，使用技能要求比较高的，除了文字以外，还使用图表，有些图例还加以艺术的处理，使说明书图文并茂，有审美效应。

三、商品说明书正文写作的主要结构内容

1）商品名称及性能功用特点。

2）商品规格，主要技术参数。

3）结构原理（或电路原理或化学构成成分）。

4）操作程序及方法。

5）维护与保养。

6）安全注意事项。

7）企业信息（包括地址、邮编、电话等）。

四、文章写作结构原理分析

商品说明书正文的写作结构内容也可按文章的导言、主体和尾部的一般文章构成模式来分析。

1. 导言分析

商品说明书写作的意图宗旨是指导用户正确使用商品。而用户购买商品是因为物有所用，商品的有用性是通过它的性能功用特点来体现的。

所以，文章的开头部分首先要介绍该商品的性能功用特点“内容 1”，以满足用户迫切需要知晓这一信息的要求。同时，文章开头的这样写，也是为文章主体部分结构原理的描述和使用方法的说明作铺垫。

2. 主体分析

主体部分由两大块内容构成：①该产品的性能功用特点是怎样实现的，主要从产品的主要技术参数、规格“内容 2)”和构成原理“内容 3)”上作说明，以帮助用户从正确认识商品入手去理解后文的商品的使用方法；②该商品的使用方法，从操作程序及方法、维护与保养和安全注意事项“内容要点 4)、5)、6)”三个方面将具体使用方法详细说明清楚，以实现文章写作的意图宗旨。

3. 尾部

说明商品的产出处，提供企业信息，该条内容写作的意义：一是宣传企业；二是表明由该企业对此产品的质量负责“内容 7)”。

例文 3

×牌×型家用洗衣机

（使用说明书）

本机适用于家庭洗涤各种织物。本机电气双重绝缘安全可靠，具有上下两种进水、单双两种洗涤选择和脱水功能，并有排水、溢水等装置，操作简便，性能良好。

一、性能和规格（略）

二、主要结构（略）

三、使用准备

1）定时器均置于“0”位，排水旋置于闭合位置。

2）将进水管连接水龙头和注水口，将排水软管的出口对准下水道。

3）将电插头接通电源。

四、洗涤

1）打开水龙头注水，水位线的选择和洗衣粉的用量可参考下表。

衣物重量（干）	水　位	洗衣粉用量（克）
1 公斤以下	“1”水位	约 40～50
1 公斤以上	“2”水位	约 50～60

2）将衣服松开放入洗涤桶。

3）开动洗衣机定时器。洗衣选择和时间可参考下表。

衣物重量	布质类别	洗衣时间（分）	洗衣选择
1 公斤以下	合成纤维、人造丝、丝、羊毛	2～4	双向
	棉、麻	5	单向
		6～7	双向
	极脏的棉、麻织物	7	单向
		9～10	双向
1 公斤以上	合成纤维、人造丝、丝、羊毛	2～4	双向
	棉、麻	6	单向
		7～8	双向
	极脏的棉、麻织物	8	单向
		10～12	双向

4）洗衣完毕，开动排水旋钮排水，水排尽后关闭旋钮。

五、漂洗

1）再注入清水进行漂洗，时间一般为3～6分钟。轻薄衣服漂洗不宜超过3分钟。

2）排水后再次进水漂洗，一般漂洗2～3次。

3）本机也可采用连续漂洗。其方法是进水到一定位置后，一边漂洗一边进水排水，直至漂清后停止漂洗。

六、脱水

1）打开脱水缸外盖，将漂洗后的衣服均匀地放入缸中，盖上脱水缸内盖，以免脱水时衣物飞出桶外。

2）盖上水缸外盖。脱水时间选择：薄衣服1分钟，毛织品1～2分钟；内衣针织品1～3分钟；床单毛巾3～4分钟。

3）开动定时器脱水，脱水完毕取衣时，必须待脱水桶完全停止旋转。

4）在漂洗或脱水过程中如中途需要停止，可将定时器转至“0”位。

七、保养

1）洗涤前，宜将衣服上的沙土抖落，取出口袋中的东西，以免机件受损。

2）洗涤用水不宜超过60℃，切忌开水注入，以免损坏机件。

3）洗衣机切勿安放在近火炉、高温和强光直射处，以免塑料变色变形。

4）洗涤物不得超过2公斤（干衣服），否则影响洗涤效果。

5）使用后要抹干水渍和污物。

6）每年要向皮带轮上部的加油孔中注入10＃机油，以保证良好的润滑。

八、注意事项

1）在通电情况下，切勿打开后盖，拨弄电机和机内零件。

2）请勿擅自折动机内电器接线和电器元件。

3）洗衣机使用完毕后，应切断整机电源。

4）为确保本机外壳接地良好，用户不要自行装拆机壳后面带有⏚标记的接地线螺钉。

九、电气接线原理图（图略）

××××洗衣机厂：

地址：

电话：

电挂：

邮编：

思考与练习

一、填空

1．新产品试制阶段的主要任务是要完成________________。

2．产品说明书的正文部分包括______、______、______、______、______、______、______部分。

3．新产品质量分析报告主体部分的写作包括______、______、______、______、______、______部分。

二、名词解释

新产品试验大纲　新产品质量分析报告　商品说明书

三、问答题

1．新产品试制阶段涉及管理性的文书种类有哪些？
2．新产品试验大纲的一般结构思路包括哪些内容？
3．新产品质量分析报告处理事务的意义是什么？
4．新产品质量分析报告写作由哪些结构内容组成？

四、分析题

请试作“例文 3”的文章写作结构原理分析。

五、作文练习

以你所熟悉的商品拟写一份商品说明书。

第三篇

经 营 管 理

向管理要效益，管理存在于经营的全过程，管理要借助一系列的途径方式。

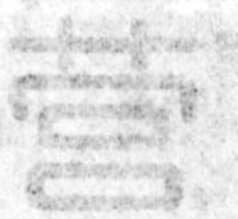

第五章

经营战略与营销策划 

教学目的和要求

- 通过本章内容的教学，让学生能建立起企业经营战略与营销策划的概念，掌握营销策划的一般知识，能写作企业经营战略规划书、营销策划书、广告策划书和公共关系策划书。

第一节 概　　述

一、营销观念的演进

所谓营销观念就是企业关于市场营销的指导思想，它伴随着商品经济的发展经历了一个渐进的过程。

透视西方资本主义经济的发展历史，早期企业的营销仅出自以生产为中心的单纯的推销产品的想法；至第二次世界大战后到20世纪60年代，由于第三次科技革命的效应，市场竞争激烈，使许多企业认识到只有赢得消费者，才能扩大商品的市场占有份额从而实现企业在竞争中取胜，于是产生了以满足消费者、购买者需求为着眼点的新营销观念，伴随新营销观念还产生了“4P营销组合策略”理论（即从产品、价格、渠道、促销等方面如何来适应消费者需求的策略理论）；紧接着，世界经济又遭遇了70年代到80年代的两次战后最严重的经济危机，企业在这两次危机的生存挣扎中，又认识到来自社会和政府的作用力对企业营销活动的影响，于是又产生了社会市场营销观念和大市场营销观念，“4P营销组合策略”又发展为“6P营销组合策略”（增加了政府和公共关系的策略）。

营销观念的不断进步，使企业的市场行为从一般性的生产与销售活动提升为一种有目标、有计划的具有很高的策略性的一种战略行为。

二、经营战略与营销策略

所谓商场如战场，由于市场的激烈竞争，随着营销策略性的进步，企业家们和理论家们将企业的经营管理问题提升到了一种如同战争的战略高度去认识，形成了经营战略思想——企业事先理性地确定今后一定时期的发展目标，并在既定目标的指导下，统筹资源配置，制定指导全局的计划和策略以指导企业的经营活动。

经营战略谋求的是企业一定时期的发展目标的实现，发展目标一般是通过相应规划指标来体现。企业的发展又是以企业的经济效益为前提，而企业行为的直接目的是经济效益，经济效益则是通过企业的营销活动来实现。也即是说，企业经营战略的实现要以营销为基础，一个企业的经营战略和营销策略的成败决定着企业的生存与发展。

三、关于营销策划

在激烈的市场竞争态势下，市场范围的不断扩大以至今天的经济全球化对企业的经营战略和营销的策略性要求越来越高，诱发社会诞生了一个新兴的行业——企业咨询顾问公司。该类公司聚集了一批专门从事市场研究的高端人才，他们开辟各种渠道，广泛搜集各方面信息，研究国家政策和市场的变化动向，面向企业提供咨询服务，为企业排忧解难，进而为企业提供小型活动乃至长期的经营战略的策划。

此类公司向企业提供的智力服务是一种商业性的交易行为，因此需要将智力的无形变为有形的交易方式。这就是将咨询服务或为企业营销活动乃至战略策划的内容表述为书面的成果形式，以便于与企业交易。企划书这类文体就是这样产生的。

为企业策划虽然包括经营战略的策划，但企业的策划多以营销策划为主，所以统称为营销策划。

四、企业营销策划的内容及企划书的类别

企业的营销策划分为活动策划和战略策划两种：活动策划，是指面对企业某一经营目标的实现所实施的短期行为或局部行为作出的类似战术指导性意义的谋划；战略策划，则是面对企业今后一个较长远时期的战略目标实施的具有全局性战略意义的策略谋划。

活动策划，其策略多以短期目标实现所要求的战术性内容为主；整体战略策划则需要着眼于全局性，两者在内容上均需要以“4P”理论或以“6P”理论为指导来构成。

相对于活动策划，策划书可分为营销策划书、广告（促销活动）策划书、公共关系策划书；战略策划书多为企业经营战略策划，也叫企业经营战略规划书。上述又都属于广义企划书（也叫企划案）之列。

本章重点介绍企业经营战略规划书、营销策划书、广告策划书和公共关系策划书的写作。

五、企划书的写作及思维特点

1）企划方案是面向市场，要从市场开发的视角，去思考提出针对竞争对手，能扬己所长、克“敌”制胜、具有创新性艺术技巧的策略方案。

2）企划方案要立足于企业已具备的资源条件，策划主体要在认真研究企业所需社会资源和自身现有资源条件的基础上去构思最佳利用方案。

3）企划书旨在告知企业“如何做”，企划书的写作思路重在把“如何做”的行为方案及为什么选择该方案的依据表述清楚。

4）企业实施策划方案是需投入成本的，且企业行为的目的是要赚钱，并且追求以最少

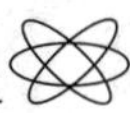

的成本去实现最大利润，故企划提出的策略方案要遵循切实可行的原则，且能满足企业所追求最大利润的实现。

第二节　企业经营战略规划书写作

一、文体概念

企业经营战略规划书，是咨询机构（也可以是企业自己）针对企业面临的市场竞争环境，以求充分利用环境中存在的各种机会和可能创造的新机会，立足企业的中长期发展目标来合理配置企业资源，实施正确的策略组合，所谋划的具有战略性意义的企业营运方案。

二、文体特点

这种谋划既可以是对新创立企业，也可以是基于老牌企业的已有条件。由于两者的基点不一样，整体谋划思路不同，文章表述的结构内容也有差别，就其共性而言有如下特点。

（1）整体性

企业经营战略规划书是以实现企业经营目标为目的，以企业全方位的运作活动为研究对象，所追求的是企业总体行为的统一协调性。

（2）竞争性

企业经营战略规划书，是为在与对手的激烈竞争中能取得优势地位，以保证企业发展目标的实现而制定的行动方案。

（3）纲领性

企业经营战略策划方案规定的企业的经营目标、发展方向、经营方针与策略、重要措施和基本步骤，都是原则性的规定，具有行动纲领性的意义。它还需要通过展开、分解变为具体的行动计划才便于实施。

三、文章写作的结构内容要点

1. 公司概况

1）公司发展历史。
2）公司现行组织结构框架。
3）公司法人治理结构。
4）主要经营业务。
5）现行主要经济指标状况。

2. 环境分析

1）宏观经济形势。
2）行业竞争态势与竞争格局。
3）产品市场的竞争态势、竞争对手、主要产品、对手策略等。

4）本公司在行业竞争格局中的地位、产品的竞争能力与市场份额，以及现行竞争策略所形成的优势与劣势。

3. 公司新的战略指导思想与目标定位

1）公司新的战略指导思想（包括指导思想的形成依据）。
2）中长期发展目标。
3）分事业部、分职能、分年度的具体目标。

4. 公司战略方案

1）生产战略。
2）营销战略。
3）人力资源战略。
4）财务战略。
5）研发战略。
6）国际化战略。

5. 战略实施计划

1）体制与机制的创新计划。
2）核心竞争力的培养方案。
3）组织结构的调整计划。
4）产业纵向整合方案。
5）产品结构的调整方案。
6）投资融资计划。
7）人力资源开发计划。
8）企业文化建设方案。

6. 保障措施

1）宣传发动。
2）组织领导。
3）任务分解。
4）制度措施。
5）和谐发展。

四、文章写作结构原理分析

企业经营战略规划书写作的意图宗旨是为所策划企业描述策划方案的基本思路，以为策划方案的实施提供根据。

其内容“1. 公司概况”的写作，是陈述关系企业未来发展的先决条件；“2. 环境分析”，是陈述对企业未来发展会产生重要作用的外部影响因素。

上述两点内容写作的直接逻辑思路，是为明确内容“3. 公司新的战略指导思想与目标定位”，说明公司新的战略指导思想以及经营目标的定位是根据什么来确定的，同时，又是为写作内容“4. 公司战略方案”回答“为什么是这样的方案”提供理论依据。

内容“4. 公司战略方案”是全文的核心内容，是根据内容“3”确定的战略指导思想，从实现定位目标的要求出发，立足全局制定出的公司战略的整体方案。需要提起注意的是，这里虽然在写作形式上是以各职能战略来分别陈述，但是属于整体战略的职能分配，而不是各自独立的职能内容。在各职能战略内容的陈述中，要根据总的战略指导思想，遵循既定目标实现的要求，把握好各职能战略的协同关系。

相对地说，内容“4”的战略方案仍然是一种抽象的理论描述。而企业是经济实体，企业行为具体体现为一系列的实际经营活动。要将战略方案转化为企业的实际行为活动还需要通过实施计划来落实。这是写作内容“5. 战略实施计划”的思路根据。

内容“6. 保障措施”是从创造其他条件和积极因素的配合作用上所需采用的方式方法。以此形成一个全方位的战略思路。

例文 1

茵菲尼特科技照明有限公司战略规划书

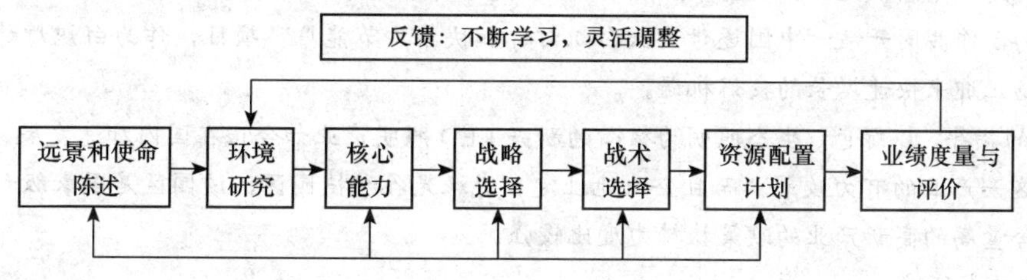

前 言

在全世界节能减排的呼声下，节能浪潮风起云涌，随着半导体科学技术的发展，高亮度发光二极管制作技术取得巨大突破，国家希望推广和采用高光效光源、逐步取代低光效光源。

目前，国内的LED节能灯行业在行业生命周期中还处于投入期。首先，现有竞争者方面，国内生产LED照明灯的企业不多，但大都资金雄厚，技术先进，形成了规模经济。部分中小企业由于由于缺乏资金和生产成本的相对高昂，造成产品质量不稳定，生产普遍规模较小，工艺落后，原材料和配件的协调发展程度差，不能适应产业化发展的要求。所以目前该行业内部的竞争强度并不大。其次，替代品方面，截至目前，LED节能照明灯在国内的主要应用瓶颈在于价格因素，其高昂的价格还很难被大众消费者所接受。所以，大部分消费者宁愿选择普通的照明工具也不愿意选择LED节能灯。所以，现在仍存在比较多的替代品与LED节能灯行业竞争。但是随着各企业技术上的投入和国家大力的扶持，相信LED产品在我国的普及指日可待。到那时的替代品将逐步退出市场。其三，潜在进入者方面，由于国内的LED行业刚起步不久，所以在产品的分销渠道并不是很完善，有很大的潜在市场有待挖掘。而且目前国家对节能灯产业是采取鼓励扶持的政策，目前的行业壁垒不高。但是，随着国外先进技术和资本大量进入，该行业的进入壁垒会逐渐提高。其四，供应商方面，制造LED节能灯的原料主要是是化学原料、电子器具以及树脂塑料，例如，硅（Si）、碳化硅（SiC）、磷砷化镓（GaAsP）、电阻等。其中硅产业是国家规定的产能过剩行业，所以硅的供应商议价能力有限，而其他一些化合物比较稀缺，而且各提供商的产品质量迥异，有一定的议价能力。其五，购买者方面，作为新兴节能灯LED系列产品在节能灯行业中处于领先地位，特别是在节能环保和使用寿命方面大大优于其他节能灯产品。随着该产业的不断扩大和市场认知需求量的激增，购买者的议价能力也将逐渐削弱。

通过波特的“五力”模型对LED节能灯行业的简单分析，再结合我们团队实力所在，秉承“团结，创新，负责，专业”的发展理念，相信我们的产品会立足华中市场并逐渐扩大到全国，最后成为世界领先的节能环保产品的龙头企业。

第一章 战略环境分析

一、企业宏观环境分析

1. 社会政策环境

从2009年12月的“哥本哈根气候大会”到2010年3月份的“两会”，发展“低碳”经济成为世界经济发展的基调。而“节能减排”成为各个国家和众多企业在经济发展中必须考虑的问题。生活生产用电的费用呈逐步增长的趋势已经成为事实，所以企业的经济发展从降低能耗来实现对成本的控制，每个家庭也逐渐习惯于通过对降低自家电费来减少生活开支。环保低碳的发展理念已经逐渐深入到社会的每个角落。

2. 经济与政治环境

照明是一个能耗很高的领域。据专业人士预测，如果在全国范围内推广使用12亿只节能灯，其节电效果相当于新建一个三峡电站。2009年年底，国家发改委已与联合国开发计划署（UNDP）、全球环境基金（GEF）合作共同开展“中国逐步淘汰白炽灯、加快推广节能灯”项目，作为白炽灯替代品的节能照明产品市场正迎来快速增长的良好机遇。

有政策的指导，以绿色、生态照明为核心的新兴LED照明产业如今正在国内加速发展。政府正在增强实施助推这一产业的有力政策。而且企业地址定在武汉光谷科技园区，该园区是国家级科技园区，对环保、科技含量高的高新产业的政策扶持力度比较强。

3. 科学技术环境

企业在光谷不仅得到国家在经济方面的支持，而且会对自主创新型企业给以技术支持。除此之外，武汉高校众多，特别是华中科技大学、武汉理工大学等院校在光学和半导体材料的研发方面处于国内领先地位，企业将和高校建立起合作关系，为企业在技术创新和产品研发方面提供技术支持。

二、行业环境分析

当前，我国推行照明节能产品存在的问题突出表现在：技术水平低，产品质量不稳定，寿命短，与国际水平差距较大；生产企业普遍规模较小，工艺落后；照明器具产品结构不合理，原材料和配件的协调发展程度差，不能适应产业化发展的要求；照明器具市场混乱，低价、低质、假冒、伪劣产品对市场冲击很大。因此，研制高效、节能，品质优良的LED照明产品，是每一个研发和生产企业应尽的义务。

目前国内LED最大的市场在于城市照明。2009年，中国道路照明市场达2800万盏路灯，每年约新增及更换路灯达300万～400万盏，涌现出庞大的LED路灯市场，2009年LED路灯比2008年增长178%。

LED节能灯在道路照明市场上的广泛应用使得投资商和运用客户均得到了理想的经济效益，这使得LED节能灯从理论层面走上了真正的市场，并有着广泛的市场前景。但是，由于LED灯成本高，价格是普通灯泡的5～10倍，虽然安装LED灯比高压钠灯成本高不少，2年省下的电费便可回收，但是对于老百姓来说，眼前省下钱来更为实在。

综上分析，说明国内的LED照明行业还处于投入期，其未来市场方向是百姓家用室内照明，其市场前景更加广阔。

国家发展和改革委员会有关负责人近日表示，为推动我国半导体照明节能产业健康发展，培育新兴产业，扩大消费需求，促进节能减排，国家发展和改革委员会正会同有关部门研究制定《关于半导体照明节能产业发展的意见》。相信通过我们和同行的努力能抓住机遇，将政府引导与市场机制结合起来，共同打造属于自己的自主产业来。

三、内部环境分析（略）

四、SWOT 矩阵分析

内部 S-W 外部 O-T	S 优势	W 劣势
	1）有形资产优势：先进的生产流水线；现代化车间和设备；拥有丰富的自然资源储存，吸引人的不动产地点；充足的资金；完备的资料信息；以及公司颇佳的地理优势（武汉光谷）。 2）无形资产优势：优秀的品牌形象；良好的商业信用；积极进取的公司文化。 3）人力资源优势：关键领域拥有专长的职员；股东以及中层以上管理人员均能达到大学本科的专业文化层次。 4）组织体系优势：高质量的控制体系；完善的信息管理系统；强大的融资潜能。 5）竞争能力优势：产品开发周期短；低廉的生产管理成本；强大的经销商网络；与供应商良好的伙伴关系；对市场环境变化的灵敏反应；潜在的市场份额。	1）缺乏长期在一线生产的富有经验的员工。 2）新型企业需要付出极大的设计研发成本。 3）关键领域里的竞争能力不足。 4）公司启动资金不甚宽裕，融资渠道有待完善。
O 机会	SO 战略	WO 战略
1）社会环境对环保，节能产品提供一系列的优惠，扶持政策。 2）新型产品潜在客户市场巨大。 3）新的领域可以吸引大量资金。 4）该行业处于投入期，市场进入壁垒降低。 5）市场需求增长强劲，可快速扩张。 6）出现向其他地理区域扩张，扩大市场份额的机会。	1）加快产品研发，创造自己产品的特点和优势，扩大生产规模。 2）抓住机遇，合理利用政策进行融资。 3）优良的发展平台建立人才库，使企业发展实现可持续。	1）利用国家对 LED 产业宽松的融资政策解决公司发展的资金问题。 2）利用武汉光谷的优惠政策和技术支持，加快企业发展。
T 威胁	ST 战略	WT 战略
1）进入壁垒低，将进入市场的强大的新竞争对手。 2）替代品低廉的价格对产品有影响。 3）行业领先者拥有先进的生产技术。 4）目前行业领先者规模经济成本降低。	1）引进专业人才，研发出新产品。 2）运用科学严谨的营销策略开发巨大的潜在客户市场。 3）通过创新，建立特有的产品品质。	1）利用自己的队伍，克服技术壁垒。 2）建立严格的考核制度，提高工作效率，降低管理成本。

以上是运用 SWOT 模型来分析企业的内外环境，根据分析我公司在现阶段宜采取 SO 战略（增长型战略）。

第二章　生产战略规划

一、战略思路

1）分析市场竞争地位，了解竞争对手特性及其生产战略。

2）评估自身资源、设备、人力、技术等因素。

3）研究决定企业应发挥的生产效能。

4）在初期，我公司主要生产设备采用租赁的形式来进行生产。

5）争取在短时期内完成对生产工艺的升级和研发出具有自己知识产权的生产工艺和生产设备。

二、系统设计

1）设备采购。

2）原材料采购。

3）厂址选择。

4）厂房采用。

5）产品或服务设计。

6）生产能力计划。

7）生产过程选择。

三、作业计划和控制

1）生产计划和作业计划（略）。

2）库存控制（略）。

3）质量管理（略）。

四、LED 衬底材料的选用

对于制作 LED 芯片来说，衬底材料的选用是首要考虑的问题。应该采用哪种合适的衬底，需要根据设备和 LED 器件的要求进行选择。目前市面上一般有三种材料可作为衬底：

1）蓝宝石。

2）硅。

3）碳化硅。

五、LED 芯片制造的工艺流程（附图略）

六、质量管理

1. 产品质量

从性能、外观、可靠性、寿命、安全性、适应性、经济性等方面全方位提高产品质量。

2. 基本原则

1）以顾客为关注焦点。

2）领导作用。

3）全员参与。

4）过程方法。

5）管理的系统方法。

6）持续改进。

7）以事实为基础进行决策。

8）与供方互利的关系。

3. 管理方法

1）分层法。

2）调查表法。

3）排列图法。

4）因果图法。

5）机构图法。

七、精益生产

运用多种现代管理方法和手段，以社会需要为依据，以充分发挥人的积极性为根本，有效配置和合理使用企业资源，采用以彻底消除无效劳动和浪费目标，最大限度地为企业谋取经济效益的生产方式。精益生产的原则如下所示。

1）消除八大浪费。

2）关注流程，提高总体效益。

3）建立无间断流程以快速应变。

4）降低库存。

5）全过程的高质量，一次做对。

6）基于顾客需求的拉动生产。

7）标准化与工作创新。

8）给员工授权。

9）团队工作。

10）满足顾客需要。

11）精益供应链。

12）“自我反省”和“现地现物”。

八、生产远景

坚持“为社会节约资源，为顾客节约成本”的生产原则和“负责，创新”的企业文化，不断努力创新，降低成本，争取到2012年年产量达到1亿支。

第三章　营销战略规划

一、销售市场规划

1）根据企业经营目标，制定年度销售计划。

2）严格执行公司制定的调研工作，做好资金回笼工作。

3）进行严格的市场调研工作，对市场进行细分，定位。

4）深入了解区域市场，分析往年销售数据。

5）深入了解当地市场情况，了解当地同行业的市场竞争环境，并制定针对性的区域市场营销策略。

二、营销组合分析

1. 产品定位

由于LED节能灯行业还处于引入期，逐渐在向成长期过渡，所以产品市场增长开始加快，消费者对新产品开始慢慢熟悉并了解该产品的节能效果，在国家宏观政策的引导下，将有更多的企业、单位和百姓将使用该产品。

按产品所属领域的特点及消费者需求特点，本公司产品定位为节能环保的新型LED节能灯。

我们公司秉承“团结、创新、负责、专业”的企业文化，提供优质的产品和服务，以最大可能去满足客户、社会和环境需求，是公司树立品牌形象和争取目标顾客的最佳途径。

2. 定价策略

本公司产品作为高科技含量、新兴的和高附加值产品，其特点是节能效果明显，使用寿命长，而且产品的潜在目标市场巨大，因此，在新产品上市时应该采取以挖掘潜在市场和扩大市场占有率为目的的撇脂定价法。我们在整个行业中采取中档次和高档定位的撇脂定价，旨在获得较为丰厚的利润，在短期内收回投资成本，使资金回笼相对及时，有利于进行更好的研发和投资。而且，在产品新生期阶段采用多种营销手段来打开销路，增加产量，达到规模经济效果，使成本在生产发展过程中进一步下降。另外，由于要新建销售渠道打开市场，前期在这方面要有很多投入。并且，从长远来看高品质必将吸引更多人的目光。

3. 销售渠道

现阶段我公司采取广泛式分销和选择式分销相结合的分销方式。广泛式营销方式主要应用在百姓所需要的日常照明所用的节能产品上。结合国家“低碳、节能、环保”政策来宣传LED节能环保的特点和显著效果，使潜在的巨大市场的能量得以释放。选择式营销方式主要应用于对大型企业集团的生产节能的需求方面和相关产业的需求上，例如，下游的汽车照明灯生产企业、灯饰企业的合作上。

4. 促销战略

为了提升企业产品质量优势的特点，我们企业现阶段采取“买一送三”的产品促销战略，“买一”是指“一旦购买我公司产品”，“送三”是指我公司为客户承担“三年的免费维修”，而且根据行业特点，我公司采用人员推销和公共关系相结合的促销组合模式。

通过对企业产品进行4P营销组合分析，结合企业的发展理念，相信我们公司产品会很快成为市场上的一匹黑马，在给企业带来丰厚利润的同时，为社会和国家做出自己应有的贡献。

第四章 财务战略规划

一、财务预测

1）盈利预测之编制基准（略）

2）盈利预测的基本假设（略）

3）盈利预测表（附表略）

二、筹资战略

1）股权式合作（略）

2）固定回报收益（略）

三、财务分析

1）资产负债表（附表略）

2）利润表（附表略）

四、财务风险效益评估与分析

1）偿债能力分析（略）

2）营运能力分析（略）

3）盈利能力分析（略）

4）发展能力分析（略）

第五章　人力资源战略规划

1）组织结构图（略）

2）员工职位说明书（略）

3）公司人才策略（略）

4）培训与开发（略）

5）绩效管理与员工激励（略）

6）管理模式及团队精神（略）

7）薪酬管理（略）

第六章　设计研发战略规划

短期规划是居室照明灯具向更加节能化、健康化、艺术化和人性化的方向发展。

1）节能化（略）

2）健康化（略）

3）艺术化（略）

4）人性化（略）

（该例文选自某高校学生大型模拟实战作业——浓缩版）

第三节　营销策划书写作

一、文体概念

营销策划书，是咨询机构（也可以是企业的营销策划部门）为实现企业在某地区的短期营销目标，所谋划的以企业的产品销售活动为基本内容有着战术性特点的策略方案。

二、文体特点

这里的文体特点是相对战略策划书而言所作的分析。

1）所描述活动的短期性。该策划书所策划的活动是遵循在企业中长期战略指导下的短期营销活动，多以年度、半年度、季度甚或是短促突击式的销售活动为目标。

2）所针对目标市场的区域性。每一商品的性能特点是针对特定消费群体的需求特点来设计，该商品是为哪些消费群体的需要购买行为而供给的，即称之为该商品指向的目标市场。营销活动策划书所策划的活动不是面向整体的目标市场，而仅是目标市场中的某个地区或某几个地区的活动。

3）所策划活动内容的具体性、活动方式的直接操作性。这是指该类策划书中对所策划活动的“做什么”、“怎么做”不是抽象的理论描述，而是非常具体明确的行为内容。

三、文章写作的结构内容要点

（1）所策划营销活动的目的、目标市场、活动时间、活动区域、活动拟实现的销售目标

（2）市场分析

主要是针对区域市场，即活动的所在地市场。

1）所推广商品的已有市场份额。

2）消费者的购买心理及行为特点。

3）对手策略。

（3）产品竞争能力分析

主要是对活动所推广产品较之同类产品能赢得消费者青睐的优势与劣势分析。

（4）指导思想与策略

1）企业主导整个活动的基本理念。

2）活动的基本策略：①价格策略；②分销渠道策略；③广告宣传策略；④公关活动策略。

（5）活动计划

1）活动的起始时间。

2）区域点的选定与人员分配。

3）推广方式。

4）活动步骤。

（6）组织与管理

1）为便于对活动的领导、组织、指挥和控制所建立起的队伍的组织系统。

2）管理方法。

（7）活动费用与效益预估

1）关于活动成本费用的预算。

2）对活动预定销售目标实现后所创造效益的预估。

四、文章写作结构原理分析

营销活动策划书写作的意图宗旨同于战略策划书，也是为所策划企业描述策划方案的思路，以为策划方案的实施提供根据。

内容“1”是文章的导言部分，通过对活动纲领性内容的综述，以为文章主体内容的展开作铺垫。

内容“2”、“3”是为内容“4”确定活动的指导思想和策略提供理论根据。其中内容“2”是从外部的市场条件来分析影响因素；内容“3”是从产品自身上来分析先决条件。

内容“4”是陈述根据内容“2”、“3”所确定的指导思想与策略。这里，策略又是指导思想的具体体现。各职能策略内容的陈述，不能各自割裂，而应把握住各职能策略内容在落实总体指导思想中的整体照应与联系，作为整体策略分职能实施的思路方案。

内容“5”是遵循在内容“4”策略指导下的关于活动的具体安排。因为策略只是解决了活动的基本方针问题，而活动的“怎么做”还需要有进一步的人员安排、任务分配、时间步骤的安排等细化计划来落实。

而有了理论上的“怎么做”不等于队伍中的人就一定做到。这里还有一个指挥和控制

的问题。内容“6”就是为解决这一问题而制订的组织措施和管理方法。

内容“7”是根据前述计划所作活动费用的预算，同时，根据预定销售目标和预算费用对活动能创造的效益进行预估。这实际上是对所策划活动效果的测评。因为写作的策划方案是咨询机构提交的，所策划的方案是否可行要有委托企业的认同。而对于经济活动，评价其可行性的基本指标是创造利润，这只能是通过算账的方式来验证。

以上，不仅描述了所策划方案，而且验证了策划方案的可行，以让委托企业认同该方案。企业认同了，才能接受该成果去实施该项方案，该策划书写作的意图宗旨也就实现了。

例文 2

绿源电动车杭州市场营销战略策划方案

前　言

电动自行车是一个方兴未艾、大有可为的产业。在经历了20世纪80年代和90年代初期的两次起落后，我国电动自行车正步入第三个发展阶段。作为自行车史上具有革命性的交通工具，随着城市规模的发展、城市的半径的扩大，电动车以其轻便省力、环保节能、价格适中的特点，已经成为上班族、工薪阶层首选的代步工具。在新的市场消费环境下，电动车正步入新一轮的快速增长期。经过近几年的快速发展，如今电动车行业正处于春秋战国，激烈的竞争、混乱的局面，行业的大整合势在必行，如何才能在这大浪淘沙的浪潮中成为真金？这是摆在我们面前的严峻课题！

作为国内乃至世界重要的电动车生产基地之一，绿源集团本部拥有 20 条装配流水生产线，15 条密闭式涂装生产线，一个装备有10台焊接机器人的车架加工中心和一个功能齐全的检测试验中心，绿源制造体系能够对车架、喷涂、表面处理、轮毂、电池、控制器、充电器、电机等一系列的关键部件进行自主研发、制造和检测。先进的办公自动化和企业ERP系统，加上全面的ISO管理和独具绿源特色的企业文化，使得绿源集团在内部管理上足以跻身国内制造业的前列。绿源电动车凭借着卓越的品质和良好的品牌美誉度，先后获得“浙江名牌产品”、“中国驰名商标”等称号，是行业内获得“国家高新技术企业”的厂家之一，是国内具有影响力的电动车品牌之一。

作为见证电动车行业发展的“先行者”之一，绿源执着追求，通过不懈的努力和不断的探索创新，不仅使得自身迅速壮大，更是推动了整个行业的健康发展，赢得了社会的广泛认可和赞誉。与此同时，绿源在电动交通和绿色能源领域所做的努力以及所取得的成绩，也得到了国际相关组织和专业人士们的认可：绿源凭借在倡导绿色环保交通方面所做的贡献，荣获由阿拉善SEE生态协会和美国大自然保护协会（TNC）共同主办的“SEE · TNC 企业生态奖”；在美国著名新经济杂志《Fast Company》杂志举办的年度评选中，绿源在众多的候选者中脱颖而出，作为唯一的中国企业与耐克、本田、宜家等著名企业一起当选该杂志 2007 年度“快速 50 佳”（Fast 50）。

一、市场营销环境分析

1．宏观环境分析

（1）政府政策支持，发展机遇千载难逢

全球能源价格持续上涨，环保问题日益严重，发展新型环保节能技术是世界潮流。在个人交通工具领域，像美国、英国、日本、德国等，都在大力发展电动车产业相关技术。在 2005 年 5 月 1 日开始实施的《中华人民共和国道路交通安全法》中，国家在法律上将电动自行车界定为非机动车，使电动车有了法律上新的出生证和通行证。国资委研究中心宏观战略部部长赵晓曾表示，把电动车产业的发展统一纳入到国家的产业发展战略及能源发展战略中去，是非常有必要的，中国面临着全世界最好的电动车发展机会。

（2）科研水平提高，核心技术世界领先

行业发展催生技术进步，技术进步也促进了行业的飞速发展。早期的电动自行车，电池寿命短，爬坡能力差，容易磨损。短短几年间，激烈的市场竞争大大刺激了技术的进步和新技术扩散，蓄电池寿命和容量提高了 35%，电机寿命提高了 5 倍，效率提高了近 30%，爬坡和载重能力提高约 3.5 倍，制造成本也大幅下降。在许多核心技术领域，我国的电动车已经成为世界先进水平的标志。

2. 行业环境分析

电动自行车作为短距离的代步工具，具有环保、经济等诸多优势，是我们国家将来发展的必然趋势。在经济发展的带动下，我国电动自行车需求将继续保持较快增长速度，竞争也会越来越激烈。可以预计未来的电动车市场竞争势必会更加激烈，厂家要想在市场上不被淘汰，只有更加完善自家产品特性，针对不同的消费者提供不同款式的电动车，其外观、价格、性能等方面均要走向细分化。一个企业只有不断改革、创新，不断从消费者的角度考虑出发，才会被社会大众所接纳，产品才会持延续不断地发展。

3. 市场状况分析

（1）厂家太多，但普遍起点不高

目前电动车市场集中了上千家整车厂、数千个品牌、数不清的型号。众多的厂家（品牌）在两三年内相继涌入，造成了目前电动车行业拥挤、繁荣、良莠不齐的局面。大多厂家不具备自制能力，一把螺丝刀就能组装生产。目前电动车的年销售量约为 1000 万辆，而年销售量 20 万辆以上的却寥寥无几，高度分散必然带来厂家竞争的加剧和过早依赖价格手段。为求得生存，多数企业不得不以牺牲消费者利益为代价，想方设法在生产和销售环节降低成本，导致产品质量和售后服务得不到保障，结果是消费投诉增加、行业形象受损。

（2）看似五花八门，其实单调缺乏个性

电动车在款式设计上没能做到真正满足消费者的个性需求。由于多数厂家没有自己的研发和技术部门，只能靠跟风来争夺市场。因此，只要市场上一有较好卖的新款出来，立即就会涌现出一大批效仿者。可以说目前市场上销售的电动车无论品种、款式、性能都相差无几。正因为如此，厂家只好在品牌名称上下工夫，一味追求炫目而不切实际，没有真正凸显产品的特点，这是底气不足而寻求掩饰的表现。

（3）技术性能方面还不成熟，安全系数较低

多数企业进入电动车行业并不是想做大这块蛋糕，而是垂涎于眼前的利润。这种狭隘的经营观使得电动车市场一开始就缺乏持续的内在动力，许多厂商都是抱着短线操作、见好就收的想法，根本不在产品研发、质量控制、规模效益以及销售服务上花费力气，而对所谓的卖点过分炒作，盲目跟风，结果导致行业处于低水平重复建设，产品、技术、市场徘徊不前，行业呈现混乱、早衰的迹象。

（4）经销商实力不强，营销观念落后

电动车厂商许多都有经营摩托车或自行车的背景，与其他行业相比，这两个行业无疑是市场化程度较低的。尽管电动车在开发理念和功能设计方面与自行车不能同日而语，但是营销理念和手法的落后使其并未摆脱自行车时代传统销售模式的束缚，基本停留在产品功能导向，提供的仅仅是冰冷的产品和单一的使用功能，市场运作粗放，产品售出即止，缺乏与消费者深入沟通。虽然有一批经销商在电动车的发展浪潮中赚了钱，正在逐步成长壮大，但为数不多、规模不大。具有一定实力规模和良好的商誉、具

备先进的经营理念和终端运营的系统管理体系、拥有优秀的人才团队、善于运用整合营销的方法、现代化的终端连锁专卖店和导购体系、良好的售后服务和维修体系的优秀经销商群体尚未形成。

4. 竞争（者）分析

捷安特以30多年生产各类自行车的专业经验，将先进的生产技术、管理模式以及行销全球的成功理念融为一体，精心打造每一个零部件。

江苏新日电动车股份有限公司在现今能源高度紧张的社会中，利用自身强大的技术研发力量及新产品开发能力并与中科院、清华大学、南京大学等研发实体合作，不断提高产品质量和技术含量，被中国质量检验协会、电动车行业首批认可为“打假扶优重点保护企业”。

阿米尼曾荣获2003年度中国电动自行车产品市场第一品牌，2004年度中国电动自行车最受消费者喜爱品牌，2005年度中国电动自行车市场十大影响力品牌，2005年度中国家庭最受欢迎十大电动自行车品牌，2005年度中自协电动自行车使用资格信誉标志，2006年度中自协电动自行车使用资格信誉标志，2006年度中国电动自行车行业十大影响力品牌等称号。

上海永久股份有限公司从事自行车生产的历史最早可追溯到1940年，是中国最早的自行车整车制造厂家之一，至今已有66年的历史。尤其是新中国成立以后，作为最大的国有自行车厂，它为中国自行车行业的发展作出了不可磨灭的贡献。永久研制了统一全国自行车标准、规格的标定车，又开发了中国第一代660MM轻便车、载重车、赛车及电动自行车、LPG燃气助力车等产品。

南京大陆鸽高科技股份有限公司是著名上市公司——中国科学院北京中科三环高技术股份有限公司唯一投资从事电动车生产的高新技术企业，为国内最大的专业从事研制、开发、生产电动自行车企业之一。1995年南京大陆鸽高科技股份有限公司在国内率先研制出第一辆合格的电动自行车——“大陆鸽”牌电动自行车，该车不仅无污染，环保性能好，还以领先的科技，创造出别具特色的行驶风尚。

雅马哈发动机株式会社自1955年7月1日成立起，便一直矢志不移地追求产品质量，致力于制造世界顶尖水平的摩托车产品。雅迪科技凭借着强大的企业规模、超强的品牌影响力、雄厚的经济基础、先进的经营管理理念、“预期”营销理念以及优质的产品和服务，现已成为中国电动车行业的领军品牌，年产销量在行业内遥遥领先。在国内、国际市场同时发力，雅迪产品已畅销全国30多个省市，网络多达2000余家，雅迪科技不仅牢牢占据国内市场，还进军欧美等国际市场。

王派电动车业有限公司拥有世界上最先进的检测设备和10条现代化流水线，具有年生产电动整车50万辆及配套件50万套的生产能力。王派电动车有着较强的市场渗透力，在全国150多个大中城市建有完善的销售网络。王派电动车是国内电动车行业公认的具有无限发展潜力的一匹黑马。

洪都航空工业集团有限责任公司是中国航空工业第二集团公司所属特大型骨干企业，是我国重点扶持的512家企业之一，技术力量雄厚。享有高新开发区的一切优惠条件，拥有产品进出口经营权，银行信用等级AAA。

上面8家国内大品牌电动车各有各的特色，是本品牌强有力的竞争者。

5. 消费者分析

消费者主要有3类：第一类是低收入人群，他们买不起私家车，而公交路线有时不能满足他们的需要，因此他们只能选择电动车、自行车等出行方式；第二类是环保意识强的人群，电动车或自行车就成为他们替代机动车的交通工具；第三类是特殊人群，如学生群体，他们不能驾驶汽车，乘坐公交车可能会比较麻烦又耗时，于是他们也更愿意使用电动车和自行车。这些需要电动车的人群还有逐年上升的趋势。

二、SWOT 分析

1. 优势分析

电动自行车依然拥有其得天独厚的优势，比摩托车更为经济实惠，比自行车速度更快，更为便捷，同时在拥挤的城市交通中相比而言更为便利。从 2005 年底到今年年初，以北京等大城市为代表的诸多省份和城市也都开始了对电动自行车实施解禁政策。因此它将越来越被城市中年职工群体所接受，被刚毕业的大学生群体所接受，并逐步渗透到城市的白领群体。电动自行车一个很大的用户群体就是城市的外来工作人员和接近这些城市的城镇农村人员，一方面他们有更多的户外工作和活动，另外一方面他们经济条件更为拮据，这使他们更愿意用电动自行车来代替自行车和公交车，特别是女性群体。

中国发展电动车具有独特的有利条件，其中一个非常重要的因素是市场。中国人口众多，具有世界最庞大的客运交通市场，因此也具有世界最庞大的电动观光车、电动小轿车市场，这为中国电动车技术的发展创造了特殊的市场有利条件。

无论从环保角度还是能源角度看，未来电动车都需要有一个大的发展，其开发将关系到众多工业的兴衰，可能成为未来新的经济增长点。在我国，电动车更有着独特的市场。大都市普遍存在着十分严重的交通问题和汽车尾气排放污染问题，作为一种小型、中速和短途的日常交通工具，电动车是十分理想的，其在中国有着得天独厚的发展条件和广阔的应用前景。

2. 劣势分析

最大的障碍主要来源于地方政府的政策限制，目前我国有 149 个城市禁止摩托车上路，考虑到电动自行车速度设计越来越快，同时该产品的最新行业标准迟迟不能出台，这导致各地方城市对电动自行车上路态度不一。整体而言，江浙地区地方政府对该类产品以鼓励为主，但广东和海南地区考虑到自身情况的复杂性，地方城市坚决禁止电动自行车上路。由于电动自行车大多上不了牌照，致使厂家的生产规模上不去，成本居高不下，有些不得不将引进的生产线闲置，造成巨大的经济损失。这也必然制约当地电动自行车企业的发展。另外还有一些地区，像辽宁、江西、湖北、广西和重庆等，地方政府对电动自行车是否上路并没有明确的说明，这给当地的电动自行车企业带来了很大的不确定因素和风险。

制约电动自行车行业最大的因素在于政府、企业和消费者三方对该行业的认知不统一。市场上存在巨大的消费需求，但是企业生产出来的产品却没有“身份证”，政府又因为消费群体存在很大的安全风险而不愿授予产品身份证。企业因为需求降低，无法实现规模化，进而有效地整合市场资源，来进行竞争的合理化和服务的规范化。各利益群体以及政府对于电动自行车产业的发展，存在不同的价值判断。

1）市场的生存和壮大问题。在品牌成熟期，代理商和厂家要想生存必须要挤进前三名。否则，都会有被淘汰的危险。

2）管理能力。市场成熟后，整体市场开始萎缩，需要在管理上出效益。对店铺类经营，个人总结要从最基本的 5 个问题着手：消费者为什么来你这个专卖店（宣传、口碑、吸引力）；来了以后，怎么样能让他们接受你的介绍（环境的舒适度、客户体验的舒适度和心情的放松）；怎么样促进最大成交（推销技巧、成交率和成交金额）；怎么样做好客户满意（问题的解决、售后服务、额外惊喜）；怎么样吸引转介绍（口碑、利益、导向），从客户的整个购买环节来提升自身的管理。

3）学习能力。能否跟着上时代的发展和公司发展的需要？如何借鉴厂家和其他经销商的成功经验？如何壮大自身公司？

4）赢利能力。赢利能力不单纯指销售产品的赢利能力，更指售后服务的赢利能力。郑州经销商付先生，年销 8 万台，拥有 1000 平方米的仓库，售服年亏 70 万元，主要原因就是管理跟不上。按照正

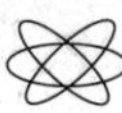

常理解，随着时间的累积，电动车销售会越来越多，售后服务的市场总额也会越来越大，只有真正把售后服务做好了，才能有可持续扩大的赢利能力，否则，亏损会越来越大。而且，成功的售后服务会树立口碑，反过来带动专卖店的销售，可以说谁重视售后，谁就能赢得未来。

5）市场的布局和掌控能力。布局不光指自身专卖店和售后服务部的布局，还包括分销网点的布局。掌控能力不仅仅包括分销网点的掌控，还包括市场消费主流导向、价格、活动的掌控以及潜在客户的开发（转介绍）。很多客户在当地量很大，但不会引导消费者，反而被其他经销商所引导，结果，市场份额逐渐下降，也是可以想见的。

6）品牌化经营能力。一个品牌产品在一些人手里能够同样做好品牌化经营，赚取高额利润；有的却只能做好产品经营，获取的利润甚至比市场一般利润还低，销售经营非常被动。如何定价？如何推广？如何抵制竞品的竞争？如何打造品牌？都是代理商需要考虑的问题。同时，要考虑怎么借助产品品牌的强势来打造自身公司品牌在当地的优势，最大化地占有市场，而不仅仅依附于某个品牌厂家。

3. 机会分析

1）电动车行业快速发展。

2）杭州地区交通日益拥挤，短路程汽车出门越来越不方便，电动车逐渐替代自行车。

3）杭州市区，政府的全面“禁摩”政策，就为电动车的发展扫除了最大的障碍。

4）电动车新品更新换代速度快、变化快。

4. 威胁分析

1）有好的产品，却没有好的营销。以绿源为例，树立了一个高质高价的品牌形象，开拓了一系列专卖店形式的代理商，应该说起步不低。但是，缺乏对市场和推广的一个整体把握，没能够抓住最佳的市场发展机会，企业营销观念故步自封。虽然凭借其实力，最终可能会逐渐成长为一个全国性的牌子，但那时有很大可能是肉全被别人吃了，只喝了点剩汤。

2）行业标准悬而未决。电动车的行业标准争论了这么多年，始终无法解决，是轻摩化还是简易化，始终没个定论。标准出来后，对不合格电动车如何管理，也没个说法。行业标准之争始终是一把高悬的达摩克利斯之剑。

3）从业人员素质和代理商素质限制了行业的健康发展。一个是厂家没有强势和成熟的理念指导代理商获取长远的发展；另一个是代理商不能很好地吸收厂家的理念并投付市场。比如，绿源的专卖店要求提供4CS售后服务，应该说是比较超前的，但是，只能执行到大一些的客户，小客户根本就没这个意识。另外，厂家对各地市场的发展，没有加以汇总和整理提升，因此，没能超越代理商的管理水平，也就不能指导强势代理商。

4）单纯的销量考核，而没有整体把握和考核市场开发，对市场管理走形式化、情面化。量上去了，一切市场问题都掩盖住了；量下来了，才想起要去开发市场，一切就都晚了。不能从市场角度和制度上规范管理经销商和引导经销商，最终是既错失了发展的机遇，又丧失经销商管理的主动权。十多年的发展，却还没有发展出一个厂家去主动地整理和搜集代理商从开店到壮大这样一个过程的宣传、管理、市场推广等系统性的东西，来形成一整套成熟的市场推广模式，说明这个行业意识的淡薄，相对来说，可能爱玛做得还比较好，看起来比较专业。对超市卖场等渠道，还缺乏一个清醒的认识，因为卖场电动车销售场地受限，有眼光的厂家完全可以把卖场做成另一个专卖店，无论对产品宣传、价格形象树立还是销量都会产生非常好的效果。

5）不断上涨的房租和人力成本，与不断降低的市场形成了一个囚徒困境。

三、营销战略目标

1）根据我们的营销策划方案，在执行方案期间，在杭州地区提高市场率 18%

2）加大宣传力度，争取 1 年内在杭州地区形成较高的知名度，2～3年内形成品牌优势。

3）树立企业良好的社会公众形象。

四、市场营销战略

1. 战略思想

1）努力通过强有力的广告攻势来进一步提高品牌知名度。

2）突出特有产品优势。

3）采取差异化产品营销策略。

4）通过以上几步来提高市场占有率。

2. 目标市场细分与选择（在消费者分析的基础上）

（1）中低端用户

主要是一些普通消费大众，用来完全替代步行的用户，使用频率比较高，还包括一些大学生群体、一些工薪阶层。

（2）高端用户

主要是一些白领阶层，还有一些家里有车，平时作为短程代步工具者。

（3）特殊用户

一些政府部门机关单位，邮政，快递等需要特殊服务人群。

3. 市场定位

由于电动车市场已经成为广大消费者的出行工具，而且电动车又是相对低廉、环保的交通工具，所以我们主要还是将市场投放在中低端消费人群，继续以普通消费者为基础，继续深化市场，争取在高端市场提高市场占有率，并且在一些特殊行业中能树立起品牌，让相关单位能选择我们的产品。

五、营销组合策略

1. 产品策略

（1）以旧换新

让消费者用旧的电动车更换新的电动车，适当补足差价。在以旧换新的同时还可以对旧电动车升级换代。也可以对旧电动车的一些部件进行以旧换新，提高配置、优化性能。

（2）以租代售

采用先租后买的方式销售电动车

（3）无条件退货

卖车的时候给消费者承诺，在 7 天内发现任何质量问题免费更换新电动车，用电动车的高质量要求赢得消费者信任。由于各地的市场环境不同、生产企业和经销商的实际情况不同，以上招数不一定全部适用于某个地区某个经销商，但是相关的企业和经销商可以灵活运用其中的几招，或者在此基础上创新、整合、变换，使电动车的销售技巧和促销方式千变万化，以适应市场和消费者不断提高的需求。

（4）联合销售

和手机经销商、手机运营公司、车锁企业、食品企业等单位合作，采用购买电动车送手机、送话费、

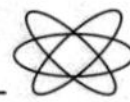

送防盗锁、送食品饮料等联合销售活动。

2. 价格策略

把促销赠送、购车优惠、免费服务、发放金卡等活动有机结合，宣传八连环、九连环、十连环……

3. 渠道策略

充分利用互联网进行网上销售。电动车网上销售主要有三种方式：①网上团购。指有一定经济基础的消费者以互联网为纽带，使互不相识的个体消费者联合成一个团队，集体消费的新方式。②依靠正规的大型网上商城，如当当网、卓越亚马逊、京东商城、苏宁易购等，在网上开辟商铺；或者依靠自己企业的网站，提供在线电子支付、货到付款、就近提货的销售方式。③利用国际贸易类商务网站开展对外贸易，外销电动车。

4. 促销策略

（1）广告

1）选择城市的重点居民小区，用密集悬挂横幅的方式在每个社区宣传，100～200 幅的横幅可以覆盖一座城市的各个社区。

2）在《钱江晚报》和《杭州日报》上做整版宣传广告。这是因为报纸的发行量大，覆盖面广，阅读阶层广泛且较稳定，信息传播及时，时效性较强，制作简便灵活，有较高的可信性。

（2）人员推广

绿源的人员推销策略主要针对企事业单位、社区细分市场。推销人员要个人形象良好，能够流利地回答消费者的种种疑问，充分地在消费者心中强化电动车品牌的良好形象，具备娴熟的沟通技巧，随机应变，尽力避免“无言以对”的尴尬，以保持良好的个人品牌形象和公司品牌形象。公司应加强对推销人员的培训，使推销人员具备一定的业务知识和推销技巧。对推销人员实施激励机制，实行累进提成策略。对不同的月销售额实行不同的提成比例，随着月销售额的增加，提成比例增加。

（3）营业推广

1）对进入店面的所有消费者都赠送纪念品或电动车介绍，激发他们购买电动车的兴趣。

2）抽奖活动。利用专卖店开业、公司庆典、节假日等时机，设计各种趣味性有奖活动，对购买电动车的消费者抽奖，或采用超值极限促销，奖励高档电动车，超值回报。

（4）公共关系

和交警部门合作，到企业、大中学校、社区、超市和广场，向消费者举办电动车安全知识讲座，宣传企业产品，举办电动车现场演示，激发消费者购买欲望。

5. 行动方案

1）对前几年已购买电动车的用户发放用户（金）卡，建立电动车会员俱乐部，对会员提供各种超值服务，引导他们介绍新的用户，提高他们对电动车品牌的忠诚度。

2）随叫随到，完善售后服务体系。提供12小时随叫随到服务，形成1～2小时服务圈，让消费者满意。

六、费用预算

1. 广告费用

1）路边广告牌（和路灯广告牌）。

费用：100元/个×200个＝20000元

＋200元/个×400个＝80000元

合计：100000元

2）公交车体广告（对主要城市交通路线公交投放广告）。

费用：5000元/辆×10辆＝50000元

3）报纸广告（钱江晚报整版广告，广告期7天）。

费用：15000元/天×7天＝105000元

广告费用总计：255000元

2. 宣传材料费用

1）宣传单费用：0.15元/张×100000张＝15000元。

2）横幅费用：50元/条×100条＝5000元。

3）海报费用：5元/张×1000张＝5000元。

宣传材料费用总计：25000元

4）奖金及礼品费用。

绿源活动电动车：2500元/辆×10辆＝25000元

绿源电动和纪念品：5元/个×5000个＝25000元

奖金及礼品费用总计：50000元

预算费用总计：330000 元

注：关于节假日及店庆等活动预算另行结算

（资料来源：http://wenku.baidu.com/view/64ab058c680203d8ce2f2454.html）

例文 3

格拉斯大酒店营销及活动策划书

一、市场分析

《全球及中国酒店市场景气调查报告》显示，全球各地酒店业者都表现出相对悲观的态度，整体酒店市场的景气指数仅为－34.2（景气指数范围从－150～＋150），市场将在一段时期内持续呈下行趋势，全球及中国酒店业人士预期2009年将是酒店业艰难的一年。全球性企业旅行服务公司豪格·罗宾逊集团发布的2008年酒店行业调查报告则显示，在全球经济不景气的背景下，酒店业呈现多元化发展态势。

2009年，对于酒店行业是机遇与挑战并存的一年：金融危机的影响还将进一步扩大，对于酒店业是个大的挑战；由此引发的行业“洗牌期”却也给无数酒店企业发展壮大的机会。对于经济型酒店、旅游酒店、产权酒店，2009年的发展将呈现不同的局面。

2009年经济型酒店的竞争一定还是品牌的竞争、服务的竞争、运营能力的竞争、成本控制的竞争，留下的就是好的。

二、企业分析

格拉斯大酒店位于安庆市人民路中心地带，建筑面积4000余平方米，是一家全新装修的豪华商务式酒店，以客房和自助餐为主，拥有客房 100 余间。本酒店相当于一个集团化公司，前身有娱人码头西餐厅及休闲 KTV 一体，位于安庆市第二繁华的集贤路，在安庆市成功经营了 3 年，目前也是全新再装营业当中，在本行业的知名度、客流量都可以排前三，拥有一定的客户群体。

但该地人均生活水平较低，地区知名度不高，所以很难增加新的客户，这是酒店目前发展遇到的瓶颈。

三、消费者分析

1. 年龄

20 岁以下属于低消费阶层，不属本项目目标消费群，但会参与消费，属附属消费群；20～30 岁属积极消费群；30～40 岁属实力消费群；40～50 岁属负担消费群；50～60 岁属理性消费群；60 岁以上属被动消费群。

职业：学生属弱势消费，个体经营和小商业者属理性消费，公务员、私营企业主属经常消费，外资或新经济企业员工属积极消费，其他属被动消费。

2. 人群

个人单独消费占个人消费 1/3，个人多数是三两相约消费；家庭为单位的消费较常见，但多数为散客类型，近范围的以餐饮为多，远范围的以度假为多；团体由于量大、单位消费额大，以商务为多。

3. 市场行为个性划分消费群

消费群	特　　性	消费态度及需求
太空雁族	周期性光顾，飞来飞去如候鸟，多数是 20～40 岁的商务人士，他们习惯享受或向往享受，对设施利用率最高，生活节奏很快，事业生活压力较大	希望有舒缓、自然、健康、放纵的旅行生活
恋家犬族	忠实度极高，逢假期或外出必到，多数是 30～50 岁，他们更注重服务的完善和亲切，喜欢享受但不奢华	往往只是关注品牌某个特色，生活富小资情调，希望得到熟悉的家的感觉
悠然鱼族	随机光顾，无特定目标，年龄覆盖各年龄段，他们比其他族群更喜欢挑剔，也更喜欢气氛的渲染，但单位消费较大	关注优惠也关注品牌价值，希望得到实惠的让他们可以炫耀的服务
多头兔族	习惯光顾但不忠诚，往往在几个品牌之间轮流，以 20～30 岁、50～60 岁为多，他们对促销尤其热衷	喜欢针对旅行的某个目的而光顾，希望硬件的完善能适合他们的需要
固地蚝族	不习惯外出，光顾机会很少，偶然性很大，多为 50 岁以上，虽然不是主要市场但具有很大影响力，能通过口碑影响关键族群	相对并不挑剔，只求放松、舒适，服务热诚会让其留下深刻印象

四、消费定位

为商旅人士提供最佳服务，尽显商务合作契机的最优氛围环境；为旅游者展示极致享受的豪华场所。

五、营销活动

1. 活动一

（1）活动主题

“锦至云端的享受”格拉斯大酒店广告语有奖征集。

（2）活动时间

2009 年 8 月 15 日～2009 年 9 月 25 日。

（3）活动目标

建立强化品牌形象，增加广告吸引力，协助目标销售的达成，将活动时间跨度延至 9 月下旬可保持开业前后都能有较佳的关注度，为该时期内的各个 SP 活动提供宣传载体，节省宣传费用。

（4）活动内容

竞赛与抽奖、免费送礼混合式推广活动，参加者不受年龄限制。

1）只要写下一句自认为最能够代表“格拉斯大酒店”品牌定位的语句（5~9 字），寄回指定地点即可参加此活动。

2）凭广告到格拉斯大酒店参加“普天同庆，欢贺六零”即可获赠纪念品一份及部分消费优惠。吸引目标顾客参加在酒店举办的各种美食品尝、水上活动等。

(5) 活动预算

媒体购买17万元，SP经费（奖品、奖金、SP项目制作）1万元。合计：18万元。

2. 活动二

(1) 活动主题

“普天同庆，欢贺六零”。

(2) 活动时间

2009年10月1日。

(3) 活动目标

提高品牌知名度，让参加庆典的嘉宾增强对品牌的认知度和美誉度，并为接下来的“十一”黄金周旅游旺季活动作铺垫，增强宣传效果。

(4) 活动内容

10月1日那天，是大酒店重新开业的日子，同时还是祖国六十岁的生日，这是一个普天同庆的日子。借此机会，向该市征集六十名六十岁且是10月1日生日的老人，并在酒店内亲自为他们举办生日宴会，还会相应地赠送礼品一份。其他人也可参加庆祝，并享有一定的优惠。

(5) 宣传形式

报纸、电视（广告媒体宣传费用已归入九月份的媒体计划）。

(6) 活动预算

媒介人员软性广告费用1万元，纪念品费用1万元，礼仪和场地布置、剪彩仪式项目费用5万元。合计：7万元。

3. 活动三

(1) 活动主题

新闻发布会。

(2) 活动时间

8月16日。

(3) 活动目标

增加合作伙伴，提高酒店的客流量，扩大市场范围，并为黄金周的到来做准备。

(4) 活动内容

8月16日那天上午，在大酒店会议室召集该市各大旅行社联谊会，展示酒店优势，并标明合作意向。中午在酒店宴请旅行社代表，下午再次向他们重申合作的目的。

六、总预算

25万元。

（资料来源：http://wenku.baidu.com/view/5ba56b1ca76e58fafab00365.html）

第四节　广告策划书写作

一、广告与广告策划书

1. 广告与商品广告

广告，字面本意是广而告之的意思。作为一种特定的宣传形式，它有广义与狭义之分。

广义的广告，泛指那些面向公众传播某些信息的社会宣传形式；狭义的广告则专指商品广告。随着商品经济的发展，以及科学技术和艺术的进步，商品广告的概念也随之有所变化。一般地说，现代的商品广告，是指广告主以促销为目的，以一定的人群为目标对象，通过传播媒体所进行的具有鼓动性的有关商品及观念等方面信息的传播活动。

2. 商品广告与广告媒体

广告是通过一定的媒体来传播有关信息的。能够传递广告信息的媒体，我们称之为广告媒体。它是商品和劳务信息传播的物质技术载体。广告媒体种类繁多，按其传播途径的不同，可以分为两大类，即大众传播媒体和小众传播媒体。

大众传播媒体，是指报纸、杂志、广播、电视等媒体，它们是广告传播最为经常应用的传播效力强、传播面广的媒体，通常被称为四大传播媒体。

小众传播媒体是相对于大众传播媒体的传播范围小、受众群体少的媒体。小众传播媒体主要有交通工具、墙面、商品外包装、标牌、销售点广告（pop 广告）、邮寄等。

3. 广告策划书

随着商品经济和科技的迅速发展，广告媒体层出不穷，越来越多，且各种媒体特点不同又各具优点和缺点。企业利用广告促销，不能仅是某一媒体的一次性广告活动，而往往是以多个媒体的时间和空间组合来形成强大声势才能实现预期的促销效果。所以，企业应根据产品特点、诉求对象、广告成本、广告效果及可能带来的收益等因素，全盘考虑，综合权衡，选择合适的广告媒体，力求以最低的广告成本投入实现最佳的传播效果和经济效益。这里存在广告策略的选择问题，故企业对某一商品或某类商品如何运用广告促销需要进行事先的谋划，谋划的成果要借助文字语言的方式表述出来，这种反映和表述为之谋划的广告促销策略方案的文书就叫广告策划书。

二、广告策划书正文写作的主要结构内容

1. 导言

主要介绍广告策划项目的由来，策划活动的实施时间，策划的理论依据与事实根据，指导思想，效益目标等。

2. 市场分析

主要是分析本企业的内部与外部环境条件，从掌握的大量情报资料中理清制定广告策略的思路。它主要包括三个方面的内容。

（1）市场背景

与策划的产品有关的市场情况，如国家对该行业的政策，市场变化发展的趋势，人们消费观念与消费水平的提高幅度等。

（2）产品分析

具体分析产品的优势及不利因素，主要有产品的历史、产品的个性分析（包括原料、产地、品种、性能、用途、市场生命周期、包装、服务等）、产品市场适销情况等。

（3）竞争对手分析

即分析竞争对手的产品知名度、市场占有率、产品生命周期、经营历史、质量特性及营销策略等。

3. 营销策略

1）营销活动的区域市场。

2）营销活动的实施时间。

3）营销活动的期望目标。

4）营销活动的方针与策略。

4. 广告策略

广告策略，是企业为实现企业营销目标所拟定的关于广告活动的指导思想与方针。广告策略一般包括五个方面的内容。

（1）广告目标

根据企业经营目标，确定通过广告在提高企业及产品的知名度、美誉度、产品市场占有率方面应达到的目标。广告目标可用一定数值或比例来表示。

（2）广告对象

根据销售分析和定位研究，找出最有消费潜力的消费群体，同时分析这类消费群体的年龄、性别、职业、收入、数量等，进而明确广告诉求的内容，确定选择媒体及刊播时机。

（3）广告定位

根据市场定位与产品定位的研究，确定广告宣传的受众对象及重点地区。

（4）广告创意

根据广告主题提出广告表现艺术形式的构思方案。说明广告宣传的意境设想、意境表述、意境风格和创意的独特之处，并确定广告宣传的诉求对象、诉求重点、诉求口号、模特的选择或象征物设计等表现创新性的意念。

（5）广告实施

根据广告实施多个阶段特点的不同，提出分阶段的广告实施策略，包括每个阶段的广告主题、创意、口号、策略等，以加强广告宣传的针对性。

5. 广告媒体策略

对产品和消费者进行定位之后，就需要确定广告媒体的使用策略，重要内容如下。

1）媒体的选择与组合：以哪种媒体为主，哪种媒体为辅，媒体的组合方式等。

2）媒体的地理分配，可分重点地区和非重点地区。

3）媒体的时间、版面分配，是指在电台或电视台选择哪一种播出时机最好，或在报刊上选择什么日期、版面大小及位置等。

4）媒体的频率分配，主要是指在一年或某一时期的重点期和保持期中，不同媒体的次数安排。

 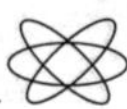

6. 广告预算

广告预算应按项目进行，每个项目的费用计算应尽可能准确，这一部分最好是用图表形式表示。

1）项目列支，包括市场调研费、广告设计费、广告制作费、广告租金、广告机构办公费与人工工资、促销与公关活动费及其他杂费开支。

2）项目的费用分配，主要指广告预算列支项目的细分项目分配列支，或不同工作阶段的广告费用分配列支。

7. 广告效果预测

这一部分应以导言中规定的任务和目标为准则，展望广告宣传活动的理想化效果。要实事求是，简明扼要。

三、文章写作结构原理分析

内容“1. 导言”，是对策划书总纲内容的陈述，以为主体内容的展开作铺垫。

内容“2”、“3”是为内容“4. 广告策略”的制订提供理论根据。广告策划书写作的意图宗旨是通过陈述所策划广告策略的思路，从而为企业实施该广告策略提供根据。而广告策略作为营销策略的构成部分，是为整体营销战略服务的，是作为营销战略实施的辅助策略的内容。文章写作为满足陈述所策划广告策略的思路要求，又要交代为什么所策划的是这样的策略，故广告策略的制订要以营销策略为根据。内容“2”、“3”、“4”之间的逻辑关系是：根据市场分析制订营销目标和营销策略，又根据市场分析和营销策略来制订广告策略。

内容“4”、“5”是对所策划广告策略内容的陈述。内容“4”、“5”是全文写作的重点。关于广告媒体策略本是广告策略的构成内容。由于对广告媒体的选用及其组合既影响广告成本又对广告效果的实现有重大意义，所以这里把广告媒体策略作为文章的一个独立内容部分以显示其重要性。

内容“6”是依据假设条件来对广告活动成本做预算，这是活动类策划书的必要内容——开展活动要花钱，需要花多少钱，是否划算，需要做出回答。

内容“7”是对上述花钱是否划算的回答，以佐证该策划方案的可行性。可行方有实用价值，以此取信于企业，从而为企业实施该方案提供依据。

例文 4

莱恩田园广告策划书

前言

莱恩田园区的出现，体现了莱恩公司长远的战略眼光和做百年企业的雄心壮志。

莱恩田园区的出现，使莱恩公司在有意无意之中闯入了复合型房地产开发这一前端领域，或者说，莱恩公司在有意无意之间为房地产开发的未来成功准备了条件。

莱恩田园区的出现，顺应了当代人、当代社会对绿色生态环境的向往与呼唤，其深厚的发展潜力不可限量。

莱恩田园区在开发模式上，采用了创新策划在先，规划设计在后，让两者相互弥补、相映生辉的做法，也是一个超前性的景区与地产开发模式创新，它对莱恩公司的未来事业将产生深远的影响。

一、市场分析

1. 市场背景

莱恩田园区位于重庆九龙坡区西彭镇一侧，现占地约200亩，前期果园开发已小见成效，大规模的综合性开发即将进行。

果园内的果树现以枇杷为主，同时准备发展一批相应的果树，形成一个有多种水果树的综合性果园。

西彭镇有着栽种水果的悠久历史，万亩红橘的壮观至今仍为人津津乐道。如今，西彭镇政府又提出了建立万亩淡季水果的发展战略构想，为金果园的可持续发展提供了强有力的支撑。

现在，西彭镇已有常住人口约5万，随着渝西经济走廊的建设和新厂新单位的迁入，西彭镇的未来人口还会大量增加。西彭镇的现有休闲娱乐设施——特别是新潮时尚的休闲娱乐设施已经不能满足居民们的需要。

重庆主城区人口已超过600万，主城区居民的生活水平、消费能力都在不断地提高，休闲娱乐的郊区化（由近郊逐步走向远郊）是一个不可阻挡的大趋势。

2. 产品分析

莱恩田园区位于重庆九龙坡区西彭镇一侧，现占地约200亩，莱恩田园区是重庆的一个具有独特地理位置和优越自然环境的、大型生态绿化田园区。

（1）优势

一棵令人震惊和赞叹的超级百果树——它立在莱恩田园区的大门口或中心。

它那巨硕无比的下部（直径不低于十米）是钢筋水泥雕塑出来的，但外形与真树相比，足以乱真。

中心主要是空的，以泥土填满，使树根能够直通地下（包括外露一部分）；也可巧妙设计一些弯曲的树洞，供孩子们捉迷藏。

上部则有序地种植一批各种各样的果树，让其慢慢长大，仿佛是巨树的枝，是巨树的天生的组成部分。

还可为其编一个古老的神话传说故事，让许多游客更加深信不疑。

果树命名为“仙醉百果树”，由著名书法家题字，由著名文人写一篇赋，立石碑刻于树旁。

这是果园独创的特色景观之一，是它的形象标志之一。

它是时尚气息浓郁的公园化，可以参照珊瑚公园的建筑风格。

在资金许可的前提下，公园的设计建筑应敢于适度超前（至少要有鲜明的独家特色），不要认为远郊的公园设计就一定比主城区的公园落后，这方面做好了，也是一个独特的卖点，同时也能有效阻止竞争者的跟进。

（2）劣势

对发展商来说，是挑战，从规划设计的难度、建筑容积的降低、园林景观的增设造成的成本增加，到未来物业管理服务的升级，都要求发展商投入更多的人力物力财力。

3. 竞争对手分析

东方半岛花园是深圳布吉的一个具有独特地理位置和优越自然环境的、大型生态绿化园林式社区。东方半岛花园招标后，打出“特大型低密度园林式住宅”牌子，推出了“绿色概念”和“环保概念”。这是符合深圳目前地产发展阶段和消费潮流的。

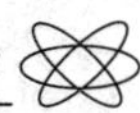

东方半岛花园的园林式是一个环境系统概念，大到小区的外围环境，内部环境，地形，布局，空间，庭院的序列，主题的不同，功能的组合，景观的效果，小到园中的一石一水，一草一木，都要纳入环境系统进行精心设计。

二、广告战略

1. 广告目标

1）造市。制造销售热点。

2）造势。多种媒体一起上，掀起立体广告攻势。

3）大范围、全方位、高密度传播售楼信息，激发购买欲望。

4）扩大“莱恩田园区”的知名度、识别度和美誉度。

5）提升企业形象。

6）一年之内销售量达到 80%以上。

2. 广告对象

1）好玩好动的西彭及主城区的幼儿、儿童、少年。

2）对现代娱乐公园情有独钟的西彭及周边地区青年。

3）喜欢到郊外的绿色果园环境中旅游观光、休闲度假的、收入较好的主城区居民。

4）喜欢在大自然的环境中赏花、品茶、垂钓、养鸟的西彭中老年人。

5）喜爱周末公园休闲、通俗文化演出、节日游园活动的西彭及周边地区居民。

6）具有怀旧情结、回归自然心愿、喜好一点农活类劳动体验的主城区居民。

7）乐意居住在绿色园林中的、消费水准较高的西彭及主城区居民。

3. 广告地区

重庆城市及周边地区。

4. 广告创意

广告主题：

1）每天活在水果的世界里。

创意：

选用孙悟空在花果山水帘洞的情景。利用 FLASH 动画的方式展现孙悟空在那里的逍遥自在，然后跳到莱恩田园区的画面与之相比，有如回到了当时的时代里，最后，在莱恩田园区，你也可以每天活在水果的世界里。

2）回到家，就是度假的开始。

创意：

一位怀孕 7 个月的孕妇对刚下班回家的老公说：“老公我在家里好闷，我要去度假。”

老公：“行，马上带你去。”

上了车，不久就到了。

他们来到了一个仿佛世外桃源的果园里，而且这里有新颖独特的建筑楼房。孕妇看到此情此景，脱口而出：“老公，我要在这里住一辈子！”

老公：“没问题。”孕妇：“真的可以吗？”老公：“当然，因为我早就在这为你买了一套你一定会满意的房子。”孕妇：“哇，你好棒呀！我每天都可以度假了！”老公：“回到家，就是度假的开始。”你想每天都能度假吗？就到莱恩田园区。

5. 广告实施阶段

（1）第一期：试销阶段（三个月）

行为方式：新闻运作、广告。

时间：2004 年 2 月 1 日。

新闻运作是利用新闻媒介替我们做宣传。这种方式近年来被明智的地产商所采用。新闻的力量远远大于广告的影响，而且少花钱，多办事，容易形成口碑，引起广泛注意。

大造声势，对重庆本地目标市场采用密集轰炸式的广告宣传，各种媒体一起上，采用多种促销手段，造成立体广告攻势，以图一举炸开市场。

让受众和消费群了解物业的基本情况，同时塑造发展商的良好公众形象。

在首期宣传中，让 40%的目标客户知道莱恩田园区，并在心目中留下深刻印象。

以内部认购为先声，以优惠的价格和条件进行首轮销售，销售量达到 10%。

吸引目标对象注意，诱导 20%的目标顾客采取购买行动。

及时总结经验和教训，对第二期销售计划进行补充、调整和完善。

（2）第二期：扩销阶段（三个月）

行为方式：新闻、广告、营销。

乘第一期广告之余威，保持其热度不要降下来，继续采取宽正面立体推广，巩固已有成绩，吸引目标受众更多的注意，变潜在客户为准备购买群。

一期的承诺已经兑现，要倍加珍惜已有的市场口碑，在园林风的大主题下，鼓励和引导更多的人来莱恩田园区。

此时前来看房和参观售楼处的人相应增多，此时广告投其所好，不失时机地扩大市场占有率。销售服务一定要跟上去。

继续吸引目标受众，注目率已达 40%左右，并形成一定之口碑。

合力促进销售，引导 30%的目标顾客采取购买行为，并继续产生边际效应。

（3）第三期：强销阶段（四个月）

行为方式：新闻、广告、营销。

充分利用新闻的巨大效应，变广告行为为新闻行为，让记者和报纸的新闻版为售楼服务，评论、专访报道、特写等新闻手法充分加以利用。

部分客户进行现身说法，谈莱恩别墅区的好处，增加可信性。

市场口碑已初步建立，老客户会引来新客户。让“莱恩田园区”传为美谈，变成公众的社会话题。

广告方面加大投入量，报纸电视在强度、广度和深度上做足文章。

加强管理和服务，让售楼现场服务的软功变成硬功，抓住后效应不放。

调动新闻的一切可以调动的手法和载体，进行深入宣传。

合力吸引目标客户，引导 30%目标顾客购买。

（4）第四期：巩固阶段（三个月）

行为方式：营销、广告

消化剩余楼盘，基本完成销售计划。

对前三期广告运动进行检验，对不足之处加以弥补和改进。

细水长流，渗透式的广告行为。

加强物业管理，贯彻始终的良好服务，树立住户的主人翁观念。

注意后效益和市场消费心理惯性。

完善各项法律手续和文书文件，规范、科学、严谨地保证客户各项权益。

三、广告媒体策略

1. 主体媒体：报纸

策略：

根据整体推广计划，前三期拟采用报纸为主要信息载体之一。

第一期多用大中版面（半版或三分之一版）密集发布；

第二期采用中小版面，逐渐拉大发布周期；

第三、四期采用小版面，长线渗透。

拟选媒体：

《东方日报》重庆；

《苹果日报》重庆。

2. 辅主媒体：电视

制作目的：塑造品牌形象。

市场目的：造市，促销。

拟选媒体：

重庆电视台（15 秒广告片）；

重庆文体频道（20 秒广告片）；

重庆生活频道（15 秒广告片）。

四、广告预算分配

媒体预算比例：

T.V.45000	6.43%
N.p.（报纸）500000	71.4%
印刷 100 000	14.3%
CF（广告影片）55000	7.86%
总计 700000	100.0%

各销售季比例：

新上市 50000000	15.0%
第一期特卖 100000000	30.0%
空档消化期 20000000	10.0%
第二期特卖 300510000	45.0%
总计 470510000	100.0%

五、广告效果预测

由于莱恩房地产公司的田园区选在繁忙都市人都向往的山区，环境清幽，绿意盎然，山清水秀，远离都市尘嚣，加上莱恩公司设计新颖独特，独具现代与古典相结合的房屋设计，以及全面的设计宣传，定能满足都市人享受世外桃源般的生活而产生热销，给莱恩公司带来大额的利润收入并提高公司知名度，让公司在激烈的房地产市场竞争中站稳脚跟。

（资料来源：http://www.jiaoyu8.net/ainfo/9519.html）

第五节　公共关系策划书写作

一、公共关系策划书的文体概念

所谓公共关系，简言之，是指社会组织在追求其利益目标实现的过程中所形成的与社会公众间的关系。这种关系是可变化的，并且对组织利益目标的实现会产生重要的影响作用。因此，组织总是力图从有利自身利益目标实现的要求出发，有计划地实施种种影响，以构建良好的公共关系。这种有计划的公共关系行为也叫公共关系活动，为之谋划构建良好公共关系活动计划的工作就是公共关系策划。由于这类策划活动现在一般是由专门的策划机构来完成，策划机构接受委托完成策划工作后，用以描述其为之策划的公共关系活动方案及方案的依据思路的文字语言成果形式就是公共关系策划书。

二、公共关系策划书写作的结构内容要点

1. 调研

1）背景。
2）形势分析。
3）核心问题。
4）初步认定的公众与资源。

2. 策划

1）活动目的与主题。
2）具体目标。
3）主要公众。
4）活动方案。

3. 传播

1）信息设计。
2）传播许可。
3）活动日程。
4）预算。

4. 评估

1）评估标准。
2）评估工具。
3）效果评估。

三、文章写作结构原理分析

上述公共关系策划书的写作结构内容要点是源自社会上的咨询机构向委托机关提交的策划书的成果模式。其写作的意图宗旨，是通过对为之策划的公共关系活动方案以及策划的依据思路的描述，为委托机构提供活动执行的根据。

1．“调研”分析

该部分是以调研占有的信息来对文章“2．策划”所需要的根据展开有针对性的分析。

其中，内容“1）背景”是通过对所策划活动针对的特定环境的描述以说明所策划活动的社会意义。因为公关策划的目的是要建立组织的良好公众关系。只有所策划活动具有积极的社会意义，才能促进公众对组织的良好认同，实现公关活动的目的。所以，需要首先认清活动的社会意义。

内容“2）形势分析”是对组织所处行业的竞争形势的分析。该分析是为了揭示组织的生存与发展面临的当前形势中所迫切需解决的核心问题是什么，即为内容“3）核心问题”的认定提供根据。

内容“3）”是对核心问题的描述，以对问题作明确和界定，为“2．策划”方案提供根据。

内容“4）”公众和资源”是“2．策划”的又一重要依据。因为“核心问题”的解决途径与方法有着特定指向的人群和组织，只有明确这里的指向，才能使所策划活动有针对性发挥作用，从而实现对“核心问题”的解决。这里的指向就是公众；这里的资源，是指可利用的各种因素。

以上均是为“2．策划”提供理论依据。

2．“策划”分析

实施公共关系活动的主要途径，是借助传播手段来宣传组织，树立组织的良好形象。为实现这一目的，所宣传的内容应是组织对社会有积极意义的所为，这样才能激发公众对组织的认同。也可以是先为组织策划一项活动，同时宣传该项活动。无论如何策划，公共关系策划的最终目的都是要实现社会公众对组织的认同，树立组织的良好形象，从而为组织利益目标的实现创造良好的环境氛围。

内容“1）”中的目的即是对上述目的的具体说明，其中的主题是对策划活动所要突出的中心思想的明确规定。

内容“2）具体目标”是对所策划活动要求直接实现的效果的表述。

上述是对策划方案所作的总纲性的规定。

内容“3）”是为内容“4）”的策划方案提供活动主体和活动指向对象的支撑。具体分析参照“1．调研”中内容“4）”的分析。

内容“4）”是对所策划的活动方案的具体描述。是本部分前述内容——“目的”、“目标”、“公众”三部分内容思路的归宿，回答遵循前述目的、目标和公众如何实施公关活动的具体做法及内容，也是全文的落脚点。

3. “传播”分析

本部分内容本应属于“策划”的内容，但由于在公关活动中，决定其目标实现的关键性的环节就是信息传播，因此，信息传播也是公关策划的最关键性的内容，在策划案的写作中需重点表述清楚，在文章的结构布局中要突出出来作为独立的结构单元。该部分内容与前内容（策划）的关系，是对策划活动中关于信息传播的具体细化设计和安排。

内容“1）”是对本次策划活动所要传播的信息关于形式和内容的设计。

内容“2）”是对信息传播中要突出的重点、要把握的信息内容间的关系及处理方法的描述。

内容“3）”是对传播活动的具体安排。

从上述内容上完成对信息传播的具体细化设计和安排，以实现策划指导实践操作的宗旨要求。

内容“4）”即是承接前述设计安排所作的费用预算，同时又是为后续的“评估”作内容铺垫。

4. “评估”分析

凡策划书都要对所策划活动的效果作预估，以评价策划案的价值。

这种预估分析必须是科学可信的。所以，内容“1）”要说明评估依据的标准；内容“2）”说明评估的途径方法；内容“3）”则是遵循前者所得出的评估结果。

以上，全文从策划的依据——调研，到策划的活动方案，到活动信息的传播，以及所策划方案的效果评价，完成对策划方案的系统描述，以实现咨询机构向委托方用提交成果的形式告知所策划方案完整内容的意图。

例文 5

用爱心点燃冬天里的一把火

——百乐城美食广场公共关系活动策划

一、调研

1. 背景

如今黄石市的餐饮业竞争激烈。百乐城美食广场作为一个中等的消费餐饮场所，考虑到黄石市大众居民的收入和消费水平，在价格上定位不高，但在质量和环境上却不打折，既提供舒适幽雅的就餐环境，还保证饭菜的分量和口感。那么，利润从何而来呢？毕竟，经理和员工还要靠这份工资养家糊口。据百乐城经理介绍说，饭店只有在每天超过50桌的前提下才能有利可图。

2. 契机

如今已经是寒冬季节，时不时还飘洒着丝丝小雨，给本来就寒冷的天气更增添了一分冷意！但就是在这个季节里有两个温馨的节日——元旦和春节，这是亲人团聚的节日，是喜庆的日子。可是，在社会中却有一个孤独的人群——那些敬老院中的孤寡老人和孤儿院中的孤儿们，这喜庆的节日恰是他们思念亲人的痛苦之时。对于我们这个具有敬老恤孤传统美德的民族，这个人群自古就是社会同情的对象，也是慈善业者慷慨施予的对象。这样的善举历来是赢得社会赞誉的内容。百乐城美食广场可以此为契机，通过为地方敬老院和孤儿院的老人和孤儿举办年夜饭的善举方式大张旗鼓地开展公关活动，以提高本企业的知名度和美誉度。

3. 核心问题

以此增进消费者对白乐城的了解，提高百乐城的美誉度，以提高百乐城的顾客量。

4. 初步认定的各方公众和资源

1）孤寡老人、孤儿、残疾儿童。

2）市有关领导、部门、企业、社会团体代表。

3）黄石市市民。

二、策划

1. 活动目的和主题

（1）此次活动的目的

1）旨在弘扬中华民族传统美德，关爱社会孤寡老人、孤儿和残疾儿童，让不幸的老弱者不孤独，让失去亲人的儿童感受到亲人般的温暖。

2）提高百乐城美食广场的美誉度和影响力，弘扬企业文化，树立企业形象。

（2）此次活动的主题

用爱心点燃冬天里的一把火

——百乐城美食广场为市孤寡老人和残疾儿童送温暖大行动

2. 具体目标

以百乐城美食广场为市敬老院、孤儿院的孤寡老弱者主办年夜饭的主题活动和捐赠活动，加大宣传力度，倡导爱心活动，拉近与消费者的距离，增进与各厂矿企业和社会团体间的沟通，突出企业的独特精神风貌，树立公司讲信誉、重品牌，全心全意为顾客服务的良好企业形象，以提高百乐城美食广场的品牌知名度和美誉度。同时，通过企业年夜庆典晚会，使员工获得放松娱乐身心的机会，达到增进企业内部和谐度的目的。

3. 主要公众

1）年夜饭主请孤寡老人和儿童，同时邀请市有关领导、部门、企业、社会团体代表。

2）倡议捐赠活动的实施需要由黄石市民政局出面主持大局，由市工商税务部门和公证机关对活动全过程实施监督。

3）捐赠面向企业、社会团体、市民。

4）成立爱心工作小组，专门负责此次活动的具体实施。

4. 活动方案

（1）造势

1）于2009年12月初由百乐城美食广场在黄石日报和市电视台发布年夜饭消息，同时，倡议全市各界为我市孤寡老人、孤儿和伤残儿童献爱心活动。

2）计划在2010年元月1日起到2010年2月10日倡议开展大型募捐系列活动。在百乐城美食广场门前及主要街口散发倡议书，以及百乐城美食广场奉献年夜饭和捐赠的公告，发布百乐城和职工捐赠信息。

3）百乐城美食广场带头，除了企业全体员工带头捐款以外，打出公告，自活动之日（1月1日）起，将百乐城每天营业额的1%作为捐款。

（2）捐赠仪式

1）于2010年2月10日在电视台演播大厅举行隆重捐赠仪式。由市民政局主持，请市领导代表参加，邀请市各企业、各社会团体加盟。并通过电视台现场直播。（高潮）

2）同时，百乐城美食广场举行答谢宴会，邀请参加捐赠仪式的市领导，以及各企业、各社会团体、新闻媒体代表参加，由一流厨师展示特色菜肴。以扩大百乐城美食广场的影响。

（3）爱心年夜饭（大结局）

在2009年除夕之夜，百乐城美食广场派出专车去黄石市福利院把部分身体条件较好的老人和孩子接到百乐城美食广场来，全体领导和员工一起包饺子，跟老人和孩子们一起吃年夜饭，看春节联欢晚会，共度一个美好幸福的春晚。

三、传播

1. 具体信息设计

（1）倡议书

寒冬腊月，双节将至。

亲爱的朋友们，当我们在温暖的房子里享受暖气空调的时候，当我们吃着香喷喷暖人心的饭菜的时候，当我们和亲人朋友们欢声笑语的时候，又有谁想到了在我们的身边还有一群孤独忧伤的老人，还有一群失去亲人的可怜的孩子？

为了那些孤独的老人和可怜的孩子们，我们印发了一份倡议书，当您接到这份倡议书的时候您同时也接受了一份传递爱心的神圣使命！

请停下您匆匆的脚步，打开您的胸怀，张开您的双臂，给身边的残疾儿童一个温暖的拥抱，让这一个简单的拥抱鼓励他们幼小纯洁的心灵在今后的成长过程中树立坚强的自信，勇敢面对人生的挑战。

请停下您匆匆的脚步，抛开您的矜持，伸出您的双手，给身边的孤寡老人和失去双亲的孤儿一个温馨祝福，让这一句简单的问候拉近他们和社会的距离，感受到来自社会温暖真诚的关爱。

相信您不会将这样高尚而简单的使命随手丢弃，我们更期望您将这爱心的倡议书交给下一位热心的关爱使者，让我们在简单真诚的付出中把这爱心传递下去。

博爱是中华民族每个人都有的优良品质，我们的力量微不足道，但是，有我，有您，还有他！我们可以将爱心聚集在一起，点滴的雨露也会汇集成江海。

希望您伸出关爱之手，为他们温暖寒冷的冬天。爱让我们的生命更具意义，我们不仅要自己行动起来，还要让大家都加入我们的行列。

让我们从自身做起，把关爱行动落到实处；让我们从身边小事做起，用生命中的全部热情和力量，关爱所有需要关爱的人。

为此，百乐城美食广场以我之所长向我市孤寡老人和儿童献上年夜饭，让他们在今春来临之际享受亲人团聚、欢度佳节的快乐。百乐城美食广场及职工还踊跃捐赠，为我市的孤寡老弱和残疾儿童献爱心。同时倡议我市各界和市民参与爱心大行动！我们的口号是：

少抽一盒烟，健康如神仙；少坐一次的，锻炼好身体；节约每元钱，奉献您争先；爱心有行动，美德人人颂。

——用您的节约为社会的孤寡老人和残疾孤儿献上一份爱心。

（2）横幅标语

在百乐城美食广场前布置场地，挂横幅标语。

主标：用爱心点燃冬天里的一把火

——为孤寡老人、孤儿和残疾儿童送温暖大行动

副标：把温暖传递，让真爱永存！

2. 传播许可

1）重点传播的信息：作为餐饮业的百乐城美食广场在传统佳节中想到了那些孤寡老人和儿童。以传统的节日方式——年夜饭来满足这些孤独人群的最需要，表达爱心，并倡议社会捐赠来关爱那些不幸的人群。

2）在倡议捐赠活动中，要突出宣传百乐城美食广场及职工的踊跃捐赠。

3）要组织好2月10日捐赠仪式的现场直播活动，而且镜头要相对地集中和突出百乐城美食广场的代表和字样横幅。

以上述内容信息来组织一场相对集中而又有声势的信息传播活动，使广大公众关注百乐城美食广场，再加上答谢宴会上特色菜肴的展示，从而提高百乐城美食广场的知名度和美誉度。

3. 日程表

1）在2009年12月底前向市政府和民政局提请审批活动方案。

2）估计在一个星期后，申请可得到答复批准。2010年1月初，联系黄石日报社和电视台，开辟“用爱心点燃冬天里的一把火——百乐城为市孤寡老人和儿童送温暖大行动”专栏。

3）2010年1月上旬在街头散发百乐城美食广场奉献年夜饭和捐赠活动公告及倡议书。

4）2010年1月初～2010年2月上旬，为募捐活动日。

5）2010年2月10日，在市电视台演播厅举行大型捐赠仪式，并由电视台现场直播。

6）2010年2月13日下午5点，百乐城美食广场年夜饭、看春晚。

4. 预算

1）新闻媒体费用（略）。

2）印刷费（略）。

3）公司捐款（略）。

4）场地布置费（略）。

5）交通费（略）。

6）年夜饭成本费用（略）。

7）通讯费（略）。

8）其他费用（略）。

四、评估

1）评估标准（略）。

2）评估工具（略）。

3）评估效果（略）。

附表1：活动日程表（略）

附表2：成本预算表（略）

（注：本文选自某高校学生作业，采用时有修改。）

思考与练习

一、填空

1.“6P”营销组合策略包括________、________、________、________、________、________。

2．营销观念的不断进步，使企业的市场行为从________________提升为一种________、________的具有很高的________的一种战略行为。

3．企业的营销策划分为________和________两种。

4．营销战略策划书的文体特点：（1）________；（2）________；（3）________。

5．公共关系是指社会组织在追求________的过程中所形成的________的关系。

二、名词解释

经营战略规划书　营销活动策划书　广告策划书　公共关系策划书

三、简答题

1．西方营销观念经历了怎样的演进过程？

2．营销活动策划书较之经营战略规划书具有怎样的特点？

3．广告策划书写作的“广告策略”与“营销策略”间遵循着什么样的逻辑联系？

四、写作练习

1．试为某公司做营销活动策划，并写出策划书。

2．配合前营销活动策划做广告策划并完成该广告策划书的写作。

3．配合前营销活动策划做公关策划并完成该公关策划书的写作。

第六章 计划

教学目的和要求

- 通过本章内容的教学，让学生懂得什么是计划，认识计划的种类、特点、作用，并重点掌握经营计划书、生产计划书和工作计划书的写作。

第一节 概 述

一、关于计划

一般意义上的计划，是指人们对拟要做的事如何做事先所做出的安排。本书所探讨的计划是指工作计划。所谓工作，其本义是劳动（包括脑力的和体力的能创造价值的行为活动），但社会意义上的工作计划中的工作，是指遵循在组织目标指导下的按一定行为规则要求需要相互配合的群体劳动。这里的工作计划首先是作为管理的一种基本职能。而计划职能的履行，事先要做的是制订计划，制订计划的编制工作要借助文字的表述形式，于是产生出计划的又一概念，即表述计划的文体形式，这是写作意义上的计划概念。在企业的经营管理活动中，这种计划是作为企业管理计划职能实现的途径。虽然计划的内容包括人、财、物，但财与物要由人来支配和运作。书面工作计划的意义，就在于它能有利于协调群体中各方面的关系，使分散的各自独立的意志及行为能统一在组织目标的要求中，以有效提高人、财、物的运行效率，从而保证团体任务目标的实现。它实际上是组织的决策机关，通过计划制订的方式，将决策层的意志转化为下属行为的任务内容和目标，并为之设计行动方案，作为各行动部门执行的依据，且以体现决策层意志的最庄重的方式予以确定的一种特定形式。所以，作为文体概念上的工作计划，主要是指国家党政机关、社会团体、企事业单位等组织，对未来一定时期内要进行的工作，预先拟订出任务内容、完成期限、实现目标，以及步骤、措施的一种事务文书。

这类计划一旦经领导层批准，即成为指导未来行动、具有纲领性和约束力的文件。

二、计划的作用

计划的基本作用主要有两点。

1）具有协调指导作用。科学的、切实可行的计划，能做到事先统筹全局，合理地安排和使用人力、物力和财力，减少盲目性。

2）具有督促和提供评价依据的作用。在任务的实施过程中，需要根据计划，检查和督促工作进度，保证任务目标的实现；任务完成后，要依据计划评定工作优劣，总结经验教训，以利今后工作。

三、计划的类别及工业企业的常用工作计划

1. 一般意义上的计划种类

计划的常见名称和种类划分十分复杂，不同的分类依据划分出的种类各不一样。

按性质分：有综合性计划和专题计划。

按内容范畴分：有工作计划、学习计划、科研计划、分配计划、教学计划等。

按组织特点分：有国家计划、部门计划、单位计划、科室计划、班组计划、个人计划等。

按时间特点分：有长远规划、年度计划、季度计划、月计划等。

按综合性特点分：有规划、纲要、设想、打算、安排、要点、方案、计划（狭义）等种类名称。

2. 工业企业的常用工作计划

企业是以盈利为目的的经济组织，工业企业实现其盈利的运作包括三个环节的内容：一是产品的加工生产；二是产品进入市场的流通；三是管理。这三个环节的工作，存在岗位性质、任务内容乃至任务目标体系的差异性。因而，工业企业计划的编制，无法在同一计划书中以某一任务内容乃至依据该任务内容确定的任务目标来统一整个企业职工群体的行为方向。故此，在党政机关、社会团体和事业单位，常是以一份工作计划书，即可完成对该机关工作任务的部署；可在工业企业，却是需要同时用一组计划书才能有效实现计划的指导性和协调性功能。这样的一组计划书主要有经营计划、生产计划和工作计划。

本章重点介绍这三种计划书的写作。

四、计划书的写作及思维特点

1）企业的运作是以销售为轴心，生产、经营、管理均是围绕市场做文章，市场是企业计划制订的根据。

2）企业计划的制订是立足于企业内部资源的利用，其思考的重点在设备运作和劳动力的安排上，计划书的编制者要认识到计划的作用是通过协调企业多方面的力量，以其统一运作的有效性来保证企业经营目标的实现。

3）计划书的写作，在于告知下属该做些什么，各自应怎样做。文章表述的思路，重在把任务目标、任务分配、行动步骤和措施方法写清楚。

第二节　经营计划书写作

一、文体概念

在市场经济条件下，企业行为是以市场为依据。经营计划就是企业依据市场预测和分

析，提出经营目标和方针，制订企业的经营策略和运行方案，以实现企业经济效益为目标的计划。它侧重于面向产品流通的市场运作，又同时是对企业经营管理各个方面的统筹部署，是工业企业主导其盈利目标实现的最核心的工作计划；是企业主导其盈利目标实现，追求以最少的成本去获取最大利润的企业营运计划，一般是以年度为周期来编制。

二、经营计划书正文写作的主要结构内容

1. 导言

文章开头首先要阐明计划制订所依据的背景与前提条件，然后说明计划生效的程序依据和制订计划的目的。

2. 主体

主体部分重在提出经营目标和阐明如何实现该目标的行动方案，包括如下要点内容：

1）市场分析预测。

2）计划的任务内容与拟实现的效益目标。

3）经营策略。

4）策略实施的步骤与保证措施。

5）计划目标的指标分解与任务分配。

6）计划实施过程中的重点环节、需注意事项、可能出现的问题与解决办法。

7）计划实施中的绩效考核与激励方法。

3. 尾部

其他事项与要求。

三、文章写作结构原理分析

1. 导言分析

经营计划写作的意图宗旨，是要通过设定企业今后一定时期的经营目标和实现该目标的行动方案，以部署企业的经营运作。而企业设定经营目标和运作方案要有科学依据，这种依据主要是两个，一是影响企业生存与发展的外部形势；二是企业自身的现有条件。导言中的背景与前提就是对这两个依据的陈述。而企业对计划的制订是一件严肃慎重的事情，需要经过广泛听取意见和严格的审定程序，导言中所写的计划生效的程序依据就是对此作出的说明。至于“制订计划的目的”，是人们都明白，可是作为该文章的构成内容又不可不写的套式。

以上内容，是为主体部分任务目标和行动方案的提出所做的铺垫。

2. 主体分析

主体是体现该经营计划写作意图宗旨的主要内容部分。

“1)、2)”两点内容是设定任务目标。计划是组织对将要做的事情事先做出的安排。而安排人们去做一件事情，须首先让人们明确是去干什么和实现什么样的效果，即任务目标。

而企业任务目标的设定原则是以销定产，经营计划的任务目标设定是依据市场的需求预测。这就是“1)、2)”两点内容写作的理论根据。

明确了任务目标后，紧接着就是要解决如何做的行动方案问题。由于企业经营计划的实施是要面对激烈的市场竞争，要讲求策略性，所以，计划在陈述行动方案时，首先要告知计划实施的基本策略思路和策略方法，故此，有了内容“3)、4)”。

而计划目标的实现要靠组织成员的共同努力，需要将任务内容分解到每个岗位落实到每个人，让每个员工在各自岗位上都明白要干什么和怎么干，这就是对计划目标的指标分解与任务的分配，内容“5)”的意义即在于此。

在计划的制订中要预见某些环节的困难并制定解决办法。若这些困难的有效克服事关全局，就需要在文章中作重点交代，以引起关注。于是要写内容“6)”。

内容“3)、4)、5)、6)”是对如何做的行动方案的系统描述。

而内容“7)”则是为保证上述行动方案的实施而制定的激励措施。

3. 尾部分析

对在主体部分不便插入的内容，而又需作交代或说明的，可安排在尾部来补充。

这样写，就能实现以该文章去部署企业今后一定时期的经营运作的意图宗旨，所以就要这样写。

例文 1

××公司年度经营计划

第一部分 公司概况

××公司为国内著名水泥制造商之一，已有40年的生产历史，历年水泥产量最高为336400吨，最低为318000吨，公司员工总数为442名。

第二部分 年度经营计划形成步骤

1. 准备阶段

2011年10月中旬，以这一年的生产实际与预测为基础，对下一年做出展望，由各部门经理向总经理提出报告。

2. 立案阶段

2011年10月中旬，由各部门经理召集部门内员工协助制订部门“年度工作计划”，并由总经理助理做总体整理。

3. 审议及调整阶段

2011年11月下旬由总经理召开会议，主管级以上人员参加。

4. 决定及公布阶段

经过一个月的充分研究后，于2011年12月30日召集全公司管理人员会议并公布计划，参加人员为各部门经理，并由经理将计划内容告知员工。

第三部分 年度经营计划内容

1. 2012年度展望

1）市场销售经营方面：国内对水泥需求较旺，水泥销售市场广。但是公共建设属于买方市场，政府

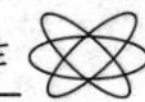

议价能力高，边际利润可能会受影响，但总收益可能增加。

2）公司财务状况方面：资金充足，财务健全，能充分发挥灵活运转功能。

3）国内生产设备方面：由于机械设备逐渐陈旧，在2012年度机械操作故障及磨损率可能较以前高。

4）人力资源投入：由于2011年度公司推行多项工作的管理革新，强化组织功能收效颇大，员工工作积极性较高，人员能积极配合生产需求，但部分现场主管虽具备实地作业的能力，管理水平仍需通过在职训练方式予以加强。

5）生产所需原料供应：因西部矿源已接近枯竭，东部采矿区的积极开发应加紧进行。

6）其他影响生产活动的外在因素：环保问题、夏季的限电问题等都会导致生产成本上升。

2. 2012年度经营方针及目标

1）积极推行目标化管理，提高总体生产效率，以年产水泥50万吨为目标。

2）降低生产成本3%，提高产品质量，增强市场竞争能力。

3）秉承“诚信负责”的厂训，创建“创造生产”、“生产创造”及“以厂为家”的企业文化。

（以下为各部门工作计划）

3. 采运部工作计划

1）开采矿石并运送至厂区，总计50万吨。

2）炸药用量较前五年平均减少8%以上，以减低成本。

3）尝试新开采法开采矿石，节省人工费用。

4）控制运石矿车运转时数，节省燃料油量。

4. 制造部门工作计划

1）石灰石轧碎量，调和土干燥量，主料、熟料、水泥的生产量及水泥包装发货量如下表所示（略）。

2）充分运用人力资源并发挥其机能，雨季减少临时工30名，员工加班须妥善控制，以减少加班费10%。

3）生产用燃煤、电力和燃料油节省3%。

4）控制旋窑燃料及减少停窑次数。

5）改善配料以易于烧成。

5. 质量管理化验部门工作计划

1）开设质量管理培训班。

2）检验采购仪器。

3）专题研究熟料烧成度对质量的影响。

6. 总务部门工作计划

1）由财务部门拟订“成本中心”制度，用以考核各部门工作效率，强化“降低成本”目标，并将其成果引导“利益中心”施行。

2）加强物料管理，减少库存物料，以免积压资金。

3）改进采购，以合理价格购进适合质量要求的物料。

7. 工务部门工作计划

1）确立机械预防保养制度，制订预防保养卡片。

2）制订各月份机械整修计划。

3）研究原有配件的修理并尽可能利用废料，以节省费用。

4）尽可能缩短处理机械临时故障的时间。

8. 人事制度革新计划

1）于年初推行人事制度合理化，并综合管理员工的福利措施事项以及处理员工申诉问题。此外，加强与工会的联系与沟通。

2）以点数法施行员工“工作评价”制度，确立合理薪金制度。

3）建立合理的员工奖惩制度，每月选拔优秀员工3名，公开表扬其先进事迹，作为其他员工的榜样。

4）退休人员分批办理退休手续，其职位通过招聘由青年新秀担任。

9. 员工培训工作计划

1）运用在职培训基金，设立培训教室举办下列培训：①领班培训：20人，二班次；②电工培训：20人，四班次；③操作工培训：100人，四班次。

2）培训内容：①公司文化教育；②专业知识；③预防保养；④标准操作法。

3）利用各种聚会对各部门经理进行教育。

4）选举经理接班人参加各种培训班，学习新技能，使其返厂后能担任厂内训练班讲师。

第四部分 计划的施行与检查

本公司为加强计划可行性，将于执行前再对计划加以检查及修正，每月25日例行会议将检查当月计划并修正下月预算。此外，规定各部门召集领班人员于周六开检查会，拟订下周工作方向，订出原料预定需求，由此而推进细分化日程计划。各种生产报表的填写，务求详细，以供管理者决策参考。

第五部分 激励措施及计划成果奖励

1）设“生产奖金”，以每日生产水泥1200吨为准，超过1吨奖励1000元，奖金累积总额于次月初平均分给线上工人。

2）每日生产数量、累积生产奖金与预定生产量的差距等资料公布于大门进口处布告栏，明示员工。

3）在大门进口处树立“发挥团队精神”的石碑，以及“向万吨水泥挑战”的标语，以激励员工。

4）配合7月份“工作评价”制度的施行，调整员工待遇10%，视工作实绩而定。

5）为提高员工工作热情，分批举办国内外旅游活动。

2011年12月30日

（资料来源：http://wenku.baidu.com/view/13c4bcc02cc58bd63186bdb6.html）

第三节 生产计划书写作

一、文体概念

在工业企业，工人的生产劳动是直接创造使用价值（有形产品）的劳动。它是与其他劳动相区别，代表着现代人类社会的基本劳动方式，有着现代社会的生产活动特点的人类劳动。在管理上，它是围绕产品的加工过程，遵循着产品加工生产的工艺性特点的管理体系。工业企业的生产计划，就是以上述管理体系为依据，在经营计划的基础上编制的，以实现产量和产值指标为主要任务目标的产品加工活动的安排。它是工业企业指导生产活动的纲领性文件。

二、生产计划书正文写作的主要结构内容

1. 前言

概述制订计划的背景、依据、基本任务和目的。

2. 主体

1）目标。提出计划总体目标的主要指标，包括品种、产量、质量、产值、劳动生产率、成本等。

2）任务分解和生产进度安排。

3）完成任务的保证措施。首先提出为实现总体目标而制定的基本原则，然后阐述完成各项指标的措施，一般从产品品种、质量、产量、原料供应和生产管理、完成时间等方面来阐明具体的方法和步骤。

3. 尾部

提出对完成各项具体任务的要求和注意事项。

三、文章写作结构原理分析

1. 导言分析

生产计划书导言的写作同于经营计划书导言写作的理论思路。

2. 主体分析

1）生产计划部署的是生产活动，其基本内容是工作量和进度。故生产计划中对任务目标设定的核心指标是产量，由产量而衍生的指标是产值。工业生产的成果是产品，决定产品命运乃至企业命运的是产品质量，关系企业经济利益实现的是成本与利润。产量、产值、成本、利润、质量等构成生产计划中任务目标设定的主要指标。这些指标的确定，就明确了任务的方向。所以，计划主体中，首先要确定任务目标（有的作者把该项内容放在导言中去写，也是可以的）。

2）关于任务分解的原理如同经营计划。生产进度安排是生产计划书所特有的。任务分解是相对于岗位的任务内容分配，而任务量的实现还需要按时间分解，这种时间分解体现的就是进度。任务分解与进度安排的结合，才能把任务目标落实到岗位，落实到人，并且有步骤地去实现，以此回答计划书行动方案中的“如何做”的问题。

3）生产计划任务目标的实现与两方面的因素相关：其一，是与工艺技术相关；其二与原材料的供应和生产管理相关。那么，要保证任务的完成，就要遵循生产活动中上述因素的特定要求，并要克服上述因素在生产活动过程中的某些不利作用所产生的困难，预见这些困难并事先制定解决的途径方法就是措施。所以，在作出任务分解和生产进度安排后，就要对预见的困难进行分析并提出对应措施，以保证任务的完成。

3. 尾部分析

最后是对关系全局的重要事宜或需要关注的问题的突出强调。

四、生产计划书写作注意事项

1）制订生产计划，必须贯彻以销定产的原则，因此，应依据经营目标和市场需求来编制。

2）生产计划的指标和措施必须清晰和具体。因为生产计划是对生产活动做出统筹的安排，规定企业在计划期内生产的品种、质量、数量和进度，并把生产计划规定的任务，一项一项地具体分配到每一生产单位，以及每个工作中心和每个操作工人，要具体落实到月、周、日以至每一轮班中，具有可操作性。

3）生产计划的编制要灵活、有弹性，使企业在适应市场需求的同时，保持生产的相对稳定和均衡。

例文 2

××建筑公司 12 月份生产安排

一、临建工程主要项目

12 月份临建工程主要包括：发电引水隧洞 1#支洞施工；发电引水隧洞 2#支洞施工；W25 继续生活营地建设；W25-1（机修车间及仓库）施工；W2-1（木材、钢筋加工厂）车间、供电系统施工；工地施工供水系统施工；工地施工供电系统施工。

二、主体工程施工安排

根据施工进度计划，12 月份主体工程项目施工安排见表 1。

表 1 12 月份主体工程施工安排

序 号	项 目	计划工程量（m^3）
1	大坝开挖	1 083 803
2	进水口及溢洪道开挖	1 103 293
3	采石场开挖	655 123
4	厂房开挖	405 519
5	隧洞施工支洞开挖	7 238
总 计		3 254 976

注：计划安排开挖量＝施工组进度计划量＋10 月份计划未完成量。

三、工程项目计划产值

12 月份工程项目计划完成产值 721 万元，各部位计划见表 2。

表 2 12 月份工程项目计划产值表

项 目	产值（万元）	项 目	产值（万元）
大坝开挖	188.5	厂房开挖	99.0
进水口及溢洪道开挖	234.9	采石场开挖	141.4
隧洞施工支洞开挖	57.2		
生产、生活设施	20.0（未包括 INTRAXIS 的生产、生活设施完成量）		

例文 3

生产计划安排表（一）

月份

生产单位	生产项目	生产数量	预计日程		安排人力	预计产值	原料成本	物料成本	人工成本	制造费用	制造成本	毛利
			起	止								

总经理　　　　　　　厂长　　　　　　　审核　　　　　　　拟定

生产计划安排表（二）

月份

部门	生产项目	生产数量	起止日期		安排人力
			自	至	

注：这是基层生产单位常见的月生产计划安排表格。它非常清晰地表示生产各项目的具体安排，便于执行。

例文 4

××公司××××年第三季度生产计划

认真执行上级的会议精神，坚持以全面提高经济效益为中心，加强计划管理和生产调度，进一步抓好企业整顿工作，振奋精神，抓紧抓早。在提高质量、增加品种、搞好节约、保证安全的前提下，努力增产适销对路的产品，全公司总产值1～9月可达到××××万元，为全年增产指标××××万元的78%。

一、指导思想

在认真贯彻提高经济效益的指导思想的同时，全面提高各项技术经济指标，努力增产短线产品，厉行节约，实现增产增收。

贯彻五个原则：

1）贯彻公司党委和公司职代会关于今年生产实际比上年增长4%的原则，全年总产值一定要达到或超过××××万元。

2）继续贯彻以质量求生存，生产抓前不靠后的原则。

3）贯彻设备开组，劳动力用足，生产能力不放空的原则。

4）贯彻编制计划严肃性，先进性和留有一定余地的原则（超产幅度5%～10%）。

5）贯彻计划综合平衡的原则。

二、要抓好四个方面的工作

1）加强市场预测，狠抓产品质量和品种，千方百计生产适销对路产品。特别是安瓿、玻璃管及青霉素瓶要根据市场需要进行生产。仪器产品，玻璃管瓶要摸清市场变化情况，打开销路，防止库存积压。

2）通过企业整顿，建立和健全各项生产管理制度，把工作转移到提高经济效益上去，要反骄破满，认真找差距，各项技术经济指标要努力达到本公司最好水平，要克服消极畏难情绪和本位主义、分散主义的倾向，加强车间之间、科室之间的协调，不断提高质量，降低成本，增加收入。

3）切实抓好原材料和能源的供应和节约，确保生产稳定增长，根据目前部分原材料供应紧张的情况，必须千方百计、保质保量地供应原材料、辅助材料，搞好能源使用和节约等工作。

4）搞好安全生产，做好防暑降温和防汛工作，搞好后勤工作，安排好高温人员住宿，搞好清凉饮料供应和食堂卫生等工作。针对本季度高温季台风多、暴雨多的特点，根据轻重缓急，采取可行的方法，预防事故发生，确保安全生产。

三、各车间生产安排

一车间：

1#、2#、3#机生产7cc，日产72.6万只，设备利用率95％，全程合格率92％。

4#机生产love，日产13.5万只。

2#炉一台六组行列机生产盐水瓶，日产4.2万只。设备利用率92％，全能合格率85％。

9月份1#、2#机各安排中修一次，1#机扣10天，2#机扣7天。

7月份3#、4#机各安排调泥盆一次，扣1天。

（其他车间生产安排略）

四、生产安排中要注意几个问题

1）根据公司需要，本季度需要增加7cc，减少10cc的青霉素瓶，因此4#机在6月底前要做好调换7cc生产的准备工作。

2）2#、3#炉要加强维护保养，争取年内不修。

3）1#、2#机的中修要做好备品备件的准备工作。

4）1#机及2#机定额，待整顿办查定后再予调整，现作临时定额。

附件一：总产值计划表（略）

附件二：产量计划表（略）

（资料来源:http://wenku.baidu.com/view/13c4bcc02cc58bd63186bdb6.html）

第四节 工作计划书写作

一、文体概念

这里的工作计划是工业企业中作为与生产计划和经营计划相对的狭义所指的又一概念。它是以企业的经营计划和生产计划为依据，对企业各部门的管理工作制定任务目标并统筹安排，以保证各部门更好地服务于企业的建设与发展，以部署企业机关职能部门的管理任务为基本内容的企业计划。工业企业的工作计划又可区分为两种：一种是作为与经营计划和生产计划相补充来部署企业职能部门的常规性业务工作的计划；另一种是作为贯彻党和国家相关方针政策，或落实上级相关部署的专题工作计划。

前一种企业常规性业务工作计划，其鲜明特点就是面向经营计划和生产计划的贯彻实施来部署企业职能部门的各项业务工作。而后一种企业的专题工作计划，虽然是为了贯彻上级部署（党和国家的方针政策也是属于上级部署），但不能将上级部署与企业的经营计划和生产计划相对立。这是因为，发展经济是社会各项工作的中心，也是党和国家制定一切方针政策（或上级部署一系列工作）的基本出发点。因此，工业企业工作计划的编制，要实现与经营计划和生产计划的相统一，要以保证和促进经营计划和生产计划任务目标的实现为前提。

二、正文写作的主要结构内容

一般分为导言、主体和尾部三个部分。

1. 导言

这是计划书的开头部分。重在说明制订计划的依据，交代任务提出的背景与前提，陈述任务目标及为什么要制订该计划的目的。这一部分文字要简明扼要。

2. 主体部分

即计划书的核心内容部分，主要阐述“做什么”（任务）、“做到什么程度”（目标）和“怎样做”（措施、方法、步骤）三项内容。

1）任务和目标。一般先写总任务目标，再写具体任务和指标。明确写出要达到的指标和数量上、质量上的要求，即“做什么”和“做到什么程度”。

2）步骤、期限和时间安排，是实现任务和目标的内容和时间分解。科学的时间安排可以使执行者既产生紧迫感，又能有条不紊地开展工作，如期完成预定任务。为使条理清楚，通常采用分条列项的方法来写。步骤要有序，时间安排要具体，到什么时间，要完成哪些任务，都要一一说明。

3）措施和方法，包括思想工作、人员调配、工作机构、方式手段、人力物力财力安排、后勤保证等。即“怎么做”。措施要具体，方法要可行。

3. 尾部

主要用于补充说明注意事项，或提出希望和号召等。这一部分要写得简短有力，切忌过长。有些计划在主体部分写完后，也可自然结束全文，不写结尾部分。

三、文章写作结构原理分析

参照经营计划书和生产计划书的原理分析去理解。

例文 5

红星钢铁厂健全岗位责任制工作计划

为了贯彻市经委4月会议精神，学习首钢健全岗位责任制的先进经验，改进本厂的企业管理，根据厂职工代表大会决议和厂的部署，经过厂长办公室 3 月份的初步调查研究，制订如下健全岗位责任制工作计划：

一、在5、6、7三个月内，全厂以健全岗位责任制为中心工作，改进企业管理，更有效地调动广大职工的积极性，迅速扭转本厂落后状况，用老设备打出新水平，保证完成和超额完成本年度各项指标。

二、各生产部门把各项指标分配到各个生产岗位，建立明确的岗位责任制，制订明确的考核标准。对每个岗位的工人，明确规定工作的数量、质量和完成的时限等。

三、各科室制定干部办事细则，要求每个干部分管的指标必须完成，基础工作必须健全，专业资料必须齐全；要求逐项订出办事程度、协作关系、完成时限和程度。细则要有明确的定额、数量、质量和时间的要求，要能够据以考核。

四、各生产部门和职能部门制订考核办法和制度，与奖惩制度挂钩。工人实行班统计、日公布、周分析、月总结的制度，用百分制按月计算。干部按人立考核手册，按日登记，按周由领导签认记分。计奖实行百分制，按分领奖。

五、实施步骤和负责人：

（一）5月上、中旬，厂办各级领导干部学习班（×××、×××负责）。

（二）5月中、下旬，在三车间和技术科试点（×××、×××、×××负责）。

（三）6月至7月中旬，各部门全面铺开（各部门负责人）。

（四）7月下旬，检查、验收（厂部组织各部门互相检查）。

六、党、团、工会分别制订工作计划，密切配合这一中心工作。

七、计划执行情况，每月末由厂长办公室检查一次。

红星钢铁厂

××××年×月×日

思考与练习

一、填空

1．计划一旦经领导层批准，即成为_______未来行动，具有____和____的文件。

2．工业企业实现其盈利的运作包括三个环节的内容：一是____________；二是____________；三是____________。

3．计划的编制，在企业的经营管理活动中，是作为__________实现的途径。

4．经营计划书要突出______的制订。

5．生产计划书是工业企业指导______的纲领性文件。

6．企业的工作计划是面向经营计划和生产计划的实施来部署__________的各项业务工作。

二、名词解释

工作　计划　经营计划　生产计划　工作计划

三、简答题

1．经营计划书正文的写作包含哪些内容要点？

2．生产计划书正文的写作包含哪些内容要点？

3．工作计划书正文的写作包含哪些内容要点？

四、论述分析题

1．经营计划书的导言为什么要那样写？

2．试对例文《××建筑公司12月份生产安排》进行文章写作结构原理分析。

五、修改下列标题

1．××县国民经济和社会发展五年计划

2．2010年至2015年工农业余教育事业规划草案

3．××公司关于第一季度销售计划

4．××大学2013年招生工作规划

六、模拟写作

×厂为了调动职工的积极性，保证完成和超额完成全年生产任务，决定在全厂推行岗位责任制，要求开好三个会（动员会、经验交流会、总结表彰会），搞好试点工作，组织职工讨论，充分发扬民主，各方面配合，从7月上旬开始，利用1个半月至2个月完成这项任务，请根据以上情况，为××厂拟写一份工作计划。

第七章 总　结

教学目的和要求

- 通过本章教学，让学生理解总结的性质和工作总结的实用意义，能写作汇报性总结报告和经验性总结报告。

第一节 概　述

一、关于总结和总结报告

1. 关于总结

人类的伟大在于人的理性。人们在实施一项行动前，要事先明确任务，提出目标，制订计划；行动实施完成后，又去回顾评价，以提高自我。这种人们在行动实施后的回顾评价以提高自我的认识活动，就是总结。个体的总结，有利于提高个体的自身素质，加快进步，成就事业。但人类的社会性，决定着个体行为多是处于特定的社会组织中。提高社会组织的理性程度，对于社会进步的意义更大。因此，国家和各个社会组织都十分重视总结。虽然在人们的日常认识活动中，总结广泛存在于个体的学习、思想和其他行为中，而真正体现其社会价值的是工作总结，而且最主要的是组织行为的工作总结。其意义是通过对过去工作的回顾评价，肯定成绩、积累经验、发现问题、明确方向，以提高认识，指导今后的实践。正是这种意义上的总结，推动着人类和人类社会的进步。

2. 总结报告

本书所探讨的总结是写作意义上的一种文体。这种文体主要是应用在组织行为中，是作为人们在管理活动中对已履行的工作，或对工作已实施的阶段性过程，通过回顾评价的认识方式，表达其评价结论的一种文章体式。这种文体意义上的总结，虽然是反映人们总结的认识活动，但与认识活动意义上的总结是有区别的。因为它一般是应用在组织行为中，即使是个体的总结，也是应组织要求的写作。这种文体意义上的总结的主要功能是作为个人向组织或下级向上级汇报工作，所以通常也叫总结报告。

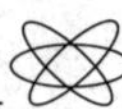

二、总结报告的分类

总结报告是一种实用性很强的应用文，以不同依据，其划分的类别也不同。根据对象可分为个人总结、机关总结、单位总结，部门总结的总结报告；根据工作时限，可分为月总结、季度总结、年度总结和工作阶段性总结的总结报告；根据实用功能，可分为汇报性总结报告和经验性总结报告。本章内容主要讨论后两种总结报告的写作。

三、总结报告的意义

工作总结的写作，主要应用于两个方面：其一，应用于下级向上级汇报工作；其二，用于先进者向同行介绍经验。其实用意义：

1）是督促工作任务履行者自我检查任务计划执行效果的重要手段。

2）是向上级汇报工作，以利于上级机关了解下情，从全局上加强对下级机关工作指导的重要途径。

3）是认识问题、吸取教训，或总结新经验、发现新典型，推动工作进步的有效方式。

四、总结报告的写作及思维特点

1）总结的目的是从过去的回顾中获取指导今后实践的有益的启示，写作主体要依此去提炼和概括。

2）由于我们的国家是人民群众当家做主人，且有中国共产党的正确领导，故工作总结中要突出成绩，重在从成绩中概括出好的做法和体会，以为今后的工作积累经验，这是构思工作总结写作应突出的重点。

3）各个时期或不同阶段的形势特点的不同，工作任务的具体内容和影响工作实绩效果的因素不一样，工作方针方法也会有区别，写作主体要认识和把握这种特点，写出各个时期或各不同阶段的工作总结报告的各自特色。

第二节　汇报性总结报告写作

一、文体概念及特点

汇报性总结报告多用于单位或部门向上级机关报告本单位或本部门在一定时期内的任务完成情况，以利于上级机关了解下情，正确指导下级机关的工作。其特点是容量大、篇幅长，能反映该单位方方面面的情况与问题，综合描述出工作的全貌。

汇报性总结报告主要是用来汇报工作，也叫总结报告。总结的方法主要是对照计划来回顾和评价任务完成情况；使用的材料多是反映任务完成情况的数据和做法；表达方式多以概述为主。

二、汇报性总结报告写作的结构模式

1. 结构模式

×××××（总结单位）××××年度××工作总结

×××××××××××……现将工作情况总结如下：

一

×××××××××××……主要做了以下几个方面的工作：
（一）××××××
×××××××××××××××××……
（二）×××××……
……

二

主要体会是：
（一）×××××……
（二）×××××……
……

三

××××××，我们虽然做了一些工作，取得了一定成绩，但也存在一些问题：
（一）××××××××……
（二）×××××……
……

四

××××××××……在今后的工作中，我们要……

××××年×月×日

2. 模式说明

（1）标题

汇报性总结报告的标题由“总结单位名称+时限+文种”构成。如“××县××乡人民政府××××年工作总结”。

（2）正文

汇报性总结的正文，由导言、主体和尾部三大部分组成。

1）导言，即文章开头的基本情况概述。包括总结的时间、完成任务的背景、对照计划的任务完成情况及成绩，然后用“现将工作总结如下”这一类语句过渡到主体内容。

2）主体部分。汇报性总结主体内容，一般包括主要成绩或工作回顾、经验或体会、存在问题（或教训）。可采用分块、分条标项式写法。①成绩部分，这是工作的回顾部分。首

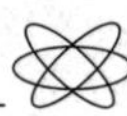

先用提示语，如“一年来，我们主要做了以下几个方面的工作”，然后重点写清楚做了哪些具体工作，各自是怎么做的。分条标项逐一叙述事实经过和取得的成绩。②经验或体会，或将做法中的先进方法概括成经验突出出来写；或将有重要启示性的认识以体会的方式逐一表述明白；也可将经验与体会融合起来写。③问题和教训部分，首先也要用提示语过渡，如“一年来，我们虽然取得了很大成绩，但还存在不少问题”，引出对问题的陈述。陈述问题也要分条标项，突出重点，简明扼要。

3）尾部。今后的努力方向。针对前面的经验体会和问题，提出今后准备怎么做的基本思路，以示请求上级机关的指导。可用提示语“在今后的工作中，我们要……”引起下文，要求写得精练、简洁。

（3）落款

因单位名称已经在标题中出现，落款时，只需在右下方注明成文日期。

三、文章写作结构原理分析

1. 导言分析

在企业，工作总结和经济活动分析都是对于过去行为的认识活动，但两者有着意义上的区分：工作总结重在从成绩的评价中获取指导今后实践的有益启示；经济活动分析则重在发现问题和从问题的分析研究中寻求改进工作的方法途径。

在工作总结中，每次的认识活动都要指向特定的对象，对特定对象的工作任务执行绩效的评价，又要依据任务执行期所处的背景条件所制约的难易程度。故在文章的导言写作中，首先要指明是对哪一工作或哪一时期的工作进行总结，继而介绍任务执行时面临的背景条件和执行计划任务的完成情况，为文章主体部分对工作的回顾和评价作铺垫。

2. 主体分析

写作汇报性总结报告的意图宗旨是向上级汇报工作，在主体部分的写作中，要遵循该文体写作意图宗旨与意义特点上的相统一。

1）成绩部分，要重点写出成绩是怎样干出来的。这样写，既是汇报工作的需要，又是遵循该文体意义特点上的要求，为内容“②”从中抽象出经验或体会做铺垫。

2）经验或体会，是基于“①”对工作回顾所获取的认识上的升华，是工作汇报的重点内容，也是工作总结的意义的体现：从总结中获取指导今后实践的有益的启示。

3）问题与教训，是作为总结写作内容中的一道“配菜”而存在，为了使我们的认识全面而不陷入片面，所以既要肯定成绩，又要认识问题；既要有正面的经验与体会，又要接受反面的教训。虽然不需作重笔，但不可没有。

3. 尾部分析

由于总结的意义是指导今后的工作，又，上级机关在听取了你对过去工作的回顾以及经验与体会的汇报后，还需要了解下级机关今后工作的新思路，文章也就自然要写“今后的努力方向”。

例文 1

2010年上半年综治维稳工作总结报告

在州国税局和××县委、县政府的正确领导下，我局以科学发展观为指导，坚持“创新发展年”工作目标，按照州局和我县综治维稳工作要求，以创建平安和谐××，创建稳定良好的社会环境为目的，层层落实综治维稳（编者注：指通过综合治理以维持社会稳定）目标管理责任制，深入开展综治维稳工作，并取得实效。现将我局上半年综治维稳工作开展情况做如下总结汇报。

一、强化领导，健全组织，落实责任，明确目标

1. 认真落实一把手负责制。我局成立了以局党组书记、局长为组长的综治维稳工作领导小组，将综治维稳工作纳入我局重要工作，按照谁主管谁负责的原则，明确各部门负责人为本部门综治工作第一责任人，努力做好自己内部的安全防范工作。县局综治办和信息联络工作确定专人管理，负责我局综治维稳日常工作开展，对我局综治维稳工作开展情况，收集整理群众反映的意愿和意见及群众关注的热点难点问题，特别是影响社会安定的重大矛盾和问题及时汇报，以便局领导把握动向，及时调处，主动化解。

2. 层层落实责任制。年初，我局在与州国税局和县委、县政府签订“社会治安维护稳定目标管理责任书”的基础上，县局领导班子与各自分管科室、基层各分局签订责任书，将综治维稳工作纳入目标管理考核，实行重大事故一票否决制。要求各科室、分局把综治维稳工作列为与组织收入同等重要的工作，积极配合县局综治维稳办开展好综治共建工作。各科室、基层分局又与本部门人员签订责任书，力求将综治工作落实到每个人。根据工作的需要，县局又与挂钩点护国乡幸福村签订了综治共建责任书，全面落实综治维稳工作。

3. 提高认识，统一思想。面对社会稳定和社会治安出现的许多新情况、新问题，特别是在社会稳定方面，经济发展与社会矛盾多样化问题更加凸显，社会利益关系更加复杂，群体上访和突发事件对社会稳定的影响越来越大，稳护社会治安和政治稳定的任务艰巨现实。一些人思想观念陈旧，面对复杂的工作感到力不从心，对稳定工作产生了怨天尤人的无奈情绪。我局针对这些不良反映给予及时的教育和清理，用稳定大局的道理，进一步提高做好综治维稳工作的极端重要性认识，增强责任感和使命感，完善综治维稳工作体系建设，致力于创造更加良好的综治维稳工作环境，对新时期的综治维工作，立足实效性，体现时代性，把握创新性，通过更新观念，创新思路，改进工作方法，努力在应对新情况上有新思路，在解决新问题上有新对策，在攻坚克难上有新突破，使综治维稳工作更好地适应新形势新任务的要求，切实开展好我局新一轮的平安创建活动。

4. 按照州国税局和我县综治维稳工作目标要求，我局在年初拟定了《××县国家税务局关于2010年社会治安维护稳定意见》，明确工作目标和工作要求，保证全年综治维稳工作有组织、有计划开展，按照新一轮平安建设的要求，要求全局干部职工要认真审视新形势下维稳工作，自觉树立维护稳定的新观念，以稳定良好的内部治安秩序和外部税收环境为目标，提高创建“平安国税”的质量。

二、脚踏实地，真抓实干，积极开展综治维稳工作

1. 坚持不懈地开展防火、防盗、防毒、防疫情、防事故等安全工作，认真落实我局安全防范责任和措施。加强单位内部保卫组织建设和保安、门卫配备，进一步健全门卫值班制度，杜绝单位内部案件的发生；继续贯彻执行“属地管理原则”，按照“管好自己的人，看好自己的门，办好自己的事”的要求，认真做好机关办公区和宿舍生活区的安全管理，加强流动人口和出租房的管理；加强机动车和

非机动车的管理，机动车和非机动车要求安全停放在有保安看守的车库和简易房；对一些重点部门，如发货票房、财务室、档案室、计算机房等重点部位，严格按照制度和规定采取技术防范管理，安装了报警器和防盗窗等，做到严格守护、经常检查、严防案件发生，特别对计算机网络、机房、设备的安全，做到万无一失，确保我局人、财、物的安全；坚持节假日值班制度，严格执行节假日封车制度，严防重大交通事故发生。

2. 加强群众工作，坚持群众利益无小事，切实把干部职工的利益放在心上，对于干部职工提出的问题和意见，及时分析解决，坚持把管好自己的人作为维护社会稳定工作的起点，深入开展矛盾纠纷的排查调处工作，努力把矛盾解决在本单位、解决在当地，解决在萌芽状态。

3. 认真开展以反渗透、反颠覆、反分裂、反破坏斗争为内容的学习、教育，涉外工作活动中发现涉及危害国家安全和利益的行为时，及时向国家安全机关报告，并予以积极支持，严禁干部职工参加非法宗教组织，配合政府部门加强防范和打击“法轮功”等邪教组织活动，严禁参加黄、赌、毒和非法聚会活动，尽一切可能避免重大刑事案件和治安案件的发生。

4. 切实加强信访工作，坚持领导信访日制度，做好信访事项的受理和督办，坚持每月的局领导信访接待日制度，半年来，我局无一例赴昆进京越级上访和在本地大规模集体上访等影响社会政治经济稳定的事件发生。

5. 依照进一步建立健全各项，认真落实社会治安综合治理工作的各项措施，我局有针对性、有重点地开展好“平安单位”、“平安家庭”、“平安楼院”、“平安科室”等创建细胞工程，完善楼院长负责制，组织开展治安联动防范工作，积极参与城区以警区为单位，以社区为治安联防区域的联防活动。

6. 加强税收法制。积极开展税收法制宣传、辅导，特别是在第18个税收宣传月活动中，深入做好对广大纳税人的税法宣传和培训辅导工作，创新普法方式，完善普法手段，拓展宣传阵地，丰富宣传内容。同时充分发挥税收职能，加强依法治税，认真组织开展各类税收专项检查工作，严格打击偷、逃、骗等涉税违法犯罪活动，将整顿和规范社会秩序与整顿和规范税收经济秩序相结合，建立起良好的税收经济环境。

三、深入开展打好新一轮禁毒防艾人民战争

为认真贯彻落实关于开展好新三年禁毒防艾人民战争安排部署，有效遏制毒品危害和艾滋病蔓延，我局坚持“四项并举、预防为本、严格执法、综合治理”的禁毒方针，坚持“预防为主、防治结合”的防治艾滋病原则开展禁毒防艾工作……

1. 在全局干部职工和家属中定期或不定开展禁毒防艾工作的宣传。利用各种媒体和各种会议，设置宣传展板，向全局干部宣传毒品和艾滋病的危害，提高我局干部职工参与禁毒防艾工作的意识。同时层层落实责任制，使我局的禁毒防艾工作得到了深入开展。

2. 驻村工作有效开展。我局驻村工作小组按期到达挂钩点护国乡幸福村后，严格按照相关工作要求开展工作。

1）及时成立了“禁毒防艾、新农村建设”领导小组，拟定了全年工作计划和实施方案，并与村委会和各村民小组签订了“2010年禁毒防艾工作责任书”12份，做到层层落实、村村有人抓、齐心协力共参与，充分发挥村民各群众组织的作用，积极组织落实群防群治措施。

2）深入走访辖区村寨，了解掌握近期村民生产、生活基本情况，特别是吸毒人员分布、吸毒戒断巩固率，在册吸毒人员的言行表现，群众反映等实情，入户走访村民小组领导和吸毒患艾家庭56户人次。

3）进一步继续加大禁毒防艾宣传力度，工作组驻村期间坚持开展各种形式的宣传，不断扩大了宣传教育面，加深群众对新型毒品、毒品危害、防艾知识的认识，充分发动群众营造禁毒防艾声势，提高人民群众积极自觉参与禁毒战争的意识。上半年，工作组驻村期间坚持幸福街天天播放禁毒防艾知识，设置永久性宣传标语，发放宣传画和宣传单300份，开展了丰富多彩的禁毒活动。

半年来，我局社会治安综治维稳工作取得一定的实效，做到了无刑事案件、无群体上访事件、无重大治安案件、无参与社会丑恶现象活动、无吸毒人员、无重大交通事故。但与形势发展要求和工作目标还有差距，工作中也存在着不足之处，在以后工作中，我局将深入学习实践科学发展观，不断总结经验，发扬成绩，克服不足，积极探索新的工作方法，创新工作亮点，切实抓好各项责任制的落实，在综治维稳工作中取得更好的成绩。

××县国税局

2010年6月30日

（资料来源：http://www.jiaoyu8.net/ainfo/9519.html）

第三节　经验性总结报告写作

一、文体概念

经验性总结是单位或个人向上级或同行介绍自己在某项工作中取得优异成绩的先进方法的专题总结。

经验性总结主要用来交流先进经验。它要求作者站在一定的高度，阐明工作的典型意义；在内容上侧重于介绍先进的做法和体会，不仅说明“做了什么，取得怎样的好成绩”，还要说明“怎样做”、“为什么这样做”，具有典型性和指导性；使用的材料多为典型的具体事例；表达方式多用夹叙夹议。

二、经验性总结写作的结构模式

1. 结构模式

×××××××××（标题）

××××××××××××××…………（导言）

方法一　×××××××××

×××××××××××××××××××…………

方法二　×××××××××

×××××××××××××××××××…………

方法三　×××××××××

×××××××××××××××××××…………

××××（总结单位）

××××年×月×日

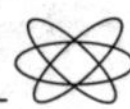

2. 模式说明

（1）标题

经验性总结的标题，一般采用文章式标题写法，要能概括总结的核心内容，揭示主旨。如“从落实责任制入手，加强企业管理的基础工作”。也有采用双标题的形式，如“多种渠道集资，积极改造旧城——××市东风路建设经验总结”。

（2）正文

由于是总结经验，所以正文只分导言和经验两部分内容，采用总分结构。

1）导言，主要是概括介绍总结的时间、背景，干了什么工作以及取得的优异成绩，采用的主要方法。

2）经验，有两种写法。

① 在优异成绩的取得只是一种基本方法的情况下，这种方法必定是贯穿该项工作的全过程并呈现程序性特点的。那么，在写作中就要以该方法的程序过程为依据来安排文章的结构层次，将方法每个程序的做法陈述清楚。

② 若优异成绩的取得是通过若干种方法，那么，这若干种方法能同时作用于一项工作而发挥其有效作用，必然有着其内在的逻辑联系，故而在写作中需遵循它们之间的逻辑联系来有序地逐一陈述每种方法是怎样操作的。

（3）落款

最后在右下方写明总结单位和年、月、日。

三、文章写作结构原理分析

1. 导言分析

经验性总结是用于先进者向同行报告自己好的做法，其意图宗旨是传播先进方法。故文章开头首先要陈述你的优异成绩以佐证你的方法的先进性，然后提示你的先进方法，为后文作铺垫。

2. 主体分析

主体部分的内容要按“传播先进方法”的意图宗旨实现的要求，将你的方法应如何具体操作的程序和要领陈述清楚，要达到让读者看了你的文章内容就知道怎么去做的效果，这样，你的文章就写好了。这就是经验中两种写法的思路根据。

例文 2

铁路物流工作经验总结

铁路装卸与货运是物流流程中的两个不同环节，二者本来就是共生共存的，谁也不能完全脱离对方独自生存。只有相互支持，才能共同发展。装卸工作是铁路运输整体中不可分割的重要组成部分，装卸工作必须服从和服务于运输安全生产，无论是“站装合一”，还是“独立管理”，运输主业与装卸公司永远都是不可分割的孪生兄弟。××××年以来，我们车务段始终坚持把规范管理、文明装卸，把协调配合、增收提效，把统一管理、统一指挥作为发展站装关系的前提和基础，推进货装工作共同发展。全年车务段路装卸收入完成×××.××万元，完成考核目标的×××.××%，委托装卸收入完成×××.××万元，完成考核目标的×××.××%，分别比去年同期增长××.××%和××.××%，创历史最好水平。

一、站装协调配合，推动装卸经营持续发展

我们车务段秉承站装合作理念，主动协调车站与装卸的关系。年初在专用线共用装卸监管联营工作的推进过程中，车务段主管领导非常重视，多次召集客货科、相关车站、装卸分公司相关人员召开协调会，商谈专用线监管联营事宜。车务段客货科会同装卸分公司一班人奔赴沿线各站，向开展专用线共用的单位做好宣传解释工作，同各专用线一一协商，并签订了专用线共用装卸监管联营协议，将共用专用线的共用部分装卸作业严格纳入铁路装卸“五统一”管理，彻底解决了曾经因专用线地方装卸无序竞争而造成的历史遗留问题。经过一番艰苦努力，终于取得了阶段性的可喜成绩。车务段共签订专用线共用装卸监管联营协议××份，完成监管联营收入近×××万元。

二、站装联合营销，拓展装卸生存空间

货运市场的竞争是激烈的，仅东站装卸管理部就与周边有“黄金水道”之称的航运码头、四通八达的公路运输及七条地方专用线形成了“四足鼎立”的激烈竞争格局，相互间长期打价格战、阵地战，给铁路装卸造成了相当大的冲击。面对三家咄咄逼人的竞争态势，我们积极支持装卸分公司携手一致对外，依托周边厂矿企业多的地理优势，主动深入市场、挖掘市场。共走访物资单位、厂矿企业和建材市场××余家，召开了货主“恳谈会”×次，倾听货主的意见、建议和要求，积极宣传铁路装卸和铁路运输的优势和诚信，为货主送去“定心丸”，在车站、装卸分公司和货主之间架起了“心连心”桥梁，并引来了大批新货源。

年初，当得知江南××万吨级的电解铝厂正式投产运营的消息后，面对多家地方搬运公司的竞争，东站与装卸分公司有关领导一同多次到该厂走访洽谈，采取灵活弹性的营销战术，以更加优惠的条件吸引货主，东站专门为货主腾出了近×××平方米的货位。铝业公司通过货比三家和算经济账，最终“舍近求远”，放弃了其他，选择了铁路货场装卸。另外考虑到电解铝厂远在江南，东站与装卸分公司及时联手为该厂提供了代理短途运输、计划申报、承认车落实以及集装箱门到门、接取送达、装卸储运“一条龙”服务，解其燃眉之急，断其后顾之忧。优质的服务、良好的信誉，赢得了货主的信任，得到了市场的回报。该厂主动与装卸分公司签订了长期合作协议。截至目前，该厂平均每月到达氧化铝粉、碳块等货物×××余车，月均装卸收入××多万元。据统计，全年仅此一项增加装卸作业收入×××多万元，同时还为东站增加了几十万元的铁路运营收入。站装联合营销，获得了良好的口碑和较高的市场信誉度，赢得了更多的货主和货源。通过站装联合营销，联手出击，车站与装卸成为了营销战略合作伙伴关系，既增加了车站的诚信度，稳定和吸引了货源，又拓展了装卸的生存空间。

三、坚定“五统一”目标，建立完善装卸经营管理机制

装卸工作与货运组织工作是不可分割的整体，因此装卸工作必须服从站段的统一指挥。装卸“五统一”（统一管理、统一派班、统一费率、统一收费、统一清算）工作，有利于站段的统一管理与指挥。装卸作业贯穿于铁路运输的开始与终了，装卸作业的好坏严重影响整个铁路的形象与声誉。车务段的委外装卸作业线近×××公里，委外作业人员达××××多人，下属××多个委托装卸队（或公司）。点多线长，给管理带来了很大的难度。为了确保管内站装工作步调一致，平衡有序发展，我们在认真学习

领会路局“三个文件”的基础上，修订和完善了《车务段委托装卸管理办法》和《专用线共用监管联营管理办法》，对不能完全适应新形势生产和管理需要的相关内容进行了修订，以“安全高效、文明服务、和谐发展”的经营思想为基础，制定了一套具有自身特色的协调管理办法，完善了协调监督考核体系，严格生产劳动纪律及安全奖惩，强化装卸“五统一”管理。例如我们建议装卸分公司在与委托装卸队（或公司）签订协议时推行“装卸服务质量监督卡”制度，将服务质量的好坏直接与委托装卸队（或公司）收入及委托人员个人收入挂钩考核，由所在车站负责《质量监督卡》的填发，由分公司负责考核。此举对扼制责任货损和吃拿卡要、野蛮装卸等问题起到了立竿见影的成效，提高了装卸服务质量，赢得了货主广泛好评，巩固和壮大了装卸市场。

通过站装协调配合、精诚团结，通过统一管理、统一指挥，车务段站装工作取得了明显成效，全面超额完成了全年装卸收入任务，货装安全稳定，消灭了路风责任事件。

（资料来源：http://www.lwlm.com/gongzuozongjie/201006/4033so.htm）

思考与练习

一、填空

1．人们在实施一项行动前，要事先________、________、________；行动实施完成后，又去__________、__________。

2．个人的总结，有利于提高个体的________、________、________。

3．提高____________________理性程度，对于社会进步的意义更大。

4．汇报性总结报告写作的特点是______________、______________，能反映该单位______________综合描述出______________。

5．经验性总结报告主要用来______________，具有____________和____________。

二、名词解释

总结　汇报性总结报告　经验性总结报告

三、简答题

1．认识活动意义上的总结与文体意义上的总结的主要区别是什么？

2．汇报性总结报告的写作包括哪些主要内容？

3．经验性总结报告的写作包括哪些主要内容？

四、论述分析题

阅读例文《2010年上半年综治维稳工作总结报告》和《铁路物流工作经验总结》两篇例文。

1．在认真分析的基础上填写下表，领会汇报性总结报告和经验性总结报告的不同写法。

比较项目			2010年上半年综治维稳工作总结报告	铁路物流工作经验总结
按功能				
标题分析				
正文	导　言			
	主体	成绩与经验		
		问题与教训		
		今后努力方向		
		结构安排		
落款分析				

2．比较两例文的异同，分析为什么。

五、写作练习

1．代本班班委会或团支部写一份本年度工作的汇报性总结报告。

2．将你在某门课程学习中的好的方法进行认真总结，写作一份经验性的总结报告。

第八章

经济活动分析

教学目的和要求☞

- 通过本章内容教学，让学生了解经济活动分析的一般概念、企业经济活动分析的意义及分析方法，掌握企业常用经济活动分析报告的用法，能写作这些分析报告。

第一节　概　　述

一、关于经济活动分析

经济活动分析是关于经济活动实施过程中的一种类似于总结的自我回顾评价性活动。但总结广泛适用于各类活动，且侧重于对成绩的肯定，以及基于成绩的经验与体会的概括；经济活动分析仅限于对经济活动的评价，且重在发现问题和寻求解决问题的途径，以保证经济活动遵循既定目标运行。

经济活动分析有宏观与微观之分。宏观的经济活动分析，多以行业或地区的经济运行为研究对象，以国家及各级政府的相关方针政策与经济理论为指导，以统计资料与调查研究所获得的信息为依据，进行科学分析；微观经济活动分析则多多是对应于企业而言。

二、企业的经济活动分析及其类别

企业是经济组织，其全部行为的意义是为了赚钱。但企业的赚钱是以投入为前提条件，是以投资来赚钱。而投资后能否赚钱或能否赚更多的钱，有诸多的不确定因素。这些不确定因素均来自于市场。即使是国家的宏观调控，也是通过市场来发挥作用。因此，企业的生存与发展需要解决好两个基本问题：其一是正确认识市场运行的变化规律；其二是依据前者的认识不断调整自我，以保证企业行为的正确方向。这里，前者是通过市场研究来实现，后者需借助经济活动分析的途径来完成。这种企业以调控自身行为为目的的经济分析活动就是微观经济活动分析。

企业的经济活动分析涵盖的面很宽，如前面已介绍的新产品质量分析，市场的调查研究和预测都可包括在内。本章所介绍的是企业在经营管理中直接用于分析和调控自我行为的几种常用经济活动分析报告的写作，主要有成本分析报告、财务分析报告、产品质量监控分析报告、产品质量问题分析报告。

三、主要分析方法

1. 对比分析法

是将两个或几个具有可比性的指标运行数据进行比较分析，从而发现差距，找出问题的分析方法。

对比分析法在实际运用中，又可根据需要来选择相应指标数据或与计划比、或与本企业历史比、或与同类企业比，以实现不同分析目的。

2. 因素分析法

在企业的经济活动中，一些综合性经济指标往往受多种因素的影响。在分析这些综合性指标时，就可以从影响因素入手，分析各因素对综合性指标变动的影响程度，以查明指标变动的原因。这种方法，我们就把它叫做因素分析法。

因素分析法既可以用于全面分析各因素对某一经济指标的影响，又可用于单独分析某个因素对某一经济指标的影响。该方法常常与对比分析法结合应用，后者的应用旨在发现问题，前者的意义则是查明问题的原因。

3. 杜邦分析法

在企业的财务分析活动中，由于信息使用者的目的不同，分析的内容有所侧重，或重在偿债能力分析、或重在营运能力分析、或重在盈利能力分析、或重在发展能力分析。在这些分析活动中均可运用对比分析法和因素分析法。但是，上述的四项指标之间不是完全相互独立的，它们相辅相成而有着一定的内在联系，单独分析，难以对企业的财务状况和经营成果作出合理评价。于是由美国杜邦公司创造了一种新的综合分析的方法。该方法的最显著的特点是将反映各指标状况的比率按其内在联系有机地结合形成一个完整的指标体系，建立分析的综合模型，来综合地分析评价企业财务状况和经营成果。采用这一方法，可使财务比率分析的层次和条理更加清楚，为财务分析人员能全面地、仔细地了解企业的经营和获利状况提供方便。由于该方法出自美国杜邦公司，故称杜邦分析法。

4. 动态分析法

动态分析法又叫时序分析法。它是将不同时期的因素指标数值进行比较，求出比率，然后用以分析该项指标增减或发展速度的一种分析方法。如商品销售额在时间上的变化，商品寿命周期的变化、价格变化、市场供求情况变化等。

5. 平衡分析法

这是查明和测定具有平衡关系的对应指标是否一致的一种分析方法。在经济活动中，有关的生产与消费、供给与需求、投入与产出等相关联系的经济要素，它们在数量上的增减变动通常是对等的、平衡的。如果不平衡，即反映出经济活动发生了故障。我们分析这种故障，就要把相互联系的各经济要素指标置于统一的平衡体系中去考察，看看有哪些不合理的因素导致了不平衡，该怎么改善不合理的比例关系，从而提出经济发展的对策和建议。

四、经济活动分析报告的写作及思维特点

1）经济活动分析报告的写作是向领导层报告分析的结论，以为领导层决策提供依据。文章的写作要围绕“为什么是这样的分析结论”，将分析的根据和分析思路表述清楚。

2）经济活动分析所依据的是管理控制过程中反馈的一系列资料数据，文章中对这些资料数据的列述要符合问题揭示的要求——也就是说，要能让读者一看资料的列示，无需附加说明，即可明了问题。

3）全文写作一般都遵循“揭示问题→分析原因→提出措施”的基本思路。

第二节　成本分析报告写作

一、文体概念

在企业管理中，成本管理是重要的构成内容。企业的成本管理是通过成本计划→成本控制（计划实施）→成本分析→成本差异处理（实施管理措施）的途径来实现。其中的成本分析，就是根据成本计划、成本核算和其他有关资料，评价成本计划的完成情况，揭示成本计划执行中的问题，并通过对成本影响因素的分析查明原因，寻求问题解决途径的研究活动。用以表述该项研究情况的书面报告就是成本分析报告。

二、文章写作的基本结构思路

1. 导言

通过评价该时期成本计划执行情况，提示存在的问题，引导文章的分析方向。

2. 主体

1）一般先以表格的形式列出该时期各项成本费用的变动情况，为后文的分析提供翔实的资料数据。该部分的成本费用变动数据是经过统计加工了的，其数据的统计和罗列要能反映出成本的变动趋势和问题的显示。

2）根据前文资料数据显示的问题，分析问题的原因。

3. 尾部

提出控制成本的措施。

三、文章写作结构原理分析

1. 导言分析

成本管理要通过成本计划→成本控制（计划实施）→成本分析→成本差异处理（实施管理措施）的途径来实现。其中，成本计划中要制定标准成本或成本限额。而成本分析的

首要任务，就是将实际成本与限额成本或标准成本比较，揭示成本差异。其中的实际成本产生于成本计划执行中所发生成本费用的核算。文章导言中“评价该时期成本计划执行情况”，就是将计划执行中发生的实际成本与限额成本或标准成本作比较；“揭示存在问题”也即说明成本差异，以为文章主体内容的写作作铺垫。

2. 主体分析

人们凡分析问题，其目的都是为了解决问题，这是人们一般的思维法则。成本分析报告写作的意图宗旨，也是要揭示成本计划执行中的差异，分析原因，以提出差异处理措施。主体部分的写作重在针对导言中揭示出的成本差异来分析原因。由于对成本差异的揭示是依据成本核算，那么，原因分析也必须是以成本核算为根据。

主体的内容“1）”以表格形式列出的成本费用变动情况，就是将成本核算的数据资料遵循揭示成本差异的要求有序列示，来为内容“2）”的原因分析提供根据。内容“2）”则是根据内容“1）”提供的翔实资料对影响成本变动的因素进行排查分析，以查明成本差异的原因。

3. 尾部分析

主体部分完成了原因分析，遵循该文体写作意图宗旨的要求，接下来就是针对原因提出成本差异的处理措施（也即管理措施）。至此，也就全面实现了该文章写作的意图宗旨。

例文 1

××棉纺厂××××年7月份成本分析报告

一、成本数据分析

（一）7月份原料价格变动情况表

品　种	原料单价（元/公斤）（含税）			本月用量（公斤）	影响金额（元）
	本月实际	上月实际	升降（＋、－）		
棉花	20.8538	21.4877	－0.6339	383443	－243064.52
涤纶	22.1569	23.7128	－1.5559	198547	－308919.28
维纶	22.2300	23.2050	－0.9750	18416	－17955.60

（二）7月份费用增减变动分析表（单位：万元）

费用项目	本月实际	上月实际	本月比上月±
包装料	11.92	14.43	－2.51
浆料	13.26	14.20	－0.94

续表

费用项目	本月实际	上月实际	本月比上月±
煤炭	14.51	15.18	－0.67
水费	8.34	9.92	－1.58
电费	83.55	68.99	＋14.56
天然气费	0.67	2.61	－1.94
工资	144.28	144.28	0
福利费	19.25	19.19	＋0.06
折旧费	28.70	28.70	0
大修理费	7.60	7.90	－0.30
修理费	3.95	1.60	＋2.35
机物料	37.04	38.00	－0.96
劳动保护费	1.50	1.56	－0.06
办公费	0.62	0.92	－0.30
运输费	6.48	5.58	＋0.90
差旅费	4.57	6.98	－2.41
保险费	2.23	1.97	＋0.26
消防费	0.86	0.57	＋0.29
清凉饮料费	13.40		＋13.40
养路费	0.66		＋0.66
业务招待费	1.41	1.16	＋0.25
工会经费	2.89	2.88	＋0.01
教育经费	2.16	2.16	0
税金	2.62	2.65	－0.03
利息支出	134.95	150.51	－15.56
劳动保险费	78.38	75.43	＋2.95
其他支出	7.09	10.84	－3.75
营业外支出	4.04	4.20	－0.16
销售费用	3.59	5.49	－1.90
合　计	640.52	637.9	＋2.62

二、本月成本完成情况及分析

1. 本月的原料受国家进口棉花的影响，供应充足。棉花、涤纶和维纶相继出现价格回落的局面。本月棉花单价回落，使成本降低 24.31 万元，涤纶降低成本 30.89 万元，维纶降低成本 1.80 万元。总计降低成本 57 万元，占原料总成本（1280.48 万元）的 4.46%。

2. 本月费用总的控制较为理想，特别是利息支出和上月比较有了较大的下降，下降率达 10.34%。主要原因是本月销售收入较为及时，减少了银行贷款，从而降低了利息支出的费用。

3. 本月的电费支出和上月比较升高较大，上月为 68.99 万元，本月为 83.55 万元，升幅达 21.10%。主要原因有：

（1）电费提价，本月比上月用电单价上升 0.0025 元／度，影响电费多支出 1.88 万元。

（2）7月份进入炎热的伏季，车间全部增开了制冷空调设备，多用电43万度，多支出12.68万元。

4. 本月修理费升高2.35万元。主要原因是在雨季来临时对危漏房进行小修。

5. 由于夏季来临，本月计提清凉饮料费13.40万元，因而使该项成本比上月上升13.40万元。

三、建议

1. 继续紧抓原料采购单价的降低。虽然7月份原料成本降低了4.46%，但原料单价和去年相比仍然较高，8月份应在7月份基础上再降低4%，使原料成本下降50万元。

2. 8月份是炎夏季节，应做好节能工作，特别是用电的节约，建议厂能源科对全厂的耗能大户（空调和细纱车间）进行一次节能检查，使8月份的用电比7月份有所降低。

××棉纺厂财务科

××××年7月31日

第三节 财务分析报告写作

一、关于财务分析与财务分析报告

1. 财务管理与财务分析

本书中论及的财务分析和财务管理所指向的是企业。以工业企业为例，在企业的生产与再生产过程中会同时发生资金运动，伴随生产过程的资金运动又会发生各经济主体的利益关系。企业在协调各方面经济利益关系的过程中凭借科学的价值指标体系和管理手段，对资金运行实施计划、组织、控制和调节的经济管理工作就是财务管理。

在财务管理工作中，要借助财务分析的途径来评价财务计划的执行情况。财务分析要立足资金运行的各相关方面，包括资金筹措、投资决策、资金营运、收益分配等；分析的目的是发现问题，查明原因，提出应对措施，为加强管理提供依据。

2. 财务分析报告

财务分析的任务执行一般是由财务部门来完成，尽管财务管理的具体业务工作也是由财务部门来承办，但财务部门毕竟是一个职能性的业务部门，只有执行的责任，没有决策的权力。财务分析的意见要转化为高管层的决策意志才能实施。所以，财务部门完成分析活动后，要借助一定的形式来记载和表述分析的思路向企业的高管层汇报。这种表述财务分析活动的思路及结论的书面成果形式，即是财务分析报告。

二、财务分析报告写作的基本结构思路

1. 导言

财务分析报告导言的写作，是采取参照计划，通过对计划执行过程中资金运营发生数据的统计所形成的指标分析，来评价计划的完成情况，从而揭示问题，引导文章的分析方向。

2. 主体

1）一般先采用表格形式或文字陈述的方式对分析期资金运营中所发生的数据和统计形成的指标体系遵循问题揭示的逻辑思路进行综述，其目的是将与问题源头相联系的各因素的作用关系反映清楚。

2)再对前者揭示出的问题,借助科学的分析方法对作用因素及其他影响因素进行分析,查明原因。

3. 尾部

针对原因，提出加强管理的措施供领导决策。

三、文章写作结构原理分析

1. 导言分析

企业的财务管理执行的是计划管理，事先要制定财务计划，财务分析要以财务计划为评价依据。该导言的写作就是陈述这一思路，以为主体内容的展开作铺垫。

2. 主体分析

财务管理的业务特点是通过对资金运行中发生的数据的记录和计算来实施管理，财务分析则是基于这些数据的统计来参照计划分析指标体系的偏差情况。财务分析报告的写作是向高管层汇报分析情况，就需将分析的思路和根据写清楚，要让高管层看了报告后相信你的分析是有根有据、思路正确、结论可靠、意见中肯，你的报告才能实现预定的意图宗旨。主体内容“1)”就是为分析提供根据；内容“2)”则是根据“1)”表述分析思路。

3. 尾部分析

揭示了问题，分析出了原因，当然紧接着就要有改进措施。但措施是否可用，要由高管层决策，作为职能部门，只能是提出意见（或称建议），以供参考。

例文 2

××化工厂 20××上半年财务分析

今年上半年，通过全体职工的共同努力，我厂较好地完成了主要年度经济指标，但是对比去年同期却存在不少的差距。现分析情况如下：

一、指标完成情况

单位：万元

项　目	20××年 计划指标	20××年上 半年实绩	去年同期 实绩	完成年度 指标（%）	比去年同 期增减（%）
产　值	3470	1751.5	1929.6	50.48	−9.23
销售收入	3040	1595.19	1732.13	52.47	−7.91

续表

项　　目	20××年计划指标	20××年上半年实绩	去年同期实绩	完成年度指标（%）	比去年同期增减（%）
利润总额	928	481.41	574.4	51.87	−16.19
销售成本率		59.65%	56.43%		+3.22
定额流动资金占用		378.95	321.55		+17.85
其中：储备资金		321.31	252.57		27.22
生产资金		21.51	31.21		−31.08
成品资金		36.13	37.77		−4.34

二、原因分析

1．产值销售分析

今年上半年产值和销售额分别比去年同期下降9.23%和7.91%，主要是原材料市场变化，阳离子油、树脂、甲酯等主要产品原料短缺，生产剧减，虽然设法增产了加脂剂、牛油，但仍不足弥补。我厂又未及时根据原料市场变化，加紧试制新产品并打开销路，所以产值和销售额下降。

2．利润成本分析

（1）由于产值、销售下降而减少的利润：今年上半年比去年同期销售减少的产品有树脂25.7吨，甲酯59.98吨，阳离子油513.5吨，1号合成鞣革剂42.22吨，以去年产品平均单位利润额计算共减少利润65.8万元；销售增加的产品有加脂剂5.32吨，牛蹄油60吨，乳化剂160.2吨，以同样方法计算共增加利润6.23万元，增减相抵后净减少利润59.57万元。

（2）由于成本上升而减少的利润，产品单位成本上升情况如下表。

单位：元

产品名称	20××年平均单位成本	去年平均单位成本	上升额	其中原材料上升额	上半年销售量	成本上升（减少利润）总额
树脂	3951.31	3762.15	189.16	192.10	1400吨	264824
加脂剂	9297.81	9227.66	70.15	72.38	280.82吨	19699.52
阳离子油	2817.15	2810.92	6.23	6.01	192吨	1196.16
1号合成鞣革剂	2695.74	2581.30	114.44	109.80	374.87吨	42900.12
合　计	—	—	—	—	—	328619.80

从表中可以分析出，单位成本上升的那些产品，其主要原因是原材料成本上升。工资成本上升不大，有的还有下降。原材料成本上升的主要原因有三：

1）进料验收不严，化工原料进厂经常发生漏磅、缺车等现象，入账数量毛估，工人称之为“油糊涂”。今年上半年各项化工原料盘亏达17.8万元，比去年同期2.6万元增加15.2万元。

2）原料配方和锅炉反应技术不硬，再加上管理有所放松，今年上半年因这两方面原因而报废的产品或半成品计6.2万元，比去年同期0.8万元增加5.4万元。

3）部分原料进价提高，共影响成本12.3万元。

另外，由于甲酯、牛蹄油、乳化剂等产品的部分原料进价降低而单位成本下降，共增加利润18.9万元。增减两项轧抵后净减少利润（额）13.95万元。

（3）由于树脂每吨降低212元，上半年共销售1400吨，减少利润29.68万元。

（4）由于今年4月份收到去年出口产品差价补贴10.21万元，同数增加今年利润。

3. 资金分析

今年上半年定额流动资金平均占用额比去年同期上升17.85%，每百元产值占用流动资金比去年同期上升23.09%，资金周转天数比去年同期慢7.29天。主要原因如下：

（1）储备资金上升的主要原因是进口丁酯提前到货，供销部门全部购进，仓库超储214.6吨，金额109.45万元。

（2）生产资金下降的原因除生产下降外，主要是去年锅炉等设备改造后，今年见效，各类产品生产周期一般缩短为2～3天。

（3）成品资金下降的原因除销售减少外，主要是运输条件改善，销售加快。

三、几点意见

综合上述分析情况来看，我厂存在问题不少。随着城市经济改革的深入，我厂改革步子不快，企业管理也未跟上，因而缺乏经济活力。对下一步提出3点改进意见：

（1）大力试制新产品，及时投产和落实供销合同，争取下半年增加销售200万元。

（2）加强成本管理，特别是原材料的验收制度；制定合理定额，实行限额发料，健全领退料的原始记录；建立外发加工材料的盘点核对制度。另外，还要加强技术和质量管理，减少废品损失，节约企业管理费；力争下半年销售成本率低于去年同期，全年轧平。

（3）实行资金器材本票制，切实控制供、产、销各个环节的资金占用，特别是供销部门要严格执行采购计划，力争下半年定额流动资金占用低于去年同期，全年亦略有下降。

第四节 产品质量监控分析报告写作

一、文体概念

工业企业质量管理部门的基本职能内容之一，是要对各生产部门的产品加工活动实行全过程跟踪，且通过多种途径来获取产品加工过程中各重点环节的质量信息，并采取定期汇集和发布质量跟踪信息的方法，告知质量问题，督促各管理部门强化质量意识，不断加强管理措施，以保证产品质量。这种由企业质量管理部门汇集整理的，跟踪反映产品加工过程中的质量状况和质量问题的报告，就叫产品质量监控分析报告。

该分析报告在实际应用中有两个方面的意义：其一，是向领导层报告质量监控信息；其二，是向企业内部各管理部门通报质量监控中发现的问题，以引起重视并采取改进措施。

二、文章写作的主要结构内容

1. 导言

产品生产质量监控分析报告，在实际写作中常常舍弃导言部分。这是因为这种以月为周期的质量监控分析，是一种常规性的业务活动，且是用于企业内部，故在文章形式上力求务实而简洁明了。若采用导言写作，常是突出强调已发现而需关注的质量问题，以引起重视。

2. 主体

产品质量监控分析报告主体部分的写作，主要是采取综述的方法，综合反映本月进行质量跟踪监控的情况，一般采取对不同生产单位的不同产品按问题性质来统一归类列表陈述的方法（见例文3），包括如下内容。

1）产品审核的总体评价，包括各个生产单位的质量水平评价，零部件指数分析表，各单位质量水平趋势表等。

2）产品外观质量分析。

3）废品统计分析。

4）进货验收合格率，包括外购产品，外协加工产品的验收质量分析。

5）中间产品交验合格率。

6）出厂产品交验合格率。

7）产品返工品率。

8）零件库废品损赔情况。

9）厂内、外质量信息通报。

3. 尾部

制表人，制表日期；审核人，审核日期。

三、文章写作结构原理分析

1. 导言分析

此种用于工业企业内部情况交流且每月重复出现的应用文，在写作上可不拘俗套。其导言有写的内容则求务实，无则可免。

2. 主体分析

产品质量监控分析报告写作的意图宗旨，是采用对生产过程中质量情况进行综述的方式，月月如是，以强化人们的质量意识。它不是作为解决问题的手段，而是借助信息交流创造一种氛围，来促进质量管理效率的提高。主体部分的写作即遵循此意图。

其思路，首先是借助一定的评价手段对该月各单位各产品的质量状况作总的全貌性的描述，即主体写作的内容要点“1)”，然后进行分述。分述部分，首先对便于作总体统计的指标数据分析，如内容要点“2）外观质量分析”、“3）废品统计分析”；再依据产品加工程序过程依次陈述各环节中的质量状况，如内容要点“4)原材料入厂合格率”、“5）中间产品质量”、“6）出厂产品质量”、“7）返工品”的内容顺序，即遵循着原材料进厂→加工出半成品→成品→成品的返工的生产运行过程顺序，以此实现分述的条理性，使文章内容严谨有序。内容“8）零件库废品”虽然与前分述内容间无内在联系，但却是全貌中应分述的内容，有了前面内容的有序陈述，以此殿后也属顺理成章。内容“9）厂内外质量信息”，是对发生于厂内或厂外的有关质量问题事件的信息通报，以引

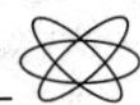

起关注，也属殿后内容。

以上的写法达到了对全厂质量情况综述的效果，也就实现了该文章写作的意图宗旨。这就是该部分文章内容写作思路的根据。

3．尾部分析

尾部的署名、日期，是分析人以示对文章内容的负责任。

例文 3

×月份产品质量分析报告

一、产品审核情况

1．各单位质量水平

项目 单位	A 级缺陷总次数 D_A	B 级缺陷总次数 D_B	C 级缺陷总次数 D_C	样品数 n	质量水平 U	标准质量水平 U_S
A 车间	0	23	124	640	0.37	0.792
B 车间	0	69	90	650	0.67	0.761
C 车间	0	11	121	650	0.27	0.795
D 车间	0	17	226	610	0.51	1.185
零件库	0	3	9	850	0.03	0.112

注：$U=（10D_A+5D_B+1D_C）/n$

2．各单位产品质量指数低于 90%的零件清单

单　　位	序　　号	零件号	平均 QKZ 值（%）	主要缺陷项目	主要缺陷数量	备注
A 车间	1	W3003032-15	86.8	磕碰伤	18	
	2	3003032-1H	89.49	磕碰伤	10	
	3	2912471-03	89.6	磕碰伤	24	
				8－0.36 尺寸小	5	
				157－1 尺寸大	3	
				27.87－27.60 尺寸大	1	
B 车间	1	2902471-116	81.67	3.5＋0.5 尺寸大	2	
				磕碰伤	4	
	2	S2902476-01	83.3	磕碰伤	6	
	3	3502082-4E	86.04	磕碰伤	6	
				157－1 尺寸短	1	
	4	2912481-03	87.5	磕碰伤	11	
	5	CQ35342	87.91	磕碰伤	14	
				40±1.5 尺寸短	2	
	6	165419544	88.35	磕碰伤	11	
				218±0.5 尺寸小	1	

续表

单位	序号	零件号	平均 QKZ 值（%）	主要缺陷项目	主要缺陷数量	备注
B 车间	7	3003032－1H	88.75	110－1 尺寸短	2	
				磕碰伤	5	
	8	2902476－01	89.6	磕碰伤	5	
	9	CQ39208	89.98	粗糙度次于 6.3	12	
				4.5±0.24 尺寸大	2	
				圆 15.8－0.2 尺寸小	10	
C 车间	1	2803029-A1H	83.33	粗糙度次于 6.3	5	
	2	N90349901	83.33	粗糙度次于 6.3	5	
	3	Q1840612	83.33	粗糙度次于 6.3	5	
	4	Q1840835	83.33	粗糙度次于 6.3	5	
	5	1001063-JA	85	粗糙度次于 6.3	3	
	6	3913139-JA	87.5	粗糙度次于 6.3	6	
	7	2902481-1H	87.78	磕碰伤	7	
	8	5101038-JA	88.89	粗糙度次于 6.3	2	
				2.8－0.3 尺寸大	3	
	9	CQ35342	89.29	磕碰伤	25	

3. 各单位质量水平趋势图表

单位 / 月份	A 车间	B 车间	C 车间	D 车间	零件库	备注
1	1.184	1.115	1.556	1.066		
2	0.92	0.87	1.82	2.93	0.39	
3	0.68	0.53	0.7	1.8	0.05	
4	0.37	0.24	0.1	0.53	0.14	
5	1.32	1.31	0.45	0.59	0.04	
6	0.7	0.72	0.67	0.87	0.02	
7	0.37	0.67	0.27	0.51	0.03	
8						
9						
10						
11						
12						

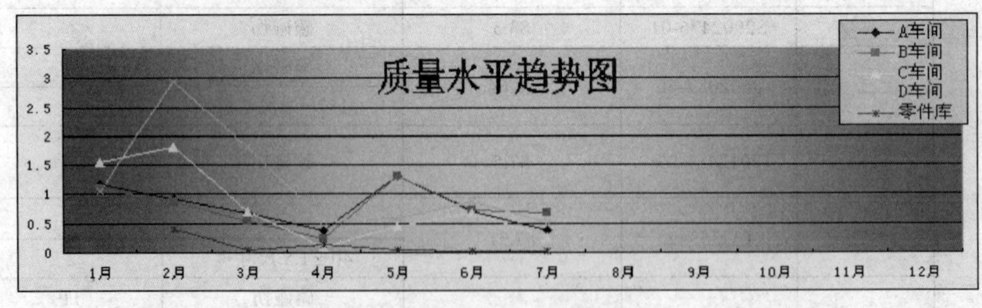

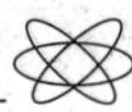

二、磕碰伤比例情况（见下表）

单位 月份	A 车间（%）	B 车间（%）	C 车间（%）	零件库（%）
1	17.08	8.75	4.68	30.73
2	20.24	17.54	15.50	7.28
3	11.87	17.53	15.86	1.93
4	7.44	19.81	7.13	0.89
5	10.84	14.24	10.26	1.15
6	11.64	12.56	17.25	3.16
7	8.89	5	11.47	0.68
8				
9				
10				
11				
12				

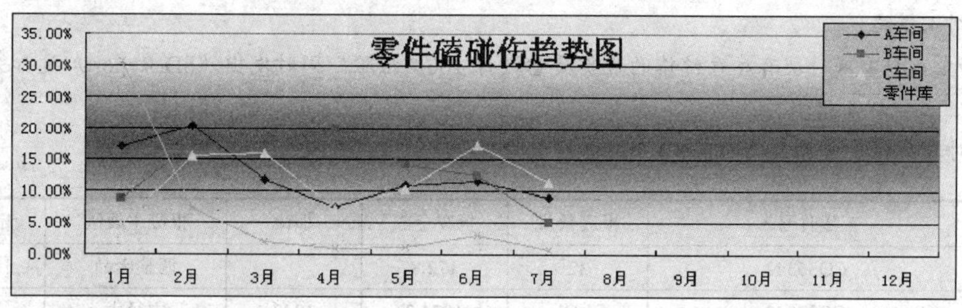

三、废品统计分析（见下表）

1. 全厂废品金额：7767.18 元，责任废品金额：6662.66 元，责任废品率：0.212％

序号	主要项目	金额（元）	累计频次	累计百分比（%）		
1	A 车间	5841.64	5841.64	75		
2	B 车间	1037.04	6878.68	89		
3	C 车间	245.49	7124.17	92		
4	D 车间	643.01	7767.18	100		

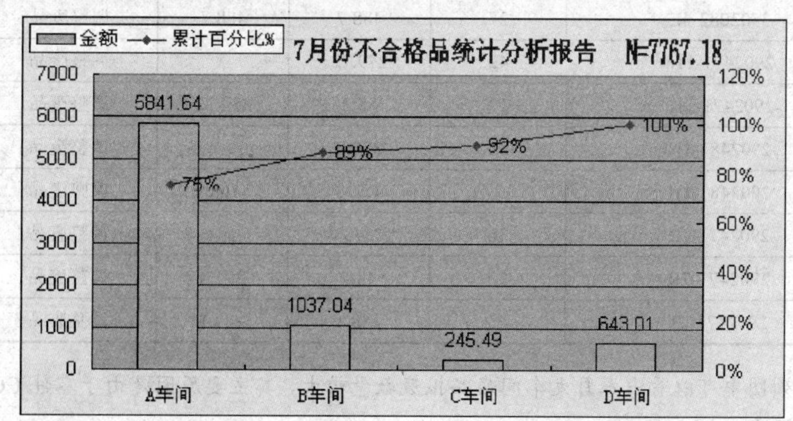

2. 原因分析：（因果图/树图）

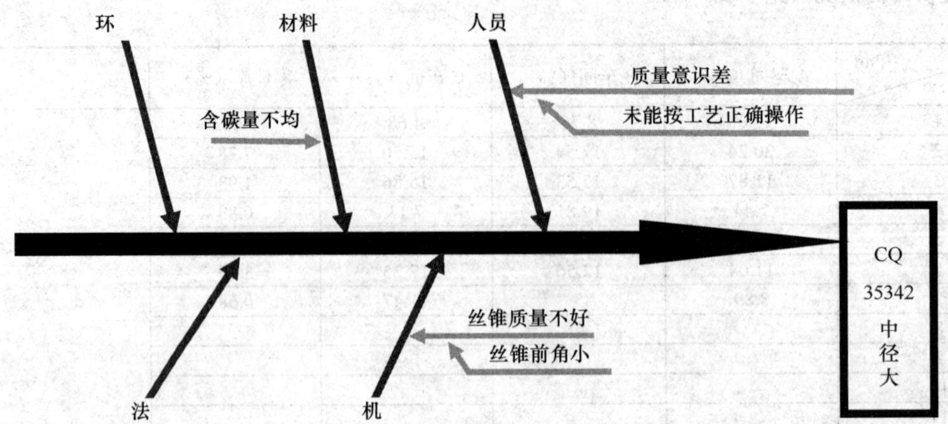

原因确认：影响该零件大量报废的主要原因是丝锥前角不合格，导致零件中径大。

3. 纠正措施

通知生产科要求对现有库存丝锥的进货质量进行100％检验。同时发出《8D-Report》通知分承包方分析原因、采取纠正措施。

4. 对我厂报废金额最高的前10个品种统计分析

序号	零件号	报废数量	报废金额	小计	报废主要因	责任单位
1	CQ35342	32	172.8		调整废品	十一车间
	CQ35342	131	1074.2	1247	中径大	九车间
2	W3003032-15	108	846.72		调整废品	九车间
	W3003032-15	24	199.2		调整废品	B车间
	W3003032-15	30	157.8	1203.72	调整废品	C车间
3	2912471-03	148	1036	1036	调整废品	A车间
4	2902476-01	129	588.24	588.24	调整废品	A车间
5	3003032-1H	19	159.79		调整废品	A车间
	3003032-1H	42	342.72	502.51	调整废品	C车间
6	3502082-4E	27	488.7	488.7	调整废品	A车间
7	2902471-116	42	279.72		调整废品	A车间
	2902471-116	12	55.2	334.92	调整废品	C车间
8	2902481-1H	51	300.9		调整废品	A车间
	2902481-1H	3	15.18	316.08	调整废品	C车间
9	2902471-7R	36	243		调整废品	A车间
	2902471-7R	10	48.4	291.4	调整废品	C车间
10	2912471-01	43	288.1	288.1	调整废品	A车间

分析：从排列图中可以看出本月九车间废品报废数量较大，其主要原因是由于零件CQ35342零件报废数量较大，金额达1074.2元。

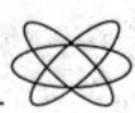

5. 优先减少计划

序号	项目	现状	纠正预防措施以及计划完成日期	目标值	责任人
1	CQ35342 中径大	CQ35342 中径大，报废金额达 1074.2 元	详见 2002-08《纠正预防措施实施表》；计划完成日期：2002 年 9 月 1 日前	报废金额下降 50%	张 SS
2	A 车间 W300 3032-15 调整废品金额高	报废金额达 846.76 元	详见 2002-09《纠正预防措施实施表》；计划完成日期：2002 年 10 月 1 日前	下降调整废品 20%	杨 YY
优先减少计划	CQ35342 中径大				
实施结果验证					

四、PPM（供货质量）

序号	反馈单位	零件号	退货数量	责任单位	退货原因	备注
1		2902481-1H	1	A 车间	零件表面烧伤	
2	热电销子厂	2902471-116	2	综合责任	表面黑皮	
3	Fawer.Co.Ltd	3104051-4EB1	2321	B 车间	总长短	
4	Fawer.Co.Ltd	3104051-B116	1964	B 车间	总长短	
5	Fawer.Co.Ltd	N90349901	350	C 车间	混件	
6	Fawer.Co.Ltd	N90342201	1001	C 车间	混件	
合计			5639			

注：本月月量为 3384645 件，PPM 为 1666/百万。本月 PPM 超标的主要原因是由于 Fawer.Co.Ltd 1～6 月份的 3104051-4EB1、3104051-B116 累计积压的总长短零件本月集中向我厂退货，该问题已解决，详见 2002-03《8 D 报告》。

五、进货验收合格率

1. 采购产品/材料进货验收合格率

单位	产品进货验收			材料进货验收		
	总批次	不合格批次	合格率（%）	总批次	不合格批次	合格率（%）
B 车间	69	0	100	25	0	100
D 车间	—	—	—	2	0	100
合计	69	0	100	27	0	100

2. 顾客提供产品/材料进货验收合格率

单位	产品进货验收			材料进货验收		
	总批次	不合格批次	合格率（%）	总批次	不合格批次	合格率（%）
A 车间	50	0	100	—	—	—

续表

单位	产品进货验收			材料进货验收		
	总批次	不合格批次	合格率（%）	总批次	不合格批次	合格率（%）
B 车间	32	0	100	25	0	100
C 车间	285	0	100	—	—	—
D 车间	12	0	100	5	0	100
合计	379	0	100	30	0	100

六、出厂产品一次交检合格率

入库批次	合格批次	抽样数量	不合格数量	合格率（%）		
184	184	3680	0	100		

七、过程产品一次交检合格率

单位	自供产品			顾客提供产品		
	交检总批次	不合格批次	合格率%	交检总批次	不合格批次	合格率（%）
九车间	360	2	99.4	43	0	100
十车间	232	5	97.8	232	10	95.7
十一车间	—	—	—	285	0	100
十二车间	26	0	100	43	1	97.67
合计	618	7	98.9	603	11	98.2

八、产品返工品率（单位：N/百万）

返工品数量	月产量	返工品率				
0	6970590	0				

九、零件库废品损赔情况

c 车间	25.2 元					

十、厂内、外质量信息通报

1. 厂内内容	7 月 6 日 a 车间反馈 1004021-01 上道毛坯 ∮28.45-28.415 尺寸小			
原因	由于上道 Fawer.CoLtd-w3 车间酸洗过蚀氧化皮脱落，导致外圆尺寸小			
处理决定	将该问题反馈给顾客，由顾客解决			
2. 厂外内容	7 月 6 日 A 车间反馈 3003032-1H 所用的 B45-071 下球模不合格			
原因	生产科所订购的模具质量不合格			
处理决定	由生产科负责退货			

第五节　产品质量问题分析报告写作

一、文体概念

对产品质量控制的重点虽然是在产品的生产过程，但质量管理的范围却需要延及产品出厂后的用户使用过程。尤其是研发的新产品，常常需要经过研发→生产→用户使用→反馈信息→改进的几次反复才能达到产品的成熟。所以，企业对用户使用过程中出现的产品质量问题较为重视，对其中问题严重的，一般是采取派出专门技术人员和管理干部亲赴现场调查处理的方法。产品质量问题分析报告，就是企业派出的调查小组对用户使用过程中已导致严重质量事故或用户反映强烈的产品质量问题完成调查处理工作后所写作的专题分析报告。

二、文章写作的主要结构内容

1. 导言

一般要写明用户信息，事故发生的时间、地点，造成的损失，诱发事故的质量问题等。

2. 主体

1）事故发生的经过及相关情况描述。
2）处理过程。
3）处理结果及产生的影响。
4）问题分析及建议。
5）遗留问题。

3. 尾部

报告人及报告时间。

三、文章写作结构原理分析

1. 导言分析

产品质量问题分析报告是企业的任务执行小组在授权完成对用户反馈产品质量问题的调查处理后所写作的报告性文书，其意图宗旨是向授权人汇报任务的执行情况。

导言的写作是顺应人们认识问题的一般思路：要汇报该任务执行情况，首先要告知任务指向的是什么事件。所以，文章一开头要写事件涉及的当事人——即哪个用户，以及用户使用商品在什么时间、什么地点、发生什么事故、损失（若有损失要写清楚）和诱发事故发生的质量问题，以为主体部分报告对该事故的调查处理作铺垫。

2. 主体分析

主体部分是要将任务执行的具体情况——即对该事件是如何处理及其处理结果陈述清楚。

由于导言中只交代了是什么事件，而任务执行中企业方对事故的处理要依据责任的划分，且对产品质量问题的原因分析也需要根据。所以主体部分的写作还需要将事件发生的过程情况先作详细描述（主体内容要点“1)”）；再汇报任务执行小组依据事件描述中所说明的企业方应承担的责任对事件的处理态度和方法（内容要点“2)”）；又由于用户使用中发生的产品质量事故会直接在社会中产生负面影响，危及企业的产品信誉和企业形象，任务执行小组对事件的处理应力求降低负面效应，因此，报告中要对处理结果及其事件影响作客观的分析评价（内容“3)”），以便领导层在今后的营销策略中作出相应对策；而对产品质量问题事故的处理，最终是要落实到如何提高产品质量上，所以报告中汇报了对事故的处理后，就要基于对事件的调查进行原因分析，并提出改进性的意见（内容“4)”）。由于此种意见是任务执行小组提出供领导层和相关技术与质量管理部门参考的，所以称之为建议；最后的遗留问题（内容“5)”）是对事件处理中由于授权的权力限制或不宜或者不能在当时做出处理而又需做出处理的其他问题所做的说明。

3. 尾部分析

报告人署名及报告时间，是表示对报告内容负责任。

例文 4

关于 25T 车辆产品质量分析报告

用户名称： 报告时间：
故障发生时间： 故障处理时间：
故障性质：惯性故障
故障产品：充电机、单相逆变器、三相逆变器 故障处理人：
发件人： 联系电话：

一、事件描述

现将杭州和泰州两地的 25T 车辆产品质量情况摘列如下。

1. 充电机电源板型号 TET313B.11.08.00，故障累计为 11 次，质量等级为较差。

3 月 27 日 杭州车辆段 111135 运行途中报故障码 07，电源板问题
4 月 21 日 杭州车辆段 350620 运行途中报故障码 00，电源板问题
4 月 23 日 杭州车辆段 111134 运行途中报故障码 07，电源板问题
5 月 16 日 杭州车辆段 111149 运行途中报故障码 07，电源板问题
6 月 17 日 杭州车辆段 893370 半小时内报故障码 07，电源板问题
6 月 23 日 杭州车辆段 893370 半小时内报故障码 07，电源板问题
7 月 12 日 泰州客技站 676117 电源板带不起负载，电源板问题
8 月 3 日 泰州客技站 206530 电源板带不起负载，电源板问题
8 月 16 日 泰州客技站 350636 运行途中报故障码 00，电源板问题
8 月 22 日 泰州客技站 350636 运行途中报故障码 00，电源板问题
9 月 4 日 杭州车辆段 111139 电源板带不起负载，电源板问题

2. 充电机电流传感器型号 NT108-S，故障累计为 3 次，质量等级为差。

5 月 2 日　350630　充电机电流传感器坏

7 月 20 日 676125　充电机电流传感器坏

8 月 6 日　266533　充电机电流传感器坏

3. 单相逆变器在暑期频繁地出现故障码 18，是因为模块内部过热，导致 IGBT 驱动板中断驱动电源，半导体元件不能工作。故障码 18 为 15 次，质量等级为很差。

7 月 5 日　676109　单逆故障码 18，IGBT 驱动板坏

7 月 10 日 350638　单逆故障码 18，IGBT 驱动板坏

7 月 17 日 350637　单逆故障码 18，IGBT 驱动板坏

7 月 21 日 676139　单逆故障码 18，IGBT 驱动板坏

7 月 26 日 350637　单逆故障码 18

7 月 28 日 350637　单逆故障码 18

7 月 31 日 350637　单逆故障码 18

8 月 7 日　676130　单逆途中故障，代码 18

8 月 9 日　350637　单逆故障码 18，IGBT 驱动板坏

8 月 12 日 676127　单逆故障码 18，IGBT 驱动板坏

8 月 15 日 676130　单逆故障码 18，IGBT 驱动板坏

8 月 17 日 676131　单逆故障码 18

8 月 21 日 554391　单逆故障码 18

8 月 24 日 350637　单逆故障码 18

8 月 24 日 350635　单逆故障码 18，IGBT 驱动板坏

4. 三相逆变器输出电流传感器型号 NT400-S/SP1，宁波分所生产，故障累计为 10 次，质量等级为差。

7 月 22 日 350640　三相逆变故障码 05，输出电流传感器坏

7 月 25 日 676115　三相逆变故障码 05，输出电流传感器坏

7 月 28 日 676115　三相逆变故障码 05，输出电流传感器坏

8 月 4 日　350640　三相逆变故障码 05，输出电流传感器坏

8 月 7 日　676115　三相逆变故障码 05，输出电流传感器坏

8 月 8 日　676125　三相逆变故障码 05，输出电流传感器坏

8 月 10 日 554384　三相逆变故障码 05，输出电流传感器坏

8 月 14 日 676134　三相逆变故障码 05，输出电流传感器坏

8 月 18 日 676119　三相逆变故障码 05，输出电流传感器坏

8 月 23 日 350639　三相逆变故障码 05，输出电流传感器坏

二、处理过程

充电机电源板故障：更换 TET329.03.20.00（A）型电源板。

充电机电流传感器故障：更换同类型的充电机电流传感器。

三相逆变器电流传感器：更换同类型的三相逆变器电流传感器。

单逆故障码 18：此类型故障较频繁，如果复位单逆控制开关重启能工作，则只拆除单逆面板以加大散热空间。如果复位不能工作就更换 IGBT 驱动板，并拆除面板，都能工作正常。对于以上处理方法无效

的更换单逆模块。

三、处理结果及产生影响

以上各类故障均已经处理完毕。7～8月单逆故障码18和三相逆变器故障码05在泰州比较多，影响了用户对我所产品的质量信任度。

现阶段售后工作主要是及时将质量问题处理完毕，并观察后阶段的产品质量情况，以期获得用户的谅解。

四、问题分析及改进建议

各类型故障都是比较突出的惯性。

充电机TET313B.11.08.00型电源板，部分电源板工作过程中小变压器和开关管V4、V5、V6、D1、D2、V25温升高，导致电源板过热，引发故障显示代码07或00。另外因电源板输入110V波动引起跳充电机故障码00。还有是电源板性能差根本带不起负载，给110V就跳故障。换装的TET329.03.20.00（A）型电源板工作性能要好。

充电机NT108-S型电流传感器和三相逆变器NT400-S/SP1型电流传感器，请所部督促宁波分所搞好产品质量，以减少传感故障保证25T产品的工作稳定性。

单相逆变器控制板和IGBT驱动板的变压器和开关管在工作时均会产生热量，由于只对模块箱体采用散热器散热，没有风扇通风散热，加上散热空间小，导致IGBT驱动板工作故障，半导体元件不能正常工作而报故障码18。在设计缺陷的条件下，目前只能采取更换IGBT驱动板后，拆除模块面板加大散热空间这种方法，这有一定的效果也解决了故障频繁的发生。但是没有根本解决散热问题，单逆内部过热导致故障肯定还会有的。请设计人员考虑解决单逆散热的方法，并考虑对新生产单相逆变器加装散热风扇。

五、遗留问题

逆变器在暑期工作时的散热问题，请设计人员拿出具体的解决方案。

1）TET313B.11.08.00型电源板，因110V波动跳充电机故障码00或07、带不起卸载。

2）电流传感器质量隐患，造成故障较多。

3）单相逆变器故障码18（控制板VL2、VL5亮）的处理方法：更换IGBT驱动板。

4）目前解决单相逆变器散热方法：将单逆的左右面板、前面板拆除，加大内部散热空间。

附：相关产品照片（略）

思考与练习

一、填空

1．经济活动分析是关于__________中的一种类似于总结的自我__________性活动。

2．经济活动分析有________与______________________之分。

3．财务分析要立足资金运行的各相关方面，包括______、______、______、______等。

4．企业的成本管理是通过__________、__________、__________、__________的途径

来实现。

5. 企业对用户使用过程中出现的较为严重的产品质量问题，一般是采取________的方法。

二、名词解释

经济活动分析　产品质量监控分析报告　成本分析报告
产品质量问题分析报告　财务分析报告

三、简答题

1. 企业的生存与发展需要解决好哪两个基本问题？
2. 成本分析报告正文的写作包括哪些内容要点？
3. 财务分析报告正文的写作包括哪些内容要点？
4. 产品质量监控分析报告的写作包括哪些内容要点？
5. 产品质量问题分析报告的写作包括哪些内容要点？

四、论述分析题

1. 请对例文2《××化工厂20××年上半年财务分析》正文写作的结构内容试分析所根据的原理。

2. 请分析例文1《××棉纺厂××××年7月份成本分析报告》正文三大结构部分内容间逻辑思路的根据。

五、写作练习

1. 会计和财务管理专业的学生请为实习企业写一份月度成本分析报告。

2. 管理与营销专业的学生请为实习企业写一份月产品质量监控分析报告或产品质量问题分析报告。

第九章

行政管理

教学目的和要求

- 通过本章内容的教学，让学生懂得公文的基本概念及公文的种类和公文的文面格式知识，重点掌握请示、报告、通报、会议纪要的用法，能写作这些常用公文。

第一节 概 述

一、行政管理与公文

1. 行政管理与公文

行政管理本是指国家机关行使国家权力管理国家事务的职能。在通信工具和交通尚不发达的历史时代，国家机关之间的信息交流与指挥领导主要借助文书的方式，这类文书就是我们现在所说的公文。今天，虽然通信工具和交通发达，但是公文这种书面文字的表达方式，以其凭据性、不可更改性，便于历史存档查阅和严肃庄重性的特点，仍然是国家事务管理的重要工具。企业的行政管理则是指企业机关运用强制力管理内部事务的活动。企业在内部管理和在接受国家管理的事务活动中也要用公文，并且也都遵循国家行政机关公文的统一规范。

2. 公文的含义

公文是“公务文书”的简称。它有狭义和广义之分，狭义的公文专指党的机关和国家行政机关在实施领导和行政管理过程中所形成的具有法定效力和规范体式的文书。即国务院发布的《国家行政机关公文处理办法》中规定的13种法定公文。广义的公文则泛指党政机关、社会团体、企事业单位用于处理公务的各种文字资料。本章论述的公文是指狭义公文。

3. 公文的特点与作用

公文源于国家行政机关，同时适用于企事业单位、群众团体处理公共事务。它因其作者的法定性和制发对象的定向性，体式的规范性、内容的庄重性、效能的现实性和程序的固定性特点而区别于其他文体。公文作为传达贯彻党和国家的方针政策、发布法规和规章、请示答复问题、布置指导工作、报告情况、交流经验等功能的工具，具有领导和协调作用、情况交流作用、依据凭证作用和宣传教育作用。

二、公文的种类

国务院2000年8月24日发布的《国家行政机关公文处理办法》，规定了我国现行的行政机关公文有13种：命令（令）、决定、公告、通知、通告、通报、议案、报告、请示、批复、意见、函、会议纪要。

以上公文按行文关系可划分为三类。

第一类，上行文，包括请示、报告。

第二类，下行文，包括命令、决定、意见、公告、通告、通知、通报、批复。

第三类，平行文，包括议案、函。

会议纪要，则视具体情况而定，用于传达会议精神及决议事项的会议纪要属下行文；用于部门间交流信息的会议纪要属平行文。

三、公文的文面格式

1. 发文机关标识

发文机关标识也称公文版头，简称文头，通常套红在文件首页的上端，故我国的公文俗称“红头文件”。公文版头一般由发文机关名称加“文件”二字组成。发文机关用全称或规范化简称；联合行文，主办机关应当排列在前。

2. 秘密等级和保密期限

密级分秘密、机密、绝密三个级别；保密期限是对公文密级时效加以规定的说明。两者之间用五角星间隔，如：机密☆3年，在公文首页发文机关版头的右上角区域内标注。

3. 份数序号

绝密、机密公文应当标注份数序号。份数序号是指同一文件在其总印数中逐份所给的顺序编号。一份文件一个号，依次流水编列，以便查对和清退。份号使用6位阿拉伯数字在公文版头的左上角标注。如：某份文件份号为“000068”就说明这份文件是总印数中的第68份。

4. 紧急程度

公文处理必须做到及时、准确、安全。紧急程度是对公文传递和办理速度的要求。标明紧急程度，是为了引起特别注意，以保证公文的时效，确保紧急事项的及时处理。公文行文时应根据紧急程度，分别标明“特急”、“急件”；紧急电报应分别标明“特急”、“加急”、“平急”。在特殊情况下，也可以标明“在×日×时送达”。紧急程度在公文版头右上角密级的下行标注。公文标题内有“紧急”二字的，如“关于**紧急通知”，也应视同急件处理。

5. 发文字号（也称“文号”）

发文字号由发文机关代字、发文年份和文件顺序号三个部分组成。年份使用公元纪年，在“六角括号”内用阿拉伯数字标注。文件顺序号不设虚位，例如：鄂政字〔2012〕18 号，“鄂政字”是湖北省人民政府的代字，“〔2012〕”是发文的年份，“18 号”是该年度发文的顺序号，在“18”前不加“0”。几个机关联合行文，只标注主办机关发文字号。用文头的文件，发文字号一般标注在文头之下、横线上方居中。

6. 签发人

上报的公文，应注明签发人。联合行文要同时注明联合发文机关的签发人，其中，主办单位签发人姓名置于第 1 行，其他签发人从第 2 行起按发文机关依次顺排。签发人是指批准发文的领导人签名，标在文头之下、横线以上右侧位置，同时，发文字号移至左侧；或标在横线之右下方、文件标题之上。其中，“请示”还应当在附注处标明联系人的姓名与电话。

7. 公文标题

公文标题是对公文主要内容的揭示。规范化的公文标题一般应由发文机关名称、公文主题（事由）和公文种类三个部分组成。例如：“国务院关于发布《国家行政机关公文处理办法》的通知”，其中：“国务院”是发文机关名称；“关于”是介词；“发布《国家行政机关公文处理办法》”是公文主题；“通知”是公文种类。

8. 主送机关（亦称“抬头”）

主送机关是指公文的主要受理机关。主送机关应使用全称或规范化的简称；主送机关不是一个时，应按其性质、级别以及有关规定或惯例依次排列；同类型机关可使用统称，如“省政府各部门”。主送机关应明确、具体，标列在公文标题的下方、正文之上，从左至右顶格书写，回行继续顶格，末尾加冒号。

主送机关的确定，应注意以下几个方面：请示一般只写一个主送机关；直接向社会发布的令、公告、通告可以省略主送机关；经会议讨论通过的公文，如“决定”、“会议纪要”、“令”等，主送机关则移至文尾抄送栏标明。

9. 正文

正文是公文的主体内容部分，用来表达发文机关的意图。撰写公文正文，要求内容符合党的方针、政策和国家的法律、法规，情况准确，观点鲜明，条理清楚，篇幅力求简短。

当正文占满了公文用纸的全页且下页无正文，而发文机关署名和成文时间又不得不转下一页时，必须在下一页的首行标注“此页无正文”并加圆括号，然后在下方的适当位置标注发文机关署名及成文时间。

10. 附件

附件是指附在正文后面的文件、材料、图像和声像资料等，是某些公文的重要组成部分。附件有的起补充、阐明作用，有的起说明、注释作用，有的起证实作用。加附件的应在正文之后成文时间之前注明顺序和名称。除使用特殊材料制作的附件外，一般附件应放在正文末页后面一起装订。被批转、转发的公文应视为正文，不作为附件处理。

11. 印章

公文除电报、会议纪要外，大部分文件的发文机关署名都应加盖印章。

印章是机关组织或领导人的象征，是行使法定职权的一种印信凭证。法定机关印章具有法定性、权威性和效用性。公文盖上印章，是发文机关赋予文件正式生效和确认无误的一种标识。

印章与公文版头一样，都必须使用全称或规范化的简称。用印位置在成文日期的中间偏上，要求上不压正文，下骑年盖月。印章必须盖得端正、清晰。

12. 成文时间

成文时间以领导人签发的日期为准；联合发文，以最后签发机关领导人签发的日期为准；会议讨论通过的公文，一般以讨论通过的日期为准；电报，以发出日期为准。

成文时间一般在正文之后的右下方专行标注。会议讨论通过的公文，如决议、决定、条例等，一般应用小于标题的字体将会议讨论通过的时间和会议名称在公文标题之下居中标注，并加圆括号。

成文时间一般应是公文正式生效、执行的日期，但是发布法规、规章的公文，除了标注发布时间外，还专门公布具体实施的年、月、日。成文时间使用阿拉伯数字写明年、月、日，年度使用公元纪年全称，不得简写或省略。如：2012 年 1 月 8 日，既不能写成“12 年 1 月 8 日”，也不得写成“一二、元、八”。成文时间必须按规定标注，切忌标注拟稿、审稿或打印时间。

13. 附注

附注用于说明公文中在其他区域不便说明的事项。如需要加以解释的名词术词或用于表述公文的传达范围等。附注的内容，一般在成文日期的左下方、主题词的上方，另行标注，并加圆括号。如：“（此件发至各乡、镇人民政府）”、“（此件至××月××日对外公开）”。

14. 主题词

主题词是为实现办公现代化的要求，便于计算机管理和提高查找率、查全率，根据公文基本内容按照一定的规范优选的词或词组。

公文应根据内容和文种标明主词题。

15. 抄送机关

抄送机关即除主送机关外需要了解公文内容或协助办理的机关，应标注在公文主题词之下、印发机关之上，上下用两条等宽的平行细实线（宽 140 毫米，高 1 毫米）作为界线。抄送机关在“抄送：”后面依机关性质、职权、隶属关系依次标注抄送机关的全称或规范化的简称，移行时与上一行平行书写。

16. 印发（翻印）机关、印发日期

印发（翻印）机关、印发日期又称印刷版记。注明印发机关，或发文机关的办公部门名称，或注明翻印机关名称；印发时间，以印送时间为准，不同于成文时间。

四、公文的写作及思维特点

1）公文作为行政管理的工具，它所体现的是机关与机关间事务往来的组织意志。写作主体在启动写作活动时，必须是首先从机关的代表者——领导层那里接受和领悟组织意志，而不能以自己的思想去代替组织意志。

2）行政事务的办理，不管是国家机关行政事务，还是企事业单位的行政事务，都是遵循国家政策的统一指导。因此，公文写作内容的政策性很强。在写作活动中，写作主体在接受和领悟领导意志的同时，还要将该公文内容所处理事务涉及的相关政策精神吃透，以保证公文写作所表述内容与国家政策精神的相统一。

3）要注意把握好行文关系中本级机关所处的特定角色身份，从而把握住所处角色身份应取的态度及其正确的方法选择，从而准确表述公文内容。

第二节 报告写作

一、关于报告

国家的行政管理，从中央到地方，又横向到各企事业单位、各社会团体，是一个庞大而复杂的组织系统。这个庞大组织系统的正常运转，要靠信息上传下达的畅通，其中信息的上传主要是通过下级的汇报。这种汇报，不光是工作，也包括一些重大事件或其他的重要情况。用于下级向上级汇报工作和重要情况的公文，就叫报告。

二、报告的适用和种类

根据国务院《国家行政机关公文处理办法》中的规定，报告适用于向上级汇报工作、反映情况、答复上级机关的询问。遵循该适用方法，报告可分为以下几类。

1. 汇报工作的报告

这类报告在实际应用中又可细分为三种。

1）综合型汇报工作的报告，这种报告在写作内容上是下级机关关于本机关某一时期各个方面工作的全面汇报。如各级政府机关在人代会上的政府工作报告，各级机关、企事业单位的年度工作总结报告等均属于这一类。

2）专题工作报告，是下级机关关于本机关某个时期的某项工作完成情况的专门汇报。

3）汇报工作意见的报告，是下级机关用来向上级机关汇报关于某项工作的工作方案，或汇报由上级转来的社会反映强烈的某些问题的处理意见的报告。

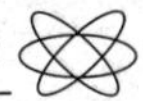

2. 反映情况的报告

用于下级机关向上级机关汇报本机关辖区范围内或工作中发生的重大事件或重要情况的报告。

3. 答复询问的报告

上述三类报告，汇报工作的报告使用频率最高。其中，又以综合型汇报工作的报告在写作上最具代表性。由于这种报告在写作上是以总结的方式突出对过去工作的回顾评价，所以也叫总结报告，本书中已另设“总结”专章来介绍。答复询问的报告用得较少，在写作上也较为简单，主要是针对上级的询问，将需上级知晓的信息陈述清楚即可。

故，本节中只重点介绍反映情况的报告的写作。

三、反映情况的报告写作的主要结构内容

1. 导言

主要是写明时间、地点、发生了什么事。

2. 主体

1）事情的过程与结果。
2）已采取的应急措施。
3）原因分析。
4）事件性质及责任认定。

3. 尾部

处理意见与整改措施。

四、文章写作结构原理分析

1. 导言分析

该导言写作是采用一般记叙文的文章开头方法，先概要交代发生了一件什么事。这是因为人们接受信息的一般思维习惯，须首先告知什么事，再了解其过程与结果，否则会产生唐突感。这样写，同时也是为主体部分再展开陈述其过程和结果等内容作铺垫。

2. 主体分析

主体内容“1）”是承接导言对事件作补充陈述，以向上级汇报清楚事情的详细情况。

反映情况的报告多反映的是危及国家、集体或人民群众生命及财产安全或影响社会安定的重要事件。这类事件发生时，所在地政府及其他组织有责任去控制事态的发展，否则就是失职。内容“2）”即是对此做出的说明。

让上级了解这类不太好的事件信息，其处理事务的意义是要着手于对眼前事态的妥善处理和对未来的防范，所以，紧接着要向上级汇报对原因的分析，即内容“3）”。同时，该

条内容的写作也是为内容“4)”提供依据。

在事件的性质认定中首先要区分是人为所致还是非人为事件，在人为事件中又要区分是恶意所为还是过失所致，以此判定责任并追究责任。内容“4)”即是对此的分析。

主体部分的写作内容从逻辑关系上又是为文章最后的汇报处理意见与整改意见提供依据。

3. 尾部分析

主体部分是对所发生事情的全面汇报，尾部则是承接前述情况所提出的处理意见。处理意见中包括对责任人的处理（若是人为事件）和加强管理的措施。

以上，遵循了此类反映情况的报告向上级汇报眼前事态妥善处理和加强未来防范的写作意图宗旨实现的要求。

例文 1

××省人民政府关于××市第三棉花加工厂特大火灾事故检查处理情况的报告

国务院：

××××年 4 月 21 日，我省××市第三棉花加工厂发生一起特大火灾事故，烧毁皮棉 101980 担，污染 1396 担；烧毁籽棉 5535 担，污染 72600 担；烧毁部分棉短绒、房屋、机器等。造成直接经济损失 20129000 余元，加上付给农民的棉花加价款 3669000 余元，共损失 23799000 余元。

火灾发生后，虽然调集了本省和邻省部分地区的消防人员和车辆参加灭火，保住了主要的生产厂房、设备，抢救出部分棉花，但由于该厂领导组织指挥不力，加上风大、垛密，缺乏消防水源，致使火灾蔓延，给国家造成了巨大损失。事故发生后，省委、省政府立即采取紧急措施，派有关部门负责人赶赴现场，协助调查处理这一事故，做好善后工作。经过上下通力合作，该厂于 4 月 30 日正式恢复生产。

从调查核实的情况看，这次火灾是一起重大责任事故，其直接原因是该厂临时工李××违反劳动纪律，擅自扭动籽棉上垛机上的倒顺开关，放出电火花引燃落地棉所致。但这次火灾的发生，领导负有重大责任。一是长期以来，厂领导无人过问安全工作。从去年棉花收购以来，该厂有记录的火情就有十二次，并因仓储安全搞得不好，消防组织不健全，消防设施失灵等，多次受到通报批评。厂长段××严重丧失事业心和责任感，对火险隐患听之任之，对上级部门的批评置若罔闻，得知发生火灾消息后，也没有及时赶到现场组织抢救。因此，段××对这次火灾应负主要责任。分管安全生产工作的副厂长张××，工作不负责任，对该厂发生的多次火情，从未研究、采取措施，对造成这次火灾负有重大责任。二是××市委、市政府对该厂的领导班子建设抓得不紧。19××年建厂以来，一直没有成立党的组织，班子涣散，管理混乱。这次火灾发生后，分管财贸工作的副市长×××同志，忙于参加商品展销招待会，直至招待会结束才到火灾现场，严重失职，对火灾蔓延、扩大损失负有重要领导责任。三是这次事故虽然发生在基层，但也反映出省政府、××行署的领导，在经济体制改革的新形势下，对安全生产工作中出现的新情况、新问题认识不足，抓得不力。

另外，近几年来，××市棉花生产发展较快，收购量大幅度增加，储存现场、垛距、货位都不符合防火安全规定的要求。再加资金缺乏，编制不足，消防队伍的建设跟不上，消防设施不配套，也给及时扑救、控制火灾带来了困难。

为了认真吸取这次特大火灾的沉痛教训，我们采取了以下措施：

（一）认真学习国务院关于搞好安全生产的有关规定，提高对新形势下搞好安全工作的认识。省政府于五月上旬发出了《关于加强安全生产工作的紧急通知》，要求各级政府、各部门认真学习有关安全工作的规定，牢固树立“安全第一，预防为主”的思想，迅速制订安全措施，建立健全安全生产、安全管理、安全监察等各项制度。××市第三棉花加工厂发生的火灾事故已通报全省。

（二）在全省开展安全生产大检查，及时消除事故隐患。从五月中旬开始，省政府确定由一名副省长负责，组织了四个检查组，到有关地市，对矿山、交通、棉储、化工、食品卫生等行业进行重点检查。各地市也分别组成检查组，进行安全检查。

（三）对××市第三棉花加工厂发生的这起特大火灾事故，省政府责成省供销社、省劳动局、省公安厅会同××地委、行署核实案情，抓紧做好善后工作。××地委、行署几次向省委、省政府写了检查报告，请示处分，并已整顿了企业领导班子，决心接受这次事故的教训。事故的性质和责任已经查明，对肇事者李××已依法逮捕，负有直接责任的厂长段××、副厂长张××依法处理。对××市政府分管财贸工作的副市长×××同志，给予行政撤职处分。

我们一定要在现有人力、物力、技术条件下，尽最大努力做好安全工作，防止此类事故的发生。

以上报告，如有不当，请指正。

××省人民政府（印）

××××年×月×日

第三节　请 示 写 作

一、请示的适用与类别

在行政管理工作中，为了维护号令的统一，保证党和国家方针政策的有力实施，其基本的组织原则是下级服从上级。为贯彻这一原则所借助的途径就是实行请示制度。

请示制度的内容包括两个方面：

1）伴随下级机关设立和岗位设置所授予职权范围内的事项一般由下级机关决策，但对某些权力上移的要办理事项、或非下级机关职权范围内能决定的工作行动须请求上级批准。

2）对下级机关在贯彻上级方针政策的过程中发生与实际不符，或相互矛盾，或群众中反映出的新情况而政策未作明确规定等情况时，因事关上级政策，下级机关不得擅自解释和主张，须请求上级指示。

由上述请示制度产生出请示这种公文在实际应用中的两种用法，《国家行政机关公文处理办法》中规定：请示适用于向上级机关请求指示、批准。由此，请示分为两种：请求指示的请示，请求批准的请示。

二、请求批准的请示写作的主要结构内容及文章写作结构原理分析

1. 文章写作的主要结构内容

1）拟干什么。

2）意义或理由。、
3）拟怎么干（方案）。
4）已有的条件。
5）请求批准的意愿。

2. 文章写作结构原理分析

写作请求批准的请示的意图宗旨就是要实现让上级机关批准干这件事，由此规定着文章写作的基本思路。

内容“1)”是告知“要干什么”，即请求批准的事项。

内容“2)”是干这件事的意义，因为只有你想干的事情对社会的进步或对经济的发展有积极性的意义，是好事，上级才能同意你去干。

内容“3)”是如何干的基本方案，这是为了让上级机关对你能否干好这件事的基本思路有所了解，因为只有让上级机关相信你能干好这件事才会批准你干。

内容“4)”是已具备的条件。只有你要干的是好事，且已胸有成竹，又具备了相应条件，才能确保干好这件事，上级才会批准你的行动。这就是写作上述内容的逻辑思路。

内容“5)”是表达请求上级批准的意愿。

三、请求指示的请示写作的主要结构内容及文章写作结构原理分析

1. 文章写作的主要结构内容

1）遇到什么新情况。
2）与上级政策有何相矛盾或不便处理的问题。
3）有哪些不同认识或意见。
4）请求指示什么。
5）请求指示的意愿。

2. 文章写作结构原理分析

内容“1)”、“2)”、“3)”是回答为什么要请示。

这种请求指示的请示一般是用于处理上级方针政策的贯彻实施中所发生的新情况。而上级方针政策的制订一般是依据工作中常规的带普遍性现象和一般性规律，而发生需请示的事项一般属于非常规的特例，故称新情况。出现新情况，才会发生与上级政策不相符的现象，所以，首先要写明发生了什么新情况，以为后文做铺垫，故要写内容“1)”。

内容“2)”是陈述所发生的新情况与上级方针政策的相矛盾处，以使问题明朗化，为后文内容“4)”的请求上级作针对性指示提供依据。

内容“3)”是反映本级机关对新情况的看法。因为请示机关是在事情的第一线，掌握第一手材料，对情况最了解，其意见往往中肯而具有参考价值。该内容的写作主要是为领导机关提供参考性意见。在实际应用中，若无此必要，则可不写。

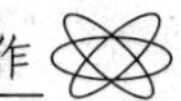

内容“4)”，是进一步明确需上级如何指示，这里是做理论上的思路条理化描述。在写作实践中，常常是由上述“1)”、“2)”、“3)”条内容的陈述，顺其逻辑思路，使上级如何指示的问题自然明了。

内容“5)”属于套式内容，其原理根据同前。

四、写作中要注意的问题

1）要一事一请示，不可将需上级分别表示态度的事项放在一份公文中来写。

2）只宜主送一个上级机关，不要多头请示，以免互相推诿。

3）不越级请示，如果因特殊情况或紧急事项必须越级请示时，要同时抄送越过的直接上级机关。除个别领导交办的事项外，请示一般不直接送领导个人。

4）不抄送下级，请示是上行公文，行文时不得同时抄送下级，以免造成工作混乱，更不能要求下级执行上级机关未批复的事项。

5）结束语，一般采用“妥否，请批示”、“是否妥当，请指示”，或“请予批准”、“请批复”等语式。

例文 2

关于申请对外承包劳务经营权资格的请示

××建工集团:

我公司是经住房和城乡建设部核定的工业与民用建筑工程施工一级资质企业，成立于××××年×月。公司注册资本××××万元，现有职工××××多人，其中高级职称××人，中级职称×××人，机械设备 1000 多台，总功率 2.2 万千瓦。公司在区内外设有土建、设计、装饰、机械施工、设备水电安装、房地产、建筑工程监理、电脑软件开发等 10 多个分公司。在几内亚、冈比亚等国家设有经理部和全合资企业。20 世纪 90 年代以来，公司生产经营实现跨越式发展，主要经济技术指标位居××省同行业前列，被评为我省最大经营规模建筑企业十强第一名、中国 500 家最大规模和最佳经济效益施工企业，连续 9 年被评为“省重合同守信用企业”，荣获“全国先进建筑施工企业”、“全国施工技术进步先进企业”、“全国工程质量管理先进单位”、“全国建设系统精神文明建设先进单位”等光荣称号，两次荣获中国建筑工程质量最高奖“鲁班奖”。公司现年施工能力可完成工作量××亿元，竣工面积××多万平方米。

1998 年，我公司通过了 ISO 9002 国际质量体系认证，取得了走向国内外市场质量保证的通行证，企业管理与国际接轨。为拓展经营渠道，搞活国有企业，提高国有资产增值率，我公司现申请对外承包劳务经营权资格，申请对外经营范围为:

1. 承包境外工业与民用建筑工程及境内国际招标工程。
2. 建筑材料（产品）、设备出口。
3. 对外派遣实施境外工程需要的劳务人员。

特此申请，请批复。

××建工集团第××建筑工程有限责任公司

二〇××年十月十五日

例文3

关于工商行政管理机关如何依据现行法规
对个体客运行业进行监督管理的请示

长工商〔××××〕17号

国家工商局：

去年以来，在对个体客运出租车行业管理的问题上，我局与客运管理部门产生了认识上的分歧。其主要原因在于我局依照《城乡个体工商户管理暂行条例》的规定，对个体客运行业履行了经营资格审查、核准登记发照、收缴管理费、监督其客运经营活动、查处违法违章行为等方面的监督管理职责。而我市客管部门却以建设部、公安部、国家旅游局〔88〕建城字第35号文件《城市出租汽车管理暂行办法》第三条“对城市客运出租汽车应贯彻‘多家经营、统一管理’的原则”为依据，提出客运行业要独家管理，对个体客运出租汽车的欺行霸市、强拉顾客、哄抬运价、欺骗群众等违法违章行为，必须由客管部门查处，工商行政管理机关无权过问。这不仅干扰了我们的正常管理工作，而且影响了工商行政管理职能作用的充分发挥，特别是我市即将颁布地方性法规《长春市客运出租汽车管理办法》，迫切需要明确工商行政管理机关管理客运行业的职权。为此，特请示国家局给予答复：工商行政管理机关依据《城乡个体工商户管理暂行条例》的规定管理个体客货运输业，依法履行哪些职责？如何理解“多家经营、统一管理”的原则？《城乡个体工商户管理暂行条例》及其实施细则的规定可否作为处罚个体客货运输行业经营者的依据？

以上请示，恳请速批示。

××××年二月二十日

第四节 通报写作

一、通报的适用与类别

无论是国家机关，还是企事业单位或其他组织的管理，都需要借助教育手段，其目的是提供以此让被管理者明白该怎么做和不该怎么做，从而使他们的意志和行为统一到组织意志的要求中来。通报就是体现这种教育手段的公文。通报适用于“表彰先进，批评错误，传达重要精神或者情况”。

根据通报的适用范围，可分为3种。

1. 情况通报

这种通报多用于在单位或系统内部传达重要情况。一般是对工作或生产中出现的新情况、新的问题及解决办法，用通报的形式告知大家，提醒大家注意。

2. 表彰通报

用于表扬工作或社会中涌现出来的先进人物和先进集体，宣传他们的模范事迹，树立典型，推进工作。

3. 批评通报

对工作或社会生活中发生的错误行为用通报的形式进行批评，使犯错误者本人及团体中的其他人从中吸取教训，以避免类似的错误。

二、通报写作的主要结构内容

根据写作实践，要将上述三种通报抽象出共同的写作模式，其模式的结构内容如下。

1. 通报的事实

这是通报的根据，要将被通报事件的时间、地点、单位、当事人、事件经过、结果交代清楚。

2. 分析评价

简要分析评价通报的事实，揭示问题的实质，点明其意义所在，指出从中应吸取哪些经验和教训，表明发文单位肯定或否定的态度。

3. 决定事项

宣布对有关人员或团体进行表彰或处理的决定。

4. 希望要求

号召人们学习先进或要求大家从错误事实中吸取教训，引以为戒。

三、文章写作结构原理分析

内容“1. 通报的事实”，无论是先进事迹，还是错误事实、或通报的情况，都可称为事实。通报中首先要将通报的事实写清楚，以为后文做铺垫。

写作通报的意图宗旨是要实现教育的作用。要达到教育效果首先是提高受教育者的认识。故通报中陈述了所发生的事实后，还要上升到一定高度上来评价：对先进事迹，要评价出它对经济发展、群众利益或社会进步的积极意义；对错误行为，要分析出它的危害性；对发生的情况，要指出该事件的意义或值得关注的动向。认识提高了，才能有教育效果。所以要写内容“2. 分析评价”。

教育的效果，还常常需要通过激励来强化。表扬是正激励，批评处罚是负激励。这些都是组织行为，是通过组织决定来实施。写作内容“3”就是宣布组织决定，以实施激励，来强化教育效果。

最后的内容“4”是提出希望与要求，以作为全文的结束语。

四、写作要求

1. 迅速及时

无论哪种类型的通报，都要求迅速及时做出反映，不宜在事情过去太久，人们对此已经淡忘的时候才处理。

2. 实事求是

指文章反映发生的事件内容要真实，评价要客观，不可浮夸。

3. 要有代表性

通报的意义在于教育，因此，文章反映的对象内容要具有典型性，以便通过通报实现普遍性的教育作用。

例文 4

关于表彰周伟同志的通报

各乡、镇、街道办事处，市直各单位:

2007 年 4 月 20 日凌晨 6 时许，安徽省界首市邴集乡董寨村村民×××驾驶机动三轮车带家人赶早集，因躲避对面飞驶而来的汽车，不幸连人带车翻入公路边 10 米多宽、4 米多深、污染严重的光芦河中，一家 4 口生命危急。正在当地探亲的郑州市公安消防支队中原区大队一中队班长徐军听到呼救声后，纵身跳入散发着恶臭的河水中，不顾个人安危，奋力救人，连续往返 4 次将他们一一救出。之后，他不留姓名悄然离去。

事件发生后，市广播电视台记者周伟第一时间奔赴现场采访，率先在《界首时讯》、《江淮晨报》展开徐军救人事迹报道，并协助被救村民×××一家锲而不舍、辗转千里寻找救人英雄徐军。徐军事迹见报后，在社会上引起强烈反响。公安部授予徐军“模范消防战士”荣誉称号，河南省人民政府授予徐军“爱民为民模范”荣誉称号，共青团河南省委授予徐军“河南青年五四奖章”，郑州市人民政府授予徐军“郑州市人民政府市长奖”，共青团郑州市委授予徐军“雷锋式青年”荣誉称号，中共河南省委、公安部消防局、河南省公安厅、河南省公安消防总队、中共郑州市委等先后作出向徐军同志学习的决定。9 月 14 日，公安部、河南省人民政府联合召开了徐军同志“模范消防战士”荣誉称号命名表彰大会。

周伟还积极参与公安部组织的徐军同志先进事迹报告团奔赴全国 6 省市，深入部队机关、大专院校、培训基地进行巡回宣讲，得到了各级领导的高度评价。

周伟同志以一名新闻工作者敏锐独到的视野、强烈的时代责任感和执著的爱岗敬业精神，积极投身徐军先进事迹报道和宣讲工作，敢于吃苦耐劳、勇于无私奉献，为树立徐军这一重大先进典型做出了积极贡献。

为表彰先进，经研究决定对周伟同志予以通报表彰。

希望周伟同志珍惜荣誉，再接再厉，进一步争创新的业绩。同时希望全市广大新闻工作者认真学习贯彻党的十七大精神，学习先进，锐意进取，为进一步提高新闻宣传的质量和水平，为促进我市新闻事业的繁荣发展做出更大贡献!

特此通报。

中共界首市委宣传部

2007 年 12 月 25 日

例文 5

国务院办公厅关于××省××市××县
擅自停课组织中小学生参加迎送活动的通报

××××年××月××日，××省××市××县举行××高速公路在本县通车仪式，××县主要领导擅自决定，让本县部分中小学校停课参加通车仪式，近千名中小学生在风雪天等候长达 2 小时，致使部分中小学生生病，学生家长和群众极为愤慨，致信中央要求坚决制止此类现象。

中小学校依照国家规定建立严格的教育教学秩序，这是教育教学质量的保证，任何单位和个人都不能随意破坏。现在一些地方的个别领导利用自己的权力，动辄调用中小学生为各种会议、考察、参观、访问甚至商业性典礼搞迎送或礼仪活动，有些地方还因此发生了严重的安全事故，造成极恶劣的社会影响。××县发生的问题，已不只是一般的形式主义，而是官僚主义，严重脱离群众，此类不良风气必须坚决予以制止。各地区、各部门以及各级领导干部，要高度重视这一问题并从中吸取深刻的教训，切实增强群众观念，杜绝此类事件再度发生。

中小学生是祖国的未来，他们的学习和活动安排，要有利他们的学习和身心健康。今后各地区、各部门都必须严格执行国家的有关法规和规定，不得擅自停课或随意组织中小学生参加各种迎送或“礼仪”活动，如确有必要组织的，须报经省级教育行政部门批准。

国务院办公厅（盖章）

××××年十二月二十日

第五节　会议纪要写作

一、会议纪要的适用

国家机关、企事业单位乃至社会团体的组织行为，无论是事务处理，还是议事，或是工作决策，都要借助会议形式。参加会议的主要是高管层（或管理层），而会议精神的贯彻需要有组织全体成员的行动，所以需要将会议精神传达给下属。会议纪要就是用来记载、传达会议情况和议定事项的公文。

二、会议纪要的类别

1）根据会议性质不同，会议纪要可以分为办公会议纪要和专项会议纪要。办公会议纪要，是用来记载传达各级党政机关、企事业单位的领导机关以办公例会的形式，对本单位或本部门的工作进行研究、讨论，作出决定所形成的会议精神；专项会议纪要，是为研究专项问题而召开的会议所形成的会议纪要。该类会议中参加会议者除领导层外，还可以是技术人员或业务工作者。

2）根据写作的内容特点，会议纪要又分为专题型纪要和综合型纪要。专题型纪要集中反映与会者就会议中心议题的讨论情况；综合型纪要则反映会议的多项议题及会议的综合情况。后者多用于传达研讨会或联席会一类的会议精神。

三、会议纪要写作的主要结构内容

1. 导言

概述会议的基本情况，包括会议召开的时间、地点、会议主持人、与会人员及主要议题。

2. 主体

主体是会议纪要的核心内容部分，要重点突出地写出会议讨论的主要问题及结果、会议形成决议的事项、会议形成的对今后工作的指导思想、工作建议及要求等。

3. 结尾

有的会议纪要在结尾部分提出希望，或要求有关单位认真贯彻会议精神，或号召努力完成会议提出的各项任务。有的则不写结尾，会议的主要内容分述完了，全文也就自然结束。

四、文章写作结构原理分析

1. 导言分析

以会议命名的公文仅有会议纪要，所以，文章写作特别地突出会议形式，故文章以介绍会议基本情况来开头，以此来提示后文内容是源于该会议。

2. 主体分析

主体的写作分为两种情况：

（1）办公会议纪要和专题型纪要的写作

主体部分重在将会议决定的事项按内容单位逐一陈述清楚。因为该类纪要写作的意图宗旨，是为会后对会议议决事项的贯彻落实提供依据，所以，文章的写作当然要将主要工夫花在对决定事项的陈述上。

（2）综合型纪要的写作

主体部分则要综合会议各个方面的情况及各种情况的内容，包括各议题的讨论过程，有代表性的观点、创新型见解、提议、呼吁、倡议、议决事项、今后工作的意见等。因为这类会议纪要写作的意图宗旨在于记载会议情况，所以，文章的写作重在将会议的综合情况较全面地写清楚。

3. 尾部分析

尾部也有两种写法：

（1）办公会议纪要和专题型纪要

因为涉及对会议精神的贯彻落实，所以尾部一般采取提出要求或号召式写法。

（2）综合型会议纪要

尾部则多采用提出希望或倡议式的写法。

五、写作注意事项

1）要正确地集中会议的意见。对非主流性的观点、非典型性的意见，一般不写入纪要。但对少数人意见中的合理部分，也要注意吸收。

2）要注意分析、综合和表达，重点将会议所研究的问题和决定事项逐条归纳，做到条理清楚，简明扼要。

3）会议纪要常用“会议”作主语，多采用“会议认为”、“会议确定”、“会议指出”、“会议强调”、“会议听取了”、“会议讨论了”等语言形式。

例文 6

关于加强厂外设施管理的会议纪要

（××××年××月××日）

为了进一步加强对厂区外公司所有设施的维护与管理，××××年 5 月 28 日由张副书记召集，杨总经理、高副总经理及基建技改处、生技处、企管处、公司办、能源计量处、生化车间、供水车间、电气车间等有关单位在公司二楼会议室就厂区外公司所有设施及下水排放的管理问题进行了充分讨论与研究，明确职责并制定如下管理办法。

1. 供水车间负责管理和维护上水管道及 587、588 输电线路。在日常管理过程中如发现沿途村民、单位施工私接管线等有损公司设施或因公司设施对沿途村民和单位造成损害，应立即采取有效措施防止问题扩大化，并要及时将具体情况及解决预案上报主管领导及农工处。

2. 能源计量处负责对周边农村的民用吃水主管线（由我公司铺设）及用电进行管理，在日常管理中发现问题或产生纠纷时，要及时上报公司主管领导及农工处。

3. 生技处负责公司厂区以外下水管线及明渠污水排放的巡检与管理，以确保下水管线的畅通及污水安全排放。巡检人员要认真负责，凡涉及污水排放的纠纷和隐患，要及时上报公司主管领导及农工处。

4. 基建技改处负责公司总图管理，在总图规定范围之内不得私建违章建筑，发现问题要主动制止，及时汇报公司主管领导。

5. 基建技改处负责厂区以外的管线施工和监督协调公司雇用村民对厂外排污渠的管理，实施必要的考核，以促进其认真负责地开展工作。涉及相关问题时要主动解决及时汇报。

6. 电气车间负责 587、588 之外的输电线路的相关纠纷与勘查、汇报等事宜。

7. 农工处全面负责对周边农村关系的协调工作，对有关职能单位上报的情况和问题，要及时派专人与相关单位一同察看问题现场，做好详细记录，分析原因并提出初步解决预案报主管领导。

8. 由于责任单位失职致使厂区外公司设施受到侵害或公司利益遭受损失时，农工处对责任单位视情节轻重处以 100～500 元的罚款。

9. 农工处的考核额度经主管领导审批后报企管处，由企管处在奖金发放时兑现。

思考与练习

一、填空

1. 行政管理是指国家机关____________________的职能。

2．企业的行政管理是指__________________的活动。

3．狭义的公文是指__________________的法定公文。

4．公文中的上行文有______、______；下行文有______、______、______、______、______、______、______、______；平行文有______、______。

5．密级分______、______、______三个级别。

6．公文处理必须做到______、______、______。

7．发文字号由______、______、______三个部分组成。

8．公文标题一般由__________、__________、__________三部分组成。

9．成文时间以________________为准。

10．公文具有______________作用、______________作用、______________作用和______________作用。

二、名词解释

公文　主题词　主送机关　抄送机关　签发人

三、简答题

1．国务院 2000 年 8 月 24 日发布的《国家行政机关公文处理办法》规定的法定公文有哪 13 种？

2．报告的适用方法有哪些？反映情况的报告正文部分要写作哪些主要内容？

3．请示的适用方法有哪些？请求批准的请示和请求指示的请示正文部分各要写作哪些主要内容？

4．通报的适用方法有哪些？通报正文部分要写作哪些主要内容？

5．会议纪要的适用方法有哪些？会议纪要正文部分要写作哪些主要内容？

四、论述分析题

1．请分析例文 3 写作的结构思路及文章写作结构原理。

2．请分析例文 5 写作的结构思路及文章写作结构原理。

五、写作练习

1．请为本班班委会起草一份关于整顿课堂纪律的会议纪要。

2．请为学校向省教育厅起草一份“关于申办××××本科专业的请示”（可以你所熟悉的在读专业为拟写内容）。

第十章 规范化管理

教学目的和要求

- 通过本章内容的教学，让学生了解规章制度的概念，规章的渊源层次，掌握条例、企业章程、规则、制度等文种知识，并能写作这些规章。

第一节 概 述

一、管理、行为规范与规章制度

一个人无所谓组织。由多个人形成了群体，且有了成员的职责、权限和相互关系的有序安排就成了组织。组织的存在必然有其目标，为实现组织目标就需要管理。管理的任务在于引导和协调组织成员的行为，将组织成员中各自独立的意志和行为统一到组织目标实现所需要的标准中来。这种行为标准就是组织目标对组织成员行为的规范化要求。为了保证组织目标的实现和组织成员行为的规范化，要将组织中的全部活动划分为多种基本的作业，形成多种岗位，并根据各岗位的性质以及组织目标实现对岗位的要求来规定岗位成员的权利和义务，这种规定权利义务履行的规范化要求的文件就是规章制度。

规章制度是组织对其成员所作出的行为规范化要求的规定。作为应用文的一个种类，它是用来约束和控制个体行为，要求有关人员按章办事，共同遵守，以实现团体的活动秩序，保证组织目标实现的具有法规性效力的文书。

规章制度有狭义和广义两种理解。狭义的规章制度指由各个单位（国家的、集体的）自己制定的内部管理性的文件，约束范围只限于本单位内部；广义的用法外延要大些，是指各种制度、公约、章程、条例、规定、规则、细则、守则、办法、标准、须知等的总称。本书所称规章制度属于后者。

二、规章制度的层次

规章制度的适用范围是和规章制度制定者职权范围相应，自上而下分为各个层次。各级规章制度必须通过相应的立法程序方能生效。根据宪法和有关文件规定，我国规章制度自上而下共有七个层次。

1. 宪法

宪法是我国的根本法，具有最高的法律效力。全国各族人民、一切国家机关和武装力量、各政党和各社会团体、各企业事业组织，都必须以宪法为根本的活动准则，并且负有维护宪法尊严、保证宪法实施的职责。宪法的修改要由全国人民代表大会以全体代表三分之二以上的多数通过。

2. 法律

法律规定社会政治、经济以及其他社会生活中最基本的社会关系和行为准则。它由全国人民代表大会及其常委会制定颁布，需要全国人民代表大会以全体代表的过半数通过，冠以“中华人民共和国”并名之以“法”的，如《中华人民共和国合同法》，这些都是基本法律。

3. 行政法规

特指国家最高行政机关——国务院制定和批准发布的以行政强制力保证实施的，有关行政管理的规范性文件。它的名称为条例、规定和办法。

4. 地方性法规

宪法规定：“省、直辖市人民代表大会和它们的常务委员会，在不同宪法、法律、行政法规相抵触的前提下，可以制定地方性法规，报全国人民代表大会常务委员会备案。”地方性法规不少是对国家有关法律和行政法规的补充。有些是国家尚未正式立法，根据国家有关方针政策，结合本地情况而先行制定的（如上海的《青少年保护条例》，甘肃的《关于禁止痴呆傻人生育的规定》）。地方性法规只在其所辖范围内有效。它的名称有条例、规定、办法等。

5. 政府规章

包括国务院各部门制订的规章制度和地方人民政府规章。规章是部门和地区范围内普遍适用的具有约束力的行政管理工作的规范性文件。政府规章的名称为规定、办法、实施细则、规则等。地方人民政府指省、自治区、直辖市以及省、自治区人民政府所在地的市和经国务院批准的较大的市人民政府。

以上五个层次在宪法、地方各级人民代表大会和地方各级人民政府组织法中都有明确规定，是有立法依据的规章制度。它们的性质、作用是相同的，区别在于制定者的职权大小不同，相应地适用范围也有广狭之分。

6. 基层事务规章

这个名称是暂拟的。国家对这类文书未作规定，而现实生活中又客观存在，并且面广、量大。如各种职位的岗位责任、各行各业的办事规程、人财物的管理制度、各种各样的技术标准等。省、自治区、直辖市以上的机关不可能管得那么多、那么细。广大基层单位在实际工作中，为了适应工作的需要，于是产生了数量巨大的基层事务规章。它们也都以有关的法律、法规、地方性法规、政府规章或上级机关的指示精神为依据，经过一定的程序（或报上级机关审批，或由本单位最高权力机关通过等）而产生，在其职权范围内实施。由于这个层次的规章制度在国家宪法和有关规定中都还是空白，它就自然地十分混乱，不像以上五个层次的法规那么规范、严谨。仅以名称为例，除了“法”以外，条例、规定、办法、制度等什么都有。

7. 道德规范

道德规范或称群众自治性规范。这在宪法中有所涉及，宪法指出：“国家通过普及理想教育、道德教育、文化教育、纪律和法制教育，通过在城乡不同范围的群众中制定和执行各种守则、公约、加强社会主义精神文明的建设。”道德规范一般用守则、公约、道德等名称，如《军人职业道德》、《人民警察的职业道德》等。道德规范依靠人们的习惯和信念来维持，对于违约行为的制止主要是依赖公众舆论。

三、规章制度的构成形式

1. 规章制度的形式类型

一般采用条目式，其形式依据内容的繁简，又分单层次和多层次两种类型。

1）单层次，用汉字数词，或用“第×条”标明条序即可。

2）多层次，用于复杂的内容。其特点，在条下设款、项、目；如果内容多，篇幅大，在条上可再设章、节；特别庞大的再加篇。最多为七个层次，通常二三层次已相当周全和严密。《中华人民共和国宪法》（1982 年版）共 138 条，也只有章、节、条、款四个层次。

2. 规章制度的一般结构形式

规章制度，不论内容繁简、篇幅大小，都应包括总则、分则、附则三个部分。

（1）总则

相当于文章开头。主要说明规章制定的目的、依据、基本原则、适用范围、主管部门等情况。

总则内容较多的，一般设专章，并加“总则”小题；总则内容少的，一般与分则连贯表述，开头的第一、二条就是总则；总则只有一条内容，也有不列入条款而以文章序言形式表述的；有些特别重要的法规文件，还在开头另设一个序言，用来说明制订的背景和意义。

（2）分则

分则是主体部分，具体地阐述有关事项及必须遵循的行为规则，如必须做什么、可以做什么、禁止做什么等。

这个部分的内容应当与文件的层次和文种名称相适应，应能满足有关事项实践指导的需要。例如《中华人民共和国全民所有制工业企业法》（以下简称《工业企业法》）作为一项高层次的法规性文件，全面地规定了“企业的设立、变更和终止”、“企业的权利和义务”、“厂长”、“职工和职工代表大会”、“企业和政府的关系”五个方面的基本指导原则。《全民所有制工业企业厂长工作条例》则是对上述《工业企业法》中“厂长”一章的延伸，“厂长”在《工业企业法》中只写了五条，只有一条：“厂长在领导企业完成计划、提高产品质量和服务质量、提高经济效益和加强精神文明建设等方面成绩显著的，由政府主管部门给予奖励。”条例共40条里则专设“奖励与处罚”一章，用一条六款阐述奖励的条件，用一条七款阐述处罚的条件，还对奖罚的程序作了规定。它们较好地体现了规章制度的层次性，体现了国家事务分层管理、分工负责的原则。

（3）附则

附则是对文件本身的说明，主要说明法律责任、解释机关、施行时间以及应当废止的有关文件等情况。

附则条目多的，设专章，列“附则”小题；附则条目少的，常与分则连贯标序，最后那一两条就是附则；也有既不列“附则”小题，也不标注条目序号，就像一般文章那样最后写一段，其内容显然是附则性的。如《国务院关于进一步推动横向经济联合若干问题的规定》在“三十”条后有一段：“本规定自发布之日起施行。各省、自治区、直辖市和经济特区可根据本规定制定具体实施办法。”这种写法比较罕见。

四、规章的写作及思维特点

1）规章的制订，是从社会管理或团队建设的需要出发，通过对个体意志的约束来实现群体行为的规范。这种个体既可以是个人也可以是某个组织，而且对组织的约束最终也还是到具体人。所以，写作主体要认识规章的实质意义是对人的行为规范的调整，以此主导规章条款的构思写作。

2）规章具体条款内容涉及约束个体该怎样做和不该做什么，这些要从管理目标的实现去分析。管理目标的实现需要依靠群体的合力，那些有利于管理目标实现和合力形成的行为就是规章规定该这样做的，那些有碍管理目标实现和合力形成的行为就是规章应规定不能做的，以此为规章具体条款内容的依据。

3）规章是作用于对个体意志的约束力。个体意志所追求的往往是自由的最大化。而规章的有效，需要以群体中大多数个体的认同和自觉遵守为基础。个体是否愿意牺牲自己的自由来约束自己的意志，决定于他对规章具体条款的认同程度，即他对具体条款是否“合理”又“合情”的认可。因此，规章制订中各具体条款对个体意志的约束力度要以大多数个体的相应接受为前提。

4）一个国家的规章，具有严格的层次性。其特点是，上一层次的规章覆盖面大，下一层次的规章常是上一层次规章的承接、补充和对调整对象的具体化。全国的规章应是相承接和相补充的相统一，而不能相冲突。故基层单位在制定规章时，必须了解上级机关同类文件的具体规定，保持与上级和上一个层次同类规章的连贯和衔接。这是正确贯彻党和国家方针政策的具体保证。同时，也要注意与本单位过去制定和实施的同类文件的连贯和衔接。在这方面，重要的是加强政策观念和组织观念，不能只顾局部不顾整体，不宜以感情去取代政策。

5）规章制度列题范围内的有关事项应完备齐全，力求“万无一失”，使事事都有法可依、有章可循，要避免由于规章制订的疏漏而导致实际工作的难以适从。

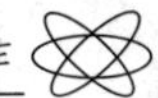

第二节　条 例 写 作

一、条例的概念和特点

条例用于调整社会生活某方面的准则，规定比较长期实行的某一方面工作活动的原则与要求，或用于规定某个机关的组织和职能以及某些专门人员的任务或权限。条例所涉及是政治、经济、文化等领域的某一方面的工作活动，有一定的重要性和普遍性，一般由国家行政机关制定，执行者带有义务性。其他机关、政党、团体不能用条例行文。它是各种规章制度中约束力最强的一种形式。

二、条例的类别

条例根据其内容特点又可细分为：

1）规定工作活动规范的条例。

2）规定组织职能规范的条例。

三、规定工作活动规范的条例写作的主要结构内容

1. 总则

1）制定本条例的目的。

2）说明工作活动的目的、活动主体。

2. 分则

1）活动时间、内容。

2）活动的主管部门及组织工作。

3）活动的方式方法。

4）活动应遵循的原则。

5）主体的行为规则。

6）为保证活动目的实现所强制规定的措施，对违反本规定者的处罚办法或法律责任。

3. 附则

1）解释机关。

2）施行起始时间。

四、文章写作结构原理分析

人们的生活属于社会生活，社会的安定与有序关系人们的生活质量。由于社会中客观存在着利益主体间的矛盾冲突，因此，国家在社会管理方面就要对社会的各类组织和行为按照社会安定与有序化的要求统一其规范，并通过强制性的约束力来实施其规范。这是条例这种文体产生的社会条件。条例写作的意图宗旨，就是为对相关组织和行为的强制规范化要求提供法规性根据。由这一意图宗旨规定文章写作的结构内容思路。

1. 总则分析

规定工作活动的条例重在规范社会行为。由于条例有着强制性的约束力，那么文章一开头就应交代为什么对这类行为要做强制性规定，即内容“1)”；紧接着就要明确该类行为的目的，和由哪一主体来履行该行为，即内容“2)”——这一内容同时规定着不遵循这一目的和不是这一主体不能实施该行为，这就产生出约束力。这也是本条例约束的最基本的内容，所以放在总则中来写。

2. 分则分析

由于是规范工作活动，所以在分则中要将该类工作活动的各个方面具体地规定清楚。工作活动涉及的要素有：时间、内容、主管部门及如何组织实施、活动的方式方法、应遵循的原则、主体的行为规则等。分则内容“1)、2)、3)、4)、5)”正是从上述方面来做出规定，以约束主体行为，实现对该类行为的规范化。内容“6)”则是强制性的执行措施。

3. 附则分析

附则部分是对非主体内容又需说明清楚的事项所做的补充说明。

五、规定组织职能规范的条例写作的主要结构内容

1. 总则

1）制定本条例的目的。
2）本条例所规定机关从事的业务性质与内容的界定。
3）本条例适用范围。
4）本条例所规定设立机关工作应遵循的基本原则。
5）本条例的实施与管理。

2. 分则

（1）机构设立的规定
1）机构设立的条件。
2）申办设立的手续。
3）主管部门及管理。
（2）工作人员资格的规定
1）工作人员资格的认定方式。
2）工作人员资格的认定手续。
3）工作人员资格管理办法。
（3）机关职能工作规范
1）机关职能工作的基本职责。
2）职能工作应遵循的基本程序及各程序的内容。

3）关于职能工作实施过程中所形成的该机关与服务对象主体间的特定关系，以及该关系对相关工作程序与内容所产生的特定要求的规定。

4）关于机关工作收费项目及收费手续。

5）关于依法纳税的规定。

6）机关工作人员的行为规范。

（4）法律责任

对本条例规范的设立机构及工作人员违反分则前述条款所应承担法律责任的具体规定。

3. 附则

1）补充说明事项。

2）本条例生效时间的说明。

六、文章写作结构原理分析

1. 总则分析

每一条例调整的社会生活内容有着特定的指向性。而社会事务及人们社会活动的内容是相互联系且往往交织融合的。对这些社会事务和内容的区分是人为进行的工作，这种区分的意义是便于社会的分工与管理。为了明确该条例的指向性，就要对该条例所指向的组织机构的业务性质及业务所涉及的事务内容进行规定以与其他组织机构相区分，这是总则内容“2）”之所以要这样写的理论根据。

内容“1）”则是对该条例写作意图宗旨的说明。由于人们阅读文章的一般习惯性思维程序首先需要明白该文章写作的意图宗旨，所以在内容顺序安排上放在内容“1）”来写。

由于条例有着一般普遍性的规定意义，但又不是涵盖一切的，所以要说明该条例的适用范围，所以就有了内容“3）”。

界定了该机构的业务工作，为了规范该机构行为，当然紧接着要规定该机构工作应遵循的基本原则，所以要写内容“4）”。

条例制定后的落实需要有执行机关，所以要有内容“5）”的规定。

上述都是纲领性的内容，所以要放在总则中来写。

2. 分则分析

分则是对该类组织机构行为作出全方位的规定。

首先是规定该类机关如何设立。社会的各类组织和机构都需依法设立，纳入国家的统一管理。分则内容“（1）”从设立条件、申办手续、机构成立后的主管部门及管理等方面作出规定，就使该类机构的设立行为进入规范化。

机构的设立要以人为主体，负责机构事务及其业务活动的必须是具备相应资格的人，故分则内容“（2）”制定了该类机构的用人规范。

有了人，这些人要工作，这些人履行的是该类机构的职能工作而不是任意行为。所以，接下来要为该类机构工作人员应该如何工作制定出工作规范，这就是内容“（3）”。

条例有着强制性约束的特点。之所以要如此，是因为条例的规范主体与主体的行为对象有着利益关系，而且常常是条例的规范主体会发生主动性的违规行为。因此，光有规范不行，还必须明确法律责任，以提高条例的强制性约束力，所以要写内容“(4)”。

以上，就实现了对该类机构行为的强制性规范。

3. 附则分析

同于规定某方面工作活动的条例的附则分析。

例文 1

广州市房地产中介服务管理条例

（2002 年 7 月 17 日广州市第十一届人民代表大会常务委员会第三十四次会议通过，2002 年 10 月 13 日广东省第九届人民代表大会常务委员会第三十七次会议批准）

第一章 总 则

第一条 为规范房地产中介服务行为，维护房地产市场秩序，保障房地产中介活动当事人的合法权益，根据《中华人民共和国城市房地产管理法》，结合本市实际情况，制定本条例。

第二条 本条例所称房地产中介服务，是指为房地产转让、抵押和租赁等提供咨询、经纪以及房地产价格评估的经营性服务行为。

第三条 在本市辖区范围内从事房地产中介服务的，应当遵循本条例。

房地产价格评估的中介服务适用《广东省房地产评估条例》。

第四条 房地产中介服务活动应当遵循自愿、公平、诚实信用的原则。

第五条 市房地产行政主管部门负责本市房地产中介服务管理工作和本条例的组织实施。

第六条 房地产中介服务机构和人员可以依法组织行业协会，对房地产中介服务行业的经营服务进行自律监督；行业协会的业务活动接受房地产行政主管部门的指导。

第二章 房地产中介服务机构

第七条 从事房地产中介服务业务，应当设立相应的中介服务机构。

设立房地产中介服务机构应具备以下条件：

（一）有自己的名称和组织机构；

（二）有不少于十五平方米的固定服务场所；

（三）注册资金不少于三十万元，仅从事咨询业务的，注册资金不少于十万元；

（四）有房地产中介服务相应职业资格证书的人员不少于三人，其中从事房地产经纪业务的，还应当有持有《中华人民共和国房地产经纪人职业资格证书》的人员。

第八条 房地产中介服务机构及其分支机构，应当自取得营业执照之日起三十日内，持营业执照复印件、企业章程、中介服务人员的职业资格证书和聘用合同等文件向市房地产行政主管部门办理备案手续。

市房地产行政主管部门应当在受理的同时发给备案证明。

第九条 市房地产行政主管部门应当每年对房地产中介服务机构的专业人员条件及经营服务等资质情况进行检查，并向社会公布年度检查结果。

第三章 房地产中介服务人员

第十条 从事房地产中介服务的人员，应当按照国家有关规定参加房地产中介服务职业资格考试，经考试合格，取得房地产中介服务职业资格证书。

第十一条 取得房地产中介服务职业资格证书的人员受聘时，应当按照国家规定，申请办理注册手续，领取注册证。

第十二条 房地产中介服务人员从业资格注册有效期满的，持证者应当按照国家规定，到原注册管理机构办理再次注册手续。在注册有效期内变更职业机构的，应当在应聘时办理变更手续。

第十三条 禁止伪造、变造、买卖、转借职业资格证书的注册证。

第四章 房地产中介服务行为规范

第十四条 房地产中介服务机构向服务对象提供房地产中介服务时，应当书面说明下列事项：

（一）房地产中介服务机构的备案、年度检查的资质情况；

（二）中介服务涉及的房地产的权属、面积、使用年限、用途、抵押、租赁、使用限制等基本情况。

第十五条 房地产中介服务业务，应当由中介服务机构统一接受委托，并与委托人签订中介服务合同。

第十六条 房地产中介服务合同一般包括下列主要内容：

（一）当事人姓名或者名称和住所；

（二）项目名称、内容及要求；

（三）合同履行方式、期限；

（四）中介服务费数额和支付方式、时间；

（五）违约责任和纠纷解决方式；

（六）当事人约定的其他内容。

第十七条 房地产中介服务机构代理销售依法准予销售的预售商品房，应当持预售人出具的委托书或者双方签订的委托合同，到市房地产行政主管部门办理备案手续。

第十八条 房地产中介服务机构未经委托人同意，不得将委托的中介服务业务转托给其他中介服务机构。

第十九条 房地产服务机构不得聘用未取得房地产中介服务职业资格证书及未经注册或者未经变更注册的人员从事中介服务活动。

房地产中介服务机构不得扣押房地产中介人员职业资格证书和注册证。

第二十条 房地产中介服务收费应当按照国家规定明码标价。房地产中介服务机构应当在其经济场所或者收费地点的醒目位置公布其收费项目、服务内容、计费方法、收费标准等事项。

收取房地产中介服务费应当开具发票，依法纳税。

第二十一条 房地产中介服务机构开展业务应当设立业务台账，做好业务记录。业务台账和业务记录应当载明业务活动中的收入、支出，以及法律、法规要求载明的其他内容。

房地产中介服务机构应当每年向市房地产行政主管部门报送业务统计表。

第二十二条 房地产中介服务人员进行中介服务活动，应当遵守下列规定：

（一）出示房地产中介服务人员注册证；

（二）及时告知服务进展情况。

第二十三条 房地产中介服务人员不得同时在两个或者两个以上房地产中介服务机构从业。

房地产中介服务人员不得以个人名义接受委托，收取费用。

第二十四条 房地产中介服务机构以及人员在房地产中介服务活动中不得有下列行为：

（一）索取合同以外的酬金或其他财务；

（二）提供虚假材料或者隐瞒真实情况；

（三）与一方当事人串通损害另一方当事人利益；

（四）以诋毁其他房地产中介服务人员、机构或者支付介绍费等不正当手段争揽业务；

（五）为禁止转让、抵押的房地产提供转让、抵押中介服务；

（六）法律、法规禁止的其他行为。

第五章 法律责任

第二十五条　违反本条例第八条规定的，房地产中介服务机构不备案进行经营的，由市房地产行政主管部门责令限期改正；拒不改正的，处以一千元以上二千元以下罚款。

第二十六条　违反本条例第十条规定，未取得房地产中介服务职业资格证书从事房地产中介服务活动的，由市房地产行政主管部门予以警告，责令停止违法从业，没收违法所得，并处以一万元的罚款。

第二十七条　违反本条例第十一条、第十二条规定，房地产中介服务人员受聘时未向市房地产行政主管部门申请办理注册或者变更注册登记的，责令限期改正，处以二千元的罚款。

第二十八条　违反本条例第十三条规定，伪造、变造、买卖、转借职业资格证书或注册证的，由市房地产行政主管部门处以二千元以上一万元以下的罚款。变造、买卖、转借职业资格证书、注册证的，可吊销房地产中介服务人员职业资格证书，并可提请原注册机构取消注册。

第二十九条　违反本条例第十四条规定，不向服务对象说明情况的，由市房地产行政主管部门责令限期改正，予以警告。

第三十条　违反本条例第十九条第一款规定，聘用未取得职业资格证书的人员从事中介服务活动的，由市房地产行政主管部门责令限期改正，予以警告，并按违法聘用人数每人处以一万元的罚款；对聘用未经注册或者变更注册的人员从事中介服务活动的，按违法聘用人员人数每人处以二千元的罚款。

违反本条例第十九条第二款规定，扣押房地产中介服务人员职业资格证书、注册证的，由市房地产行政主管部门责令限期改正，予以警告，并对中介服务机构每扣押一证处以五百元罚款。

第三十一条　违反本条例第二十三条规定，同时在两个或两个以上房地产中介服务机构从业或者以个人名义接受委托、收费的，由市房地产行政主管部门责令限期改正，予以警告，并可处以一万元以上三万元以下的罚款；情节严重的，吊销房地产中介服务人员职业资格证书，并可提请原注册机构取消注册。

第三十二条　违反本条例第二十四条规定，并索取财物、提供虚假材料或者隐瞒真实情况、串通损害当事人利益、为禁止转让和抵押的房地产提供中介服务等行为造成当事人损失的，可由市房地产行政主管部门对行为机构或者行为人处以二万元以上三万元以下的罚款；情节严重的，对房地产中介机构责令停业整顿，对直接责任人员，吊销房地产中介服务职业资格证书，并可提请原注册机构取消注册。

第三十三条　违反本条例涉及工商、物价、税务管理规定的违法行为，由相关行政主管部门依法处理。

第三十四条　房地产中介服务人员违法从业或者因提供虚假信息等过错给当事人造成经济损失的，由其所在的中介服务机构承担赔偿责任；中介服务机构赔偿后，可以向有故意或这种大过失的中介服务人员追偿。

当事人因自己的过错，给房地产中介服务机构造成经济损失的，应当承担赔偿责任。

第三十五条　市房地产行政主管部门工作人员在房地产中介服务管理中，有下列行为之一的，对直接负责的主管人员和其他直接责任人员依法给予行政处分。

（一）违反本条例第八条规定不按时发放备案证明的；

（二）违反本条例第九条规定不进行年度检查或者不公布年度检查结果的；

（三）明知房地产中介机构及人员违法经营，损害当事人利益，但不依法处罚的；

（四）其他违反法律、法规的行为。

第六章 附 则

第三十六条 县级市的房地产中介服务管理可以参照本条例执行。

第三十七条 本条例自2003年1月1日起执行。

第三节 企业章程写作

一、企业章程的概念

企业章程是企业制定的用以规定内部组织及经济业务活动规则的一种业务章程。它是依据发起人协议书和企业法（公司法）而制定，系统表述企业的性质、宗旨、任务、组织原则、经营方式、方法等内容的文书。它是企业法人的组织原则和经营管理的大纲，是企业内部统一意志、统一纪律和统一行动的“宪法”。

二、企业章程的特点

1. 具有政策性、权威性

章程的制定要以国家相关政策和法律为依据，以确立其法定的权威，不可有任何随意性。章程制定程序必须按规定执行。章程的生效日期、修改权、解释权也只属于制定该章程的机构，其他人无权解释和修改。

2. 具有规范性和约束力

章程是一个组织的根本法则，一旦正式颁布，该组织的所有成员都要按章程的条文规定来规范和约束自己的行为。如果违背了章程的规定，就要受到该组织的制裁、谴责和惩罚，乃至被开除出该组织。

3. 具有严肃性、稳定性

章程的制定要严肃、认真，不能马马虎虎、草率行事。制定前，要广泛调查研究；草拟后要反复讨论，广泛听取大家的意见；一旦确定，就要有相对稳定性，不能朝令夕改，任何个人无权改动；执行要全面，不能有的条文执行，有的条文不执行。

4. 具有一定的专业性

章程的制定不仅要熟悉相关的法律知识，更要了解该组织的性质与相应专业知识，才能真正体现组织的意志。

三、有限责任公司章程写作的结构内容要点及文章写作结构原理分析

1. 有限责任公司章程写作的结构内容要点

《中华人民共和国公司法》规定，有限责任公司章程由股东会审议通过，并由股东签名

盖章确认。其基本内容如下。

1）公司名称及地址。

2）公司经营范围。

3）公司的注册资本。

4）股东的姓名或名称。

5）股东的权利和义务。

6）股东的出资方式和出资额。

7）股东转让出资的条件。

8）公司的机构及其产生办法、职权、议事规则。

9）公司的法定代表人。

10）公司的解散事由与清算办法。

11）股东认为需要规定的其他事项。

2. 文章写作结构原理分析

公司章程的写作虽然是规定公司内部组织及业务活动规则，但其最本质的意义是从社会管理的角度为国家对企业行为的监控提供依据。公司是经济组织，追求的是经济利益。但由于公司资本来源与资本结构的不同，存在公司利益与投资者利益、公司利益与国家和社会利益、公司利益与职工利益的矛盾内容和矛盾方式的不同。而且，这些利益的协调和统一关系社会的安定与经济的发展。

这些利益关系的调整需要从公司内部组织及其活动规则的规范入手。因此，国家通过立法规定公司要以章程的形式，明确各类公司依据公司性质、资本来源与资本结构特点确定应采用怎样的组织形式和管理模式，以及公司运行应遵循的活动规则，以规范公司行为。这是《公司法》规定各类公司章程内容条款的理论思路根据。

(1) 总则分析

该章程是有限责任公司章程。内容“1)”是根据公司法规定对公司名称和地址的确定；内容“2)”是明确业务的经营范围；内容“3)”说明本公司注册资本金的额度。内容“1)、2)、3)”是从纲领性的内容上来说明公司设立对应有限责任公司基本条件的合法性，属总则部分。

(2) 分则分析

内容“4）～11)”属分则部分。

其中，内容“4）～7)”是关于公司资本来源、资本构成方式、由此而产生的股东权利义务内容以及股东转让出资的规定。该部分内容遵循的是维护投资人利益的原则。内容“4)、5)”是从公司资产的所有权上对股东及其权利义务的描述与确认；内容“6)”既是对股东应尽义务的进一步确认，又是从股东出资方式和出资额上对有限责任公司作公司性质上的说明；内容“7)”是从维护股东整体利益上制定的股东转让出资的规则。这里的有限责任公司应是区别于国有独资公司，指其资本来源于民间个体资本投入的公司。上述条款既是对此作出的说明，亦为内容“8)、9)”的规定提供依据。

内容“8)、9)”则是依据前述资本来源等的说明从公司内部管理上对公司机构设置、职权划分和运行规则所作的规定，以为公司今后的规范行为提供组织保证。

内容“10）”是从公司的社会责任承担上制订的有关公司解散的规则。

以上，自公司的设立、运行到解散从社会管理的角度明确了有限责任公司的规范，以此来保证公司在管理和运行中能平衡各方的利益。

（3）附则分析

股东在公司章程上的签名、盖章属附则内容，以此说明公司章程的合法有效性。

四、国有独资公司章程写作的结构内容要点及文章写作结构原理分析

1. 国有独资公司章程写作的结构内容要点

由国家授权投资机构或部门，依《公司法》制订；或由董事会制订，报国家授权机构或部门批准。主要内容如下。

1）公司的名称和地址。

2）公司经营范围。

3）公司设立方式或经济性质。

4）公司注册资本、来源、公司债券发行。

5）董事会的产生、组成、任期和议事规则。

6）国有资产管理办法。

7）公司法定代表人。

8）经理的产生、职权、任免。

9）公司的财务会计、审计和利润分配。

10）公司的合并、分立、解散。

11）其他。

2. 文章写作结构原理分析

（1）总则分析

内容条款“1）、2）、3）”属总则部分，是根据公司法的规定从纲领性的内容上来说明公司设立基本条件的合法性，同时从国有企业的所有制性质上作特别说明，以为分则部分公司活动规则的制定提供依据。

（2）分则分析

内容“4）～10）”属分则部分，是根据公司法的要求从公司资产的国有性质上，对公司管理规则作出的规定。

其中，内容“4）”是对公司资本额及资本来源的确认，以及对资金募集方式的规定。国有独资公司虽然在资产所有权性质上属于国有，但在资本的具体来源上存在部门的区分，由此也就产生了不同部门利益和权利的分配问题（这里类似于有限责任公司中的股东间的利益关系）。为了部门间利益的协调统一，并维护公司的整体利益及国有资产的安全，就需要有相应的组织形式来议事和管理，于是需要有内容“5）～9）”的规定。内容“10）”是从应承担的社会责任上来规定公司在处理合并、分立和解散事宜中应遵循的规则。

（3）附则分析

其他需说明事项属附则内容。

五、股份有限公司章程写作的结构内容要点及文章写作结构原理分析

1. 股份有限公司章程写作的结构内容要点

股份有限公司章程由公司创立大会审议通过，其主要内容如下。

1）公司名称及地址。

2）公司经营范围。

3）公司设立方式。

4）公司股份总额、每股金额和注册资本。

5）发起人姓名或名称，认购股份数。

6）股东的权利和义务。

7）董事会的组成、职权、任期和议事规则。

8）公司法定代表人。

9）监事会的组成、职权、任期和议事规则。

10）公司利润分配办法。

11）公司的解散事由和清算办法。

12）公司的通知和公告办法。

13）股东大会认为需要规定的其他事项。

2. 文章写作结构原理分析

（1）总则分析

内容“1）、2）、3）”属总则内容，原理分析同前。其中内容“3）”是根据股份有限公司的特殊性对设立方式的特别规定。

（2）分则分析

内容“4）～12）”属分则内容。

由于股份有限公司的资本是采取等额股份的形式，所以分则中内容“4）”首先对这种特殊的资本形式和资本总额予以确认。其意义是说明公司的设立符合公司法关于股份有限公司的规定。

又由于公司法对股份有限公司的股东数和法定资本额只有最低限量而没有最高的限制，故股份有限公司的设立较之有限责任公司的风险大、责任大，而股东中的小股民占绝大多数，他们认购的股份数较少，对公司的控制能力小，承担责任的能力也小，故公司法对发起人及认购股份数作了特别规定，以明确对公司责任的主要承担者。内容“5）”即是对此所作的说明。

内容“6）～10）”是从维护股东的权利和义务出发，对公司组织及议事规则和利润分配办法的规定。

内容“11）、12）”是从公司应承担的社会责任出发对公司解散、清算以及公司的通知和公告办法的规定。

分则中均是对公司行为作具体规范的内容。

（3）附则分析

其他需说明事项属附则内容。

例文 2

深圳市金田实业有限公司章程

（主要文字说明略）

第一章　总则（共八条，主要阐明公司名称、注册资本、法定地址、公司的法律地位、公司宗旨及经营方针）。

第二章　经营范围和经营方式（共一条）。

第三章　股份（共十条，主要阐明股票形式、认购条件、发行、转让、增加等）。

第四章　股东和股东大会（共十四条，主要阐明股东资格、权利和义务，股东大会制度、职权等）。

第五章　董事会（共十一条，主要阐明董事会的产生、组成、议事 、制度、职权、董事长的职权等）。

第六章　经营管理机构（共六条，阐明管理机构的产生、组成，总经理的职权，财务总监的职责权限等）。

第七章　税收及利润分配（共八条，主要对纳税、税后利润分配的内容及比例、付股息办法进行规定）。

第八章　劳动人事制度（共三条，规定招录、使用、管理员工的方式办法）。

第九章　解散和清算（共四条，主要包括解散的理由、程序、清算、办法）。

第十章　附则

发起人签字（略）

第四节　规 则 写 作

一、规则的概念与使用范围

规则是国家机关、社会团体和企事业单位为制订具体事务管理的统一规范所使用的一种规章。

规则一般用于行政机关、企事业单位和社会团体在某些局部范围内，对诸如学习、工作、生产、生活等具体活动事务，提出统一要求，并规定管理的章法和程序。比如，国家外贸部就出口货物原产地问题，制定出《中华人民共和国出口货物原地规则》；教育部门就学生考试纪律问题制定的《考场规则》；各类体育竞赛活动中的《体育运动竞赛规则》等。

二、规则的特点

1. 具有局部性

规则所规定的范围比其他规范性文件要窄，仅适用于对局部范围的人员或活动作具体的要求和规定。

2. 针对性

规则仅针对单位或系统内部某类人员的某项活动而定，条款内容直接指向管理范围内的特定对象，不涉及其他人员，且只在特定范围、甚至一定时间内起作用，具有很强的特指性。比如，《食堂就餐规则》、《图书馆阅览规则》、《运动会竞赛规则》等，只对就餐、阅览、竞赛等具体活动，向参与者作出的规范性规定，制约对象明确，针对性很强。若超出特定范围，便立即失去效用。

3. 单一性

因为规则具有局部性，所以它的内容比其他任何规范性文件都简单。规定的对象比较集中、单一，只涉及特定范围的特定对象。

4. 具体性

规则所规定的都是具体的事项，而且事务性的居多，是细致入微的规范化、程序化、定型化的东西。

三、规则的分类

从制定主体上划分，可分为：国务院制定的；各部委制定、国务院批准的；地方制定的和企事业单位制定的几种。

从内容性质上划分，可分为用于管理行政事务的和用于管理业务事务的两种。

从表述方式分，可分为条目式，分条加列款式和总则、分则、附则式三种。

四、规则写作的主要结构内容

（1）总则

1）规则制定的根据及目的。

2）该规则所规范事务及性质。

3）该规则所遵循的原则。

（2）分则

1）该规则所规范的主体对象。

2）主体行为规范和要求。

3）所规范事务的处理原则及办法。

（3）附则

其他需说明事项

五、文章写作结构原理分析

1. 总则分析

总则部分是对规则中纲领性内容的说明。由于规则是关于具体事务管理的规范，属于规章中的低层次，根据我国规章制定要求低层次规章必须与高层次规章精神相衔接和相统一的原则，因此，在总则的写作中首先要对本规则制定所遵循的高层次规章及其他根据作出说明，并表述制订该规则要实现的意图，即内容“1）”；内容“2）”是对本规则是关于哪类具体事务的管理规范的规定；内容“3）”是阐明该规则在适用中所遵循的原则，这里，要注意与事务处理原则和主体的行为准则区分开来。上述内容对分则内容有着规定性和依据性的意义，所以应作为总则的内容来安排写作。

2. 分则分析

分则是规则中关于具体事务管理的规范内容，其意图宗旨是要为这类事务活动或事务的办理建立良好的管理秩序。每一事务都涉及对象人，那么，本规则的指向对象是谁呢？如“考场规则”中指向的不光是考生，还有监考者，还有巡视者，内容“1）”即是对规则所指向主体的明确。明确了主体，遵循规则写作的意图宗旨就要对主体行为该怎么做和不能怎么做提出规定和要求，即内容“2）”。规范主体行为与规则所规范事务两者是有联系又是有区别的。如，考场规则中包含了对考生、监考人、巡视人等主体的行为规范，而考场规则规范的事务是考场秩序，对上述主体行为规范关系考场秩序而不等于考场秩序，在考场秩序管理中又涉及一系列的细节性的事情处理，对这些事情的如何处理构成规则的又一重要内容——即“事务的处理原则及办法”，所以就要有内容“3）”的规定。

3. 附则分析

其他需说明事项属附则内容。

例文 3

××公司职工退休金支付规则

（××××年×月×日××公司职工代表大会通过）

（规则的制订依据）

第一条　本规则根据就业规则的有关规定，按照公司职工退休金的支付条件和支付标准而制定。

（退休金的性质）

第二条　退休金具有功劳报偿的性质，根据员工任职期间职能资格和贡献程度而支付。

（退休金的种类）

第三条　退休金有以下三类。

一、普通退休金。

二、准特别退休金。

三、特别退休金。

（普通退休金的支付条件）

第四条　普通退休金是工作　年以上的公司职工因下列情况之一而退休，或者被辞退时而得到的退休津贴。

一、因自身原因要求退休并得到了公司的承认（属第八条第三点的情况除外）。

二、符合公司职工就业规则关于辞退职工的有关规定而被辞退。

（普通退休金的支付额）

第五条　普通退休金的支付额为从员工进公司起到退休为止的职能指数的合计数乘每一分的标准额

（下面称为标准额）所得的值。

（职能指数）

第六条　职能指数是与公司职工职能资格制度所定的职能资格连在一起的，以一年为单位，按下面的办法决定。

（标准额）

第七条　① 标准额按指数单价为1元计算。② 标准额在认为有必要时可以进行调整。

（准特别退休金的支付条件）

第八条　准特别退休金在公司职工符合下列条件之一时发给。

一、根据灾害补偿规定进行停业补偿而被辞退。

二、根据医师的判断，认为其因精神或身体上的疾病已经无法胜任工作而被辞退。

三、满25岁、30岁、35岁、40岁，且本人希望退职的。

四、女子因结婚及生育等事由而提出退职。

第五节　制度写作

一、制度的概念与特点

1. 文体概念

制度是国家机关、社会团体和企事业单位制定的，要求有关人员遵守，并按一定程序办事的规定性文件。

2. 适用范围

制度的适用范围极广，凡是要求有关人员共同遵守，并按一定程序办理的事情，不论是行政工作、经济活动方面的，还是事务、学习、生活方面的，都可以使用制度这一文种。越是现代化的管理，越需要严密而科学的制度加以保证。

3. 类别

制度的分类，可因标准不同，有不同的分法。按制定部门分，有国家制定的制度、企业制定的制度，还有个人制定的制度。按时限长短分，有长期性的制度、临时性的制度；按内容性质分，有行政工作制度、经济管理制度、学习生活制度等。

4. 主要特点

制度的主要特点是它的规定性和程序性。所谓规定性，即制度按照所涉及事务的性质、范围，限定人们可以做什么，不可以做什么；可以怎样做，不可以怎样做，用以规范人们的行为，这是制度的突出特点和独具作用之一。所谓程序性，即要求人们做某种事情时，必须按照一定的程序、方法进行，不能愿意怎么办就怎么办，即使是这件事应该办，但违背了一定程序也不行。因此，程序性是制度的又一突出特点。

二、制度写作的结构内容要点

1. 总则

1）制订该制度的目的。
2）该制度的规范对象。

2. 分则

1）制度调整的事务内容及其性质。
2）应该怎么做，不能怎么做的特定要求。
3）事务处理的规则、程序、方法。
4）奖惩办法。

3. 附则

说明该制度制定或发布的单位、时间。该项内容也可在标题下用圆括号的形式注明。

制度正文的篇章结构可繁可简。比较繁的制度，也像条例、规定、办法那样，其正文按总则、分则、附则式去写，也可以按前言、主体、结语式去写。比较简短的制度，其正文也可以采用前言加主体式，也可以只有实实在在的几条规定性文字。

三、文章写作结构原理分析

1. 总则分析

内容“1)、2)”是关于制度制订的纲领性内容的说明，以为分则的具体规定内容提供根据。其中，内容“2)”是对该制度所指向的特定人群和部门所作的规定。制度所规定的是在某类事务中人们要遵循的规则，同时又需要明确这一制度所指向的对象，这样才能产生约束力。内容“2)”的意义即在于此。

2. 分则分析

对每一制度所指向的事务是一制度区别于其他制度的主要区分所在，也是实现制度的效力所必须作出的说明，而且事务内容的界定往往较为复杂，需在分则中详细描述，所以要写作内容“1)”。明确了制度指向的事务和应遵守的对象，就需要规定人们和相关部门该怎么做和不能怎么做的具体要求，才能便于遵守，从而发挥制度的效力，所以要写内容“2)”。在制度中，有的只需要对主体行为加以规范即可，有的除了主体行为规范，还要对主体职能性工作事务处理的程序和方法作出规定，这就是内容“3)”。内容“4)”是为加强制度的约束力而制订的激励方法。

3. 附则分析

附则内容是对该制度的有效性及其他事项所做的说明。

例文 4

××股份有限公司保密制度

第一条 为保守公司秘密，维护公司发展和利益，制定本制度。

第二条 全体员工都有保守公司秘密的义务。

第三条 在对外交往和合作中，须特别注意不泄漏公司秘密，更不准出卖公司秘密。

第四条 公司秘密事关公司发展和利益，在一定时间内只限一定范围的员工知悉。

公司秘密包括下列秘密事项：

1. 公司经营发展决策中的秘密事项；
2. 认识决策中的秘密事项；
3. 专有生产技术及新生产技术；
4. 招标项目的标底、合作条件、贸易条件；
5. 重要的合同、客户和贸易渠道；
6. 公司非向公众公开的财务、证券情况、银行账户账号；
7. 其他董事局或总经理确定应当保守的公司秘密事项。

第五条 属于公司秘密的文件、资料，应标明“秘密”字样，由专人负责印制、收发、传递、保管。

第六条 公司秘密应根据需要，限于一定范围的员工接触。

第七条 非经批准，不准复印、摘抄秘密文件、资料。

第八条 记载有公司秘密事项的工作笔记，持有人必须妥善保管。如有遗失，必须立即报告并采取补救措施。

第九条 接触公司秘密的员工，未经批准不准向他人泄漏。非接触公司秘密的员工，不准打听、刺探公司秘密。

第十条 监察委员会、监察部应定期检查各单位的保密情况。

第十一条 对保守公司秘密或防止泄密有功的，予以表扬、奖励。违反本规定故意或过失泄漏公司秘密的，视情节及危害后果予以行政处分或经济处罚，直至予以除名。

第十二条 信息室、档案室、计算机房等机要部门，非工作人员不得随便进入；工作人员也不得随便带人进入。

××××年×月×日

思考与练习

一、填空

1. 管理的任务在于________________行为以实现组织目标。

2. 我国规章制度自上而下的七个层次是__________、__________、__________、__________、__________、__________、__________。

3. 规章制度的形式分为__________和__________两种类型。

4. 规章制度不论篇幅大小，都应包括______、______、________三个部分。

二、名词解释

规章制度　条例　企业章程　规则　制度

三、简答题

1. 简述规章制度一般结构内容的写法。
2. 条例正文的写作包含哪些内容要点？
3. 规则正文的写作包含哪些内容要点？
4. 制度正文的写作包含哪些内容要点？
5. 写作有限责任公司章程、国有独资公司章程与股份有限公司章程各自包括哪些条款？
6. 条例写作要注意哪些问题？
7. 规则有何特点？

四、写作训练

1. 请为本校的演讲比赛起草一份比赛规则。
2. 请为本班起草一份学生干部值日制度。

第四篇

市场行为规范与调控

企业是一个经济组织，要生存要赚钱，就要面向激烈的市场竞争，企业间难免有不轨行为。而经济的发展需要依赖有序的市场秩序，于是国家和社会赋予企业一定的社会责任，并采取种种途径监控和规范企业的市场行为。

第十一章

招标与投标

教学目的和要求☞

- 通过本章内容的教学，让学生懂得什么是招标投标活动、招标与投标活动的一般程序以及招标书与投标书的概念及特点，重点掌握招标书与投标书的写作。

第一节 概 述

一、招标与投标

激烈的市场竞争，尤以高额的大宗交易因其一次性的丰厚利润而最为抢手，如建设项目承包、大宗设备的订购等。在我国的改革开放之初，这类大宗交易常常是暗箱操作，由此衍生出的不良竞争行为，滋生了腐败，也干扰着正常的市场秩序。于是，市场产生出一种新型的竞争方式——招标。招标方式以其内容、过程和结果的公开、公平、公正的鲜明特点赢得了市场的认可。国家也通过立法确认了这种方式的合法化并规范其行为。在招标方式的运行过程中，产生了招标与投标两种相对应的主体行为，它们是以订立招标合同为目的的民事活动。我们一般所说的招标与投标则是对该民事活动中两个不同交易主体行为的称谓。它们属于订立合同预备阶段的内容。

招标，是指招标人明确提出拟购买的商品或拟兴建的工程项目及相应事项和要求，邀请卖方或承包商前来投标直至最终形成伙伴关系的行为。

投标，则是指投标人（卖方或承包商）依据招标方的条件要求在指定时间与地点按照一定程序参与竞标的行为。

招标投标因其具有公开性、公平性、简明性的特点，成为市场经济中一种颇具影响力的竞争方式，通常适用于工程建设项目和大宗商品交易。

1999 年 8 月 30 日，第九届全国人民代表大会常务委员会第十一次会议通过了《中华人民共和国招标投标法》，标志着我国招标投标活动已步入法制轨道。它不仅规范了招标投标活动，维护了正常的社会经济秩序，保护了招标投标当事人的合法权益，而且能有效保证项目质量，提高经济效益。

二、招标方式

我国的招标投标法中规定的招标方式有两种。

1）公开招标，指招标人以招标公告的方式邀请不特定的法人或者其他组织投标。这是运用最多的招标方式。

2）邀请招标，即招标人以招标邀请书的方式邀请特定的法人或者其他组织参与投标，也称之为“有限招标”。在一些重大建设项目上多采用这种招标方式。

三、招标与投标活动的一般程序

1）招标方组织编制招标文件并报请有关部门审批。

2）招标人刊登招标通告或发出招标邀请书，说明招标要求、投标条件及有关事项。

3）接待项目现场勘察和咨询。

4）招标方对愿意参加投标的公司进行资格预审。

5）发售招标文件。

6）投标人呈递投标书，密函报价，并交纳投标保证金。

7）招标人当众开标、评标、确定中标人，并发出中标通知书。

8）招标人在招标的有效期内与中标人签订合同，双方进入履行合同阶段。

四、招标与投标文书的写作及思维特点

1）招标与投标活动的目的是为寻求交易伙伴，写作主体首先要认识招标书与投标书的写作是为实现这一目的服务的。

2）招标书与投标书关于上述目的是通过意愿交流和沟通的方式实现，招标书与投标书的写作要着力思考如何去把握好自己方意愿和对对方要求的确切表达。

3）招标书或投标书主体，对本方意志的定位既要满足自己方的权利要求和义务履行，又要兼顾对方的利益。

第二节　招标书写作

一、文体概念

完成了招标文件的准备工作后，正式启动招标活动的第一道程序就是发布招标消息，其方法是将招标活动的相关信息以招标书的形式通过媒体的登载而传播出去。招标书就是发布招标信息的文书，在日常使用中，其名称不一，如招标公告、招标启事、招标广告、招标通告等，它是以告示招标主要事项和要求，从而使有意者前来参与竞标的周知性文书。

二、招标书正文写作的主要结构内容

1. 导言

交代招标人、标的、招标方式、招标范围和招标目的。

2. 主体

1）标的内容与具体要求（质量及工期要求等）。

2）对投标人资质条件的要求。

3）招标的程序内容（投标人如何参与竞标的程序内容）：①接待咨询的时间、地点；②项目现场勘察的时间安排；③购买文件的时间、地点；④投递申请书的时间、地点；⑤投递标函的时间及具体要求；⑥开标的时间、地点；⑦签订合同的时间及要求等。

3. 尾部

主要写明招标人信息，如地址、邮编、电话、联系人、网址等。

三、文章写作结构原理分析

1. 导言分析

关于招标人、标的、招标方式、招标范围、招标目的均属总纲性内容，所以放在文章开头来写。

2. 主体分析

招标书写作的意图宗旨是要吸引有资格者来参与竞标，所以首先要为投标人是否参与竞标的行为抉择提供方便。主体内容“1)”、“2)”就是为投标人是否参与竞标提供抉择依据。对于投标者来说，虽然中标后的承包项目可以带来丰厚的利润，但是竞标行为需经历一个复杂的工作过程，且招标方往往条件苛刻，中标难度大，故即使是有资格的投标人，也存在行为抉择的问题，抉择的依据当然是招标方关于标的内容及相关要求。这就是写作内容“1)”、“2)”的思路根据。

内容“3)”则是告知招标人参与竞标的程序内容。由于在整个招标与投标活动中，招标方是处于主动者的地位，所有程序都是由招标方做出安排，投标方必须严格遵循招标方的部署，否则就会失去竞标机会。所以，招标书中在支持投标人的行为抉择后，紧接着就要写明招标程序安排的具体事项，以告知投标人如何参与竞标。这里，要将招标人安排的每项内容以及要求投标人履行的时间、地点等详细写清楚。

3. 尾部分析

招标书在最后的尾部提供的是关于招标人的相关信息，以为投标人在竞标行为过程中与招标人的沟通提供联络方便。

例文 1

中华人民共和国技术进口总公司国际招标公司

山西孝柳路铁路第二期工程招标公告

1. 中华人民共和国政府已经从亚洲开发银行（以下简称“亚行”）得到一笔以各种货币支付的，用于孝柳路铁路第二期工程（以下简称“项目”）的贷款，并打算其中部分贷款以人民币支付本次招标所要达到的合同项下的合理费用，为此发出本招标通告。

2. 中国技术进口总公司国际招标公司（以下简称“国际招标公司”）受山西省孝柳路铁路工程建设总指挥部（以下简称“业主”）的委托，兹邀请感兴趣的投标商对本项目的站前工程所需的部分材料以及站后工程进行投标。

3. 本次招标范围：

第 TCBA-8910006 号招标文件（站前工程所需的部分材料）

第一包：钢筋混凝土梁……155 孔

第二包：预应力钢筋混凝土轨枕……78307 根

第 TCBA-891007 号招标文件（站后工程）

第一包：房屋建筑（含暖通）

第二包：电力设施

第三包：客货运设施

第四包：给水排水

4. 经亚行同意，上述材料和工程采用国内竞争性招标方式采购，来自中国（或其他合格亚行成员国）的投标商，可选择上述招标文件中的任意一包或几包进行投标。

5. 感兴趣的投标商可从 20××年 10 月 9 日起，每天上午 8:30～11:30（星期天和节假日除外）到国际招标公司 105 房间购买招标文件。招标文件 TCBA-8910006 号每份售价人民币 400 元；TCBA-891007 号每份售价人民币 1000 元，招标文件售出不退。

6. 对 TCBA-891006 号的投标书必须于 20××年 11 月 5 日 10:00 前，对 TCBA-891007 号的投标书必须于 20××年元月 5 日 10:00 前送抵下列地址：

山西太原市旱西关街三桥大厦 209 室（业主在太原的办公室）

电话：×××××××

在规定的截止日期未递交投标保证金的投标书恕不接受。

TCBA-891006 号标的开标定于 20××年 11 月 5 日 14:30 在太原三桥大厦 801 室、TCBA-8910007 号标的公开开标定于 20××年元月 5 日 14:30 在太原三桥大厦 801 室进行。届时，投标商可派代表参加。

7. TCBA-8910007 号标的标前会及现场考察定于××××年 11 月 1 日到 3 日在山西吕梁地区离石县举行，不按时参加的投标商，国际招标公司和业主概不负责。

业主地址：山西吕梁地区离石县和平路。

电话：×××××××

中国技术进口总公司国际招标公司第一业务部

中国北京海淀区苏州街万寿寺甲三号

电话：×××××××

第三节　投标书写作

一、关于投标行为与投标书

投标方获知招标消息，经过研究招标文件做出参与竞标的决定后，在公开招标的方式中，其投标行为一般分为两个步骤：首先是投递投标申请书，以接受资格预审；第二步，是在获取资格后再投递标函正式参与竞标。在这种情况下，我们一般所说的投标书就一分为二成两种文体，即投标申请书与标函。而在邀请招标中，或招标规模小而不需要资格预审的情况下，投标书也就是指的标函。

本节分别介绍投标申请书与标函的写作。

二、投标申请书写作的主要结构内容及文章写作结构原理分析

1. 文体概念

投标申请书，是投标单位在招标公告规定的时间内递交的表达参与竞标意愿的文书。其构成内容包括参与竞标的意愿表示和企业资质资料两部分。其意义是为招标单位审定投标资格提供根据。只有在投标申请获准后，才能拟写标函，参加竞标。

2. 投标申请书写作的主要结构内容

招标申请书由称谓、正文、署名、时间、附件五个部分组成。

1）称谓，其格式如同信函称谓，顶格写明招标单位名称。

2）正文内容。①陈述参加投标的意愿；②承诺事项。

3）署名，由于投标属于重要经济行为，因此，需要双重签署和双重用印：①署名法人名称和用印；②法人代表签名和用印。

4）申请时间。

5）附件，是反映投标人资格的详细资料，包括投标单位基本情况以及与招标项目有关的经验、装备、技术力量等方面的资料等。这是投标申请书中最重要的部分。

3. 文章写作结构原理分析

投标申请书写作的意图宗旨，是通过表达投标的意愿而接受招标方的资格预审，以求获取竞标资格。那么，首先要确认是要向哪一招标主体投标，这是通过称谓来明确指向，故要写内容“1）”。

紧接着是进入“2）”正文内容，其中内容“①”是以明确表达投标意愿的方式，请求招标方审查资格；内容“②”是以承诺的方式表明拟投标人的真诚态度。

内容“3）”是为方便招标方对投标人身份的确认。

内容“4）”是以说明该申请书符合招标方时间要求的有效性，但招标方一般以投递时间为准，签署时间只作为参考依据。

内容“5）”则是提供接受资格审查的资质证明文件。这里的内容“5）”从形式上似乎是置于主体内容外的补充部分，而从文章写作要实现的意图宗旨来看，它应是主体内容的最重要构成部分。只是因为它的内容篇幅大，不便置于文章主体内容来陈述，只好以附件的补充内容形式来处理。

三、标函写作的主要结构内容及文章写作结构原理分析

1. 文体概念

标函，是投标方在取得预审资格后，向招标方报送具体标价及相应承诺事宜的要

约性文书。标函一般是由招标方作为招标文件事先拟制好，由投标方购买，按要求填写即可。

标函的核心内容是报价。由于竞争的需要，标函采取密封邮寄或派专人直接送达招标机构。

2. 标函写作的主要结构内容

1）投标意愿表示。
2）报价：要具体写明总报价，以及分项目价目。
3）工程项目或设备拟达到的质量标准及质量保证措施。
4）工期或交货日期。
5）需承诺的其他事宜。

3. 文章写作结构原理分析

内容“1)”投标意愿表示在这里只是作为文章开头，起着引出下文的作用。内容“2)、3)、4)”是属于文章主体部分内容。其中，内容“2)”的报价，是指投标方所报出的对工程承包的价格或所出卖货物的出售价格，这是招投方与投标方权利的焦点内容，也是评标的重点根据；内容“3)”、“4)”是投标人从满足招标方权利要求上对项目质量或商品质量和工期或交货日期的承诺。以上是投标人遵循自己既定利益目标，以实现中标为目的，向招标人表述的自己参与竞标的准则。

四、写作投标书需注意的事项

1）要避免发生无效标的情况（无效标的即废标，凡因违反政府有关投标方面的政策规定或不符合投标手续等而失效的标函，都称为无效标）。

2）投标书的格式必须按照招标单位的要求，不得任意改变，如果标书的格式不能表达投标意图时，可另附补充说明，供评标时参考。

3）对招标书中所列工程量或货物数额等经核对发现有错误时，不得涂改，也不能按照自己核实的量计算标价，而应将核实的情况另作附加说明。

4）货物的技术规格（或项目质量标准）是投标过程中最重要的文件、必须作具体说明。

5）各项指标数据要精确，报价要依据科学计算不能有误差。

6）文字要简明扼要、概念术语要准确规范，以免产生歧义和误解。

例文 2

投标申请书

××市招标管理办公室：

我单位根据现有施工能力，决定参加××厂××××厂房工程投标，保证达到招标文件的有关要求，遵守其各项规定。

特此申请

附：《投标企业简历》

投标单位：××××建筑工程公司（章）

负责人：×××（签章）

××××年×月×日

例文 3

工程投标书

招标方：

我们研究了××××工程的招标文件，愿意按照设计图纸、技术说明书和合同条件的要求承担上述工程的施工任务。现提出正式报价如下：

一、总包标价：×万×千×百×拾×元（大写）

二、综合单价：元/平方米（或立方米、米、公里等）

三、总包标价构成：

工程项目	计量单位	工程数量	标价（元）	占总价（%）
主厂房	平方米			
宿　舍	平方米			
设备安装	台、套			
室外工程	项			
其　他	项			

四、工期：

自××××年××月××日开工，至××××年××月××日竣工，总工期为×个月。

五、工程质量标准及主要施工技术组织措施：

1.

2.

……

六、主要材料指标：

1. 钢材××吨（有无规格要求应说明）。

2. 水泥××吨。

3. 木材××立方米（原木或锯材应说明）。

七、要求建设单位提供的配合条件：

1.

2.

……

标书附件 1

（××××工程）主要部分分项标价明细表

<table>
<tr><td rowspan="2">工程项目</td><td rowspan="2">单　位</td><td rowspan="2">数　量</td><td colspan="2">直接费(元)</td></tr>
<tr><td>单　价</td><td>合　价</td></tr>
<tr><td>土方工程</td><td></td><td></td><td></td><td></td></tr>
<tr><td>土方工程</td><td></td><td></td><td></td><td></td></tr>
<tr><td>土方工程</td><td></td><td></td><td></td><td></td></tr>
<tr><td colspan="5">直接费小计　　　　　　　　　　　　元</td></tr>
<tr><td colspan="5">管理费　　　　%　　　　　　　　　元</td></tr>
<tr><td colspan="5">独立费　　　　%　　　　　　　　　元</td></tr>
<tr><td colspan="5">包干系数　　　%　　　　　　　　　元</td></tr>
<tr><td colspan="5">利润、技术装备费、劳保支出　　　%　　　　元</td></tr>
<tr><td colspan="5">标价合计　　　　　　　　　　　　　元</td></tr>
</table>

标书附件 2

（单位工程名称）主要材料、设备标价明细表

<table>
<tr><td rowspan="2">材料设备名称</td><td rowspan="2">单位</td><td rowspan="2">数量</td><td colspan="2">预算（元）</td><td colspan="2">标价（元）</td><td rowspan="2">差价（元）</td></tr>
<tr><td>单价</td><td>合价</td><td>单价</td><td>合价</td></tr>
<tr><td></td><td></td><td></td><td></td><td></td><td></td><td></td><td></td></tr>
<tr><td></td><td></td><td></td><td></td><td></td><td></td><td></td><td></td></tr>
<tr><td></td><td></td><td></td><td></td><td></td><td></td><td></td><td></td></tr>
<tr><td>合计</td><td></td><td></td><td></td><td></td><td></td><td></td><td></td></tr>
<tr><td>材料、设备差价合计</td><td colspan="7">元</td></tr>
<tr><td colspan="8">说　明：</td></tr>
</table>

例文 4

投　标　书

致：××车辆厂

根据贵方为（2009）招字 UCZB200901《铁路客车油漆装喷烘一体化设备》项目招标采购货物及服务的投标邀请，签字代表经正式授权并代表投标方××××××技术开发公司提交下述文件各一份和副本一式四份。

① 开标一览表；

② 投标价格表；

③ 货物简要说明一览表；

④ 按投标方须知要求提供的全部文件；

⑤ 资格证明文件。

据此函，签字代表宣布同意如下：

1. 附投标报价表中规定的应提供和交付的货物投标总价为：壹佰肆拾玖万陆仟元整（149.6 万元）。

2. 投标方将按招标文件的规定履行合同责任和义务。

3. 投标方已详细审查全部招标文件，包括修改文件（如有的话）以及全部参考资料和有关附件。我们完全理解并同意放弃对这方面不明及误解的权利。

4. 其投标自开标日起有效期为 90 个日历日。

5. 投标方同意提供按照贵方要求的与其投标有关的一切数据或资料，完全理解贵方不一定要接受最低价的投标或收到的任何投标。

6. 与本投标有关的一切正式往来信函请寄：

地址：北京××区××街×号　　　　邮　编：××××××

电话：010-83601894　　　　传　真：××××××

投标方代表姓名、职务：×××　总经理

投标方名称：××××

（公章）

日期：2009 年×月×日

标书附件

1. 电动三维工作台示意图（略）

2. 客修喷烘漆房示意图（略）

思考与练习

一、填空题

1．在招标方式的运行过程中，产生了＿＿＿＿＿＿＿和＿＿＿＿＿＿＿两种相对应的主体行为。

2．招标投标通常适用于＿＿＿＿＿＿＿＿＿＿和＿＿＿＿＿＿＿＿＿＿＿＿。

3．我国的招标投标法中规定的招标方式有两种：①＿＿＿＿＿＿＿；②＿＿＿＿＿＿＿。

4．招标与投标活动的目的是为＿＿＿＿＿＿＿＿＿＿＿＿。

5．在公开招标方式中，投标行为一般分为两个步骤：首先＿＿＿＿＿＿＿＿＿＿＿＿；第二步是＿＿＿＿＿＿＿＿＿＿＿＿。

二、名词解释

招标　投标　公开招标　邀请招标　招标书　投标申请书　标函

三、简答题

1．招标投标有哪些程序？

2．招标书的写作包含哪些主要内容？

3．标函的写作包括哪些主要内容？

4．投标申请书的写作包括哪些主要内容？

5．请试对例文3《工程投标书》分析文章写作结构原理。

四、写作题

阅读以下材料，完成写作练习。

1．××市永昌建筑工程公司决定对采购1000吨（400#）水泥实行公开招标。供货时间为2014年××月××日，投标时间为2014年××月××日，投标地点在公司大楼二楼会议室，开标事宜自拟。联系人：许小姐。

（1）请根据上述材料，拟写一份企业购买水泥的招标公告。

（2）根据拟就的招标公告写一份投标申请书。

2．经上级主管部门同意，×××大学将修建一栋教学大楼。由××市城市建设委员会批准，本工程实行公开招标，择优选定承包单位。工程名称为：×××大学教学楼。施工地点：××市×路×号。建筑面积：××××m^2。设计及要求：见附件。承包方式：实行包工包料。凡有投标意向的国内有法人资格且具有一、二级施工执照的企业，只要其主管部门和开户银行认可，均可投标。投标时间于2014年×月×日之前来人或来函索取招标文书，收取成本费30元，逾期不予办理。投标文书及投标企业资质文件，密封投寄或派员直送×××大学基建处，收件至2014年××月××日截止。开标日期定于2014年6月6日。地点在×××大学行政办公楼第×会议室，在××市公证处公证下启封开标。招标单位地址：××市××路×号。电报挂号：×××，电话：×××，联系人：×××，邮政编码：××××××，负责招标单位：×××大学招标办公室（公章）。发出招标公告的时间：2014年×月×日。

（1）根据上述材料为×××大学拟写一则招标公告。

（2）根据这则招标公告为×××建筑公司拟写一份标函。

第十二章 审计监督

教学目的和要求

- 通过本章内容的教学，让学生了解我国的审计监督制度和审计工作程序，掌握审计报告的概念、类别，以及简式审计报告和详式审计报告的相关知识，能写作简式审计报告和详式审计报告。

第一节 概 述

一、关于审计监督制度和审计报告

1. 我国的审计监督制度

《中华人民共和国审计法》（2006年2月18日第十届全国人民代表大会常务委员会第二十次会议修正稿，以下简称“审计法”）总则第二条中规定：我国实行审计监督制度，国务院和县级以上地方人民政府设立审计机关，由审计机关依法进行审计监督。该条文中还明确了审计监督的范围。在第二十九条和第三十条又明确了国家审计机关对企事业单位的内部审计及社会审计机构的指导和监督关系。

2. 审计机构

我国的审计机构分为3种类型。

1）县级以上人民政府设立的审计机关是属于国家政府机关的审计监督职能部门，主要履行的是对各级政府部门的财政收支和国有企事业单位的财务收支的审计监督。

2）企事业单位设立的内部审计部门主要是开展单位内部的审计监督活动，为管理层调控内部组织行为、提高组织的内部规范化管理水平服务。

3）社会审计机构（即审计事务所），是具有经营性质的社会审计事务机构。

3. 审计报告

审计法第四十条还规定，审计组对审计事项实施审计后，应当向审计机关提出审计报告。这里的审计组原是指由国家某一级政府审计机关派出的工作小组，他们在完成任务后，要向派出的审计机关提交审计报告。依此，企事业单位的审计部门完成审计任务后，要向其领导机关提交审计报告；社会审计机构在完成委托机关的审计任务后也要向委托机关提交审计报告。

审计法第四十一条又规定，审计机关对审计组的审计报告进行审议后，对被审对象的违规违法行为，要作出审计决定或向有关管理机关提出处理处罚的意见。

由审计法的上述条款内容，我们可以理解到：审计报告，是审计组完成审计工作后，向审计机关或领导机关和委托机关汇报审计情况及结果的书面报告。

审计报告写作的意义是通过反映被审计单位的财政、财务收支及相关的经济活动情况，为审计机关出具审计意见书和作出审计决定提供依据。

二、审计报告的种类

按审计报告的内容特点，可分为财政财务审计报告、财经法纪审计报告、经济效益审计报告 3 种。

1. 财政财务审计报告

又可分为财政审计报告和财务审计报告。前者还可分为财政预算审计报告和决算审计报告。财政预算审计报告要对政府财政预算收入、预算支出及预算外收支情况提出审计结论；决算审计报告是对政府财政支出进行决算审计后的结论。财务审计报告的内容可以是对企业或事业单位的财务状况、经营成果和财务活动全面审查后的结论，也可以是只对企业的财务报表甚至只对资金平衡表作出评价，证明企业的财务报表或资金平衡表是否真实正确。

2. 法纪审计报告

属于专案审计的范畴。它是通过对被审单位财务资料的审查，对其遵守财经法纪状况作出评价，并对违反财经法纪的行为提出处理意见的报告。

3. 绩效审计报告

这是旨在评价法人或法人代表的经营业绩，或是以揭示其存在问题、原因，提出改进建议为目的的审计活动的报告性文书。

按文章写作的文体形式特点，又可分为简式审计报告与详式审计报告。本章重点介绍这两种审计报告的写作。

三、撰写审计报告的步骤

撰写审计报告大体可分为 8 个步骤，如图 12.1 所示。

开始
检查底稿
重新审计
提炼资料
选定中心
拟出提纲
证据是否充分可靠
否
是
撰写报告
部分不同意
征求意见
根本不同意
同意
定稿报出
结束

图 12.1 撰写审计报告的步骤

四、审计报告的写作及思维特点

1）写作主体首先要认识审计活动的意义是通过审计来查

证被审内容是否合法和如实有效，以履行审计机关的监督职能。

2）审计报告写作是体现监督职能，文章写作要反映审计工作的执行情况及审计结果。

3）审计报告是由审计任务的具体执行者（审计小组）提交的，其目的是向任务授予者提供作出审计结论的依据。审计报告写作要遵循这一意图的实现来形成文章写作思路，将审计工作的执行情况和审计结果的相关资料有条理地陈述清楚。

第二节　简式审计报告写作

一、文体概念

所谓简式审计报告，是在内容及形式上采取十分简洁明了写法的一种审计报告。财务审计在西方国家主要是为了证明被审单位的会计报表、财务状况和经营成果。其中，简式审计报告通常报送给董事会、企业债权人以及税务机关；详式审计报告主要报送给企业负责人或有关上级机关，有时也报送给股东和债权人。

国内对中外合资经营企业和外资企业进行审计时，可参照西方国家会计师对财务审计报告的写法。其他企业、事业单位的财务审计报告可以吸收其中对我国适用的部分。

二、文章写作的主要结构内容

简式审计报告写作的主要内容包括以下几点。

（1）审计时间、审计对象、审计范围

（2）审计程序

通常对采用的审计程序作简要交代。

（3）审计标准

在西方国家通常为公认会计准则，在我国则为政府颁发的会计法规与会计制度。

（4）审计意见

又分为肯定意见、附带条件的意见、否定意见和放弃表示意见等 4 种。

1）肯定意见，又称无保留意见。审核结果，认为会计报表的编制遵守会计制度和公认会计准则，运用的会计方法与上年度一致，会计报表各项目与实际情况相符，就可用肯定意见指出会计报表合理地表述了企业的财务状况以及该年度的经营成果（见例文 1）。

2）附带条件的意见，又称有保留的意见。当审计人员遇到下列情况时，一般可表示附带条件的意见：①被审单位的会计报表不符合规定的会计制度和公认会计准则，以致对某些项目产生了重大影响；②各期应用的会计准则有重大变化或在会计方法上有重大变化；③存在影响会计报表的重大未决事项；④查实某些项目缺乏充分、有效的审计证据；⑤审查范围受到限制，影响对某些项目的评价。附带条件的意见，常用措词是“除受……影响外”、“除……外”、“会计报表的其余部分，合适地反映了企业的财务状况及经营成果”。例如，中外合资经营企业在国外的投资无法查证时，或正在进行经济诉讼时，可将上述情况作为附带条件列出。

3）否定意见，又称反面意见。当会计报表不能正确反映企业的财务状况，或被审单位未执行规定的会计制度，会计记录不符合公认会计准则时，审计人员可在报告中表示否定意见，但要说明否定的理由。

4）放弃表示的意见。当被审单位严重限制审计范围，或对重要事项不提供充分完整的资料时，可放弃表示意见。例如，企业拒绝让审计人员监督存货盘点，可在审计报告中指出："我们未能对存货监督盘点，无法确认存货的数量和金额，而贵公司的存货在资产中占很大比重，因此对后附的会计报表，不表示意见。"

三、文章写作结构原理分析

内容"(1)"写作的意义是作为文章开头，首先交代审计活动的时间、对谁审计、审计了哪些财务资料，以为内容"(4)"的审计意见作铺垫。

内容"(2)"是对审计程序的交代。我国的审计法对审计活动应遵循的必要程序作了严格规定。这是因为审计工作的目的是为了实施监督，其途径是通过审计获取凭证来评价被审单位的经济活动。审计获取的凭证是否准确关系评价意见是否中肯，为了保证审计获取凭证的准确就要求审计活动必须遵循严格的程序。从这一意义上，可以说审计活动是否遵循了严格的程序表明审计意见是否有效。所以，内容"(2)"是对后续审计意见有效性的重要说明。

内容"(3)"是为评价被审单位的经济活动说明评价标准。从内在逻辑联系上，与内容"(1)、(2)"都是为内容"(4)"提供依据。

内容"(4)"则是承接审计活动和审计标准对被审单位的财务状况、会计报表、或经济活动的评价意见。

遵循上述的写作思路，也就实现了审计报告写作的意图宗旨。

例文 1

四川建华联合会计师事务所

JIANHUA LIANHE ACCOUNT OF SICHUAN PROVINCE

川建会审字［2012］第 000 号

审计报告

成都新世界汇美百货有限公司全体股东：

我们审计了后附的成都新世界汇美百货有限公司（以下简称"新世界汇美公司"）财务报表，包括2011年12月31日的资产负债表，2011年度的利润表、现金流量表以及财务报表附注。

一、管理层对财务报表的责任

按照企业会计准则和《企业会计制度》的规定编制财务报表是新世界汇美公司管理层的责任。这种责任包括：①设计、实施和维护与财务报表编制相关的内部控制，以使财务报表不存在由于舞弊或错误而导致的重大错报；②选择和运用恰当的会计政策；③作出合理的会计估计。

二、注册会计师的责任

我们的责任是在实施审计工作的基础上对财务报表发表审计意见。我们按照中国注册会计师审计准则的规定执行了审计工作。中国注册会计师审计准则要求我们遵守职业道德规范，计划和实施审计工作以对财务报表是否不存在重大错报获取合理保证。

审计工作涉及实施审计程序，以获取有关财务报表金额和披露的审计证据。选择的审计程序取决于注册会计师的判断，包括对由于舞弊或错误导致的财务报表重大错报风险的评估。在进行风险评估时，我们考虑与财务报表编制相关的内部控制，以设计恰当的审计程序，但目的并非对内部控制的有效性发表意见。审计工作还包括评价管理层选用会计政策的恰当性和作出会计估计的合理性，以及评价财务报表的总体列报。

我们相信，我们获取的审计证据是充分、适当的，为发表审计意见提供了基础。

三、审计意见

我们认为，新世界汇美公司财务报表已经按照企业会计准则和《企业会计制度》的规定编制，在所有重大方面公允反映了新世界汇美公司2011年12月31日的财务状况以及2011年度的经营成果和现金流量。

四川建华联合会计师事务所　　　　中国注册会计师：

中国·成都　　　　中国注册会计师：

2012年2月6日

例文 2

审计报告

××字（××××）第××号

中外合资经营××××厂董事会和各股东：

我们审查了中外合资经营××××厂××××年 12 月 31 日的资产负债表以及该年度的利润表和财务状况变动表，审查了必要的会计记录，采用了必要的审计程序。

我们认为所附的会计报表，符合我国颁布的《中外合资经营企业会计制度》和《中外合资经营工业企业会计科目和会计报表》的规定，符合国际会计准则，所用会计方法与上年度基本一致。上述财务报表合理地表述了××××厂××××年 12 月 31 日的财务状况以及该年度的经营成果和财务状况的变化。

附件：1. ××××厂××××年 12 月 31 日资产负债表
2. ××××厂××××年度利润表
3. ××××厂××××年度财务状况变动表

××会计师事务所

注册会计师××

××××年××月××日

第三节　详式审计报告写作

一、文体概念

详式审计报告是一种在文章形态上相对结构复杂、容纳内容量大的审计报告的写作体式。它在我国的实际应用中又分两种情况：一是对国有企事业单位法人代表绩效的审计；

二是关于财经法纪的审计。下面分别介绍这两种详式审计报告的写作。

二、绩效审计报告正文写作的主要结构及文章写作结构原理分析

1. 正文写作的主要结构

（1）导言

主要说明审计立项的依据、审计时间、被审计单位的名称、审计的范围、程序、被审计单位的基本情况等。

（2）有关效益审计综述

将经过审查计算的反映被审单位效益状况的信息、资料数据，按照一定的逻辑联系分项表述清楚。其目的，是以审查计算的信息资料来综合而又简洁地说明被审单位的效益状况。注意，这里重在以资料数据来作客观反映，在主观意见上，只是顺应资料数据分析显示的逻辑思路作效益状况的简要归结。

（3）存在的问题及问题产生的原因

在肯定被审计单位所取得成绩的同时，指出审计中发现的问题，具体分析这些问题影响效益的程度。然后对问题进行分类整理，突出重点，对重要的问题深入分析其产生的原因。

（4）审计意见和建议

根据上述的效益状况和问题分析，提出审计意见和建议，包括绩效评价、提高经济效益的途径或解决问题的办法以及可供选择的方案等。

2. 文章写作结构原理分析

（1）导言分析

导言作为文章开头，为文章主体内容的展开做铺垫（参照简式审计报告的原理分析）。

（2）主体分析

“2）”、“3）”、“4）”均属文章主体部分内容。

绩效，是指法人代表任职期间行使职权主持工作所取得的成绩，由于对法人代表成绩评价的依据是所代表法人的效益，故称绩效。绩效审计，重在通过对法人效益的审查计算，而审计报告的特点是以审查计算的资料数据说话，所以，内容“2）”首先要将反映其效益状况的资料予以归纳综述。一般的写法，这里是以成绩为主。

绩效的反映常常有着两面性，有成绩也有问题，所以，内容“3）”又将审查计算出的反映存在问题的资料进行归纳表述。有问题就要解决问题，为了解决问题，先要查明原因，所以，这里还要分析原因。

内容“2）”、“3）”的写作都是为内容“4）”的写作提供根据。

审计工作的意义是监督，这里的监督有两个方面：一是对经济活动中的违法违纪行为的监督；二是对加强管理，提高效益水平的督促。绩效审计的意义在后者。故内容“4）”要根据内容“2）”、“3）”对被审单位的效益作出综合评价，同时根据内容“3）”的问题及原因分析对该单位今后的工作从管理上提出改进性的建议。

三、财经法纪审计报告正文写作的主要结构内容及文章写作结构原理分析

1. 正文写作的主要结构内容

一般可分为三个部分。

（1）导言

说明审计任务的依据，审计活动的时间、目的、范围、发现的主要问题。

（2）主体

1）逐次列出问题查实的资料。

2）说明责任人，判断案情的性质。

3）处理意见。

（3）附件

将有关本案的证据，包括原件、复印件、影印件、照片等，作为报告的附件。

撰写这类审计报告，要坚持原则，分清是非，证据确凿。报告牵涉到对人的处理，定性要准确，提出处理意见要慎重。

2. 文章写作结构原理分析

（1）导言分析

同于效益审计报告的写作原理。

（2）主体分析

财经法纪审计是通过揭露经济活动中的违法违纪行为来实现其监督作用。文章主体部分就是遵循这一意图实现的要求来写作。

既然是为了揭露问题，当然首先要把经审查计算查实的反映问题的资料数据列示出来，即有内容“1)”的写作。这里的列示是按问题性质归类，将反映各类性质问题的资料数据逐项表述清楚，以为内容“2)、3)”的表述提供依据。

审计活动指向的对象是事，而监督作用的实现却要对人。因为事是人为的，只有遏制了人的行为，才能防范违法违纪事件的发生，要对人，就要将前述问题涉及的责任人说明清楚。问题与人对号了，就涉及要处理的问题，没有处罚难以警示他人防患于未然，要处罚就要判断案情性质。这是内容“2)”写作的根据原理。

问题与人对号了，问题性质也判断清楚了，承接其逻辑思路，就可提出处理意见了，所以要写内容“3)”。由于审计机构不是执法机关，故只能是提出意见。

至此，财经法纪审计报告写作的意图宗旨也就实现了。

例文 3

审 计 报 告

大庆榆树林油田开发有限责任公司：

我们接受委托，对贵公司××××年生产、产能建设中永久性占地和临时性占地发生的永久征地补偿费、临时占地补偿费、油水淹地补偿费以及与油田生产占地相关的土地补偿费用支出和土地事业性收费支出进行审计。贵公司的责任是向我们提供与此相关的情况资料，并对这些资料负责，我们的责任是

对土地征地费用和临时占地费用支出的合理性发表审计意见。我们的审计是根据《中国注册会计师独立审计准则》进行的。在审计过程中我们进行了包括检查占地认定单，计算补偿金额、测量占地面积，观察耕地种植作物等我们认为必要的审计程序。

一、基本情况

贵公司是石油生产企业，全年因钻井、作业、采油（包括提捞）、油水管线施工以及管线、井口跑水跑油等原因，需进行永久性征地和临时性占地，跑水跑油时需对水污油污的农作物进行补偿。公司在内部管理控制方面，将与此有关的事务交由工农事务办统一负责。工农事务办依照贵公司经营管理制度汇编中《施工用地管理办法》、《施工用地及补偿标准》等相关文件处理有关事务。因此，我们对工农事务办××××年全年的土地占地认证单（占地费用支出凭证）以及工农事务办提供的相关资料进行了详细审计。

贵公司××××年全部生产、产能建设用地 1181336m^2（1772 亩），本年永征地面积 147750m^2（221.62 亩）。其中征用井场面积 72000m^2（60 口井），通（井）路面积 65207m^2（约 8694 延长米），卸油点 9463m^2，供电线路线杆占地 1080m^2（120 根杆）；临时性占地面积 897700m^2（1346 亩），其中管线开沟地面积 61147m^2（管线 61147 延米），占地面积 79215m^2；水淹地面积 24 230m^2（36.34 亩），油污地面积 111657m^2（167.48 亩）。

根据工农事务办的认定标准计算本年应发生土地补偿费金额 7979192.23 元（根据同样的原始单据，工农事务办计算数为 7984050.00 元，计算误差 4857.77 元。李容××××年 12 月 30 日电话提供）。内容分别如下：永久性征地费用（包括井场和通井路）2630306.08 元；临时性用地补偿费用 4556682.59 元，其中：短地补偿费 617887.00 元，管线开沟地补偿费 723144.16 元；水淹地补偿费 5669.82 元；油污地补偿费 104113.34 元；政策性补偿费 415736.60 元；协议补偿 250000.00 元；行政事业性收费 16683.80 元。（以上均为未审前数）

二、审计过程中我们发现管理中存在如下问题

1. 土地补偿费计算方法有误

经我们检查询问，工农事务办上两年度计算永征地补偿费用，其中的土地补偿费，没有按照公司有关规定（即按土地地类划分）标准补偿。贵公司管理文件汇编《施工用地及补偿标准》规定，永久征地土地补偿费按该耕地被征用前 3 年平均年产值 10 倍补偿。被征用的土地年产值确定标准执行绥政土发［2000］1 号文件。工农事务办在以前年度计算永征地土地补偿费时，按当年地表种植作物即按青苗补偿费标准的 10 倍进行补偿。以文件中规定的肇东标准为例，旱地年产值 0.78 元/m^2，一般菜田年产值 3.40 元/m^2。本年永久征地面积 147750 m^2，其中菜地面积 115272 m^2。按以前年度的计算方法，仅征用种菜地的土地补偿费就达 3919248.00 元（115272×3.4×10）。依据肇东市土地部门划分的地类（即旱地或一般菜田）确定，油田产能建设所征土地均属旱地，应按 0.78/米^{2}计算土地补偿费。我们计算的土地补偿费金额是 899121.60 元（115272×0.78×10）。两种计算方法相差 3020126.40 元［115272×（3.4－0.78）×10］。加上统征服务费差额 120805.06 元（3020126.40×4%），共计差额 3140931.46 元。对于前述问题，工农事务办采纳了我们的意见，改变了以前年度计算方法，为贵公司节约开支 3140931.46 元。

2. 临时性占地面积认定不准确

贵公司因本年油水管线施工和管网改造，临时性占地面积 897700 m^2（未审数），费用达 4556682.59 元（未审数）。审计中我们经检查发现，临时占地中管线施工占地面积土 99#、土 100#、土 106#、土 107#占地认定单面积计算有误差。经询问和实际测量，产生误差的主要原因是土地面积测量计算方法不正确。按工

农事务办的一贯做法，占地面积测量时由分管的一名土地员和当地乡土地员、村负责人用米绳实地测量。这种方法用于小面积测量时一般没有误差。但是，管线施工占地情况特殊，管线一般几千米长，全靠土地员徒步测量，当地乡土地员与村负责人往往为了地方利益，在测量时作弊而土地员不能察觉，比如偷拉米绳，本应原地不动却往后行走等。以上原因导致临时占地面积虚增 47765 m^2，占全年临时占地面积的 5%。

3. 地面种植作物认定不准确

贵公司生产、产能建设永久征地和临时占地本年均发生在肇东市的所属乡镇。当地农业生产以种植玉米等大田作物为主，在土地部门的地类划分上也均属旱田。本年永久性征地 147750 m^2，其中菜地 115272 m^2，占全部面积的 78%。临时性占地 897700 m^2（未审数），其中菜地 523053 m^2（未审数），占全部面积的 58%。据我们测量计算，本年管线工程"榆一联至东口，榆二联至树 2，榆二联至树 127 污水管线"工程地区，沿管线长度 14500 米穿越农田，管线穿越蔬菜地的长度仅有 176 m，占总长度的 1.2%，经观察其他农田未见反证，由此判断本地区菜地面积占农作物种植面积不足 2%。由于油田生产的特殊性以及当地农户抢种经济作物的实际情况，油田生产、产能建设占地中，菜田占大田的比例会有所增加。但是，我们认为，永征地 78%和临时占地 58%的比例不符合实际情况。经调查询问，其主要原因是占地认定处理不及时，往往是产能建设占地部门先占地，后补批临时用地手续，土地员到现场时，已经不能取得地面种植作物的第一手资料，或已经发生农户抢种经济作物的事实，给土地认证工作带来极大困难，也给企业造成了很大的经济损失。经我们测算，如果本年青苗补偿费按照 10%菜田（田间抽样计算，榆树林油田产能建设地区种植蔬菜的面积不足 2%）计算，××××年全年土地补偿费可以控制在 600 万元以内（附计算单，附表 8）。

4. 补偿标准适用不正确

根据公司有关规定，因永征地造成的 30 米以内确实无法耕种的短地按耕地的 10 倍补偿。土 10#占地面积 58×24m（2.09 亩），经调查不符合按短地补偿规定，应按照临时占地补偿。

5. 占地认证单项目填写不完备，编号不连续，处理现场记录不及时

工农事务办本年加大管理力度，严格四方签认制度，对认证单实行编号管理。基础工作较以前年度有很大提高。但是我们在审计中也发现有些单据填写不完备，编号不连续。如土 9#～土 14#占地认证单没有生产部门经办人和施工单位经办人签字。由于油田生产的特殊性，会有四方不能同步认证的情况。但是应当尽快补签。此外，××××年修建东 382 井区油水系统工程占地至去年底才协议补偿，处理现场不及时，仅此一项就增加本年土地补偿费 250000.00 元。

6. 土地补偿费计算不及时

审计中我们发现工农事务办只有在年终时才一次汇总计算全年的土地补偿费，平时只是估算补偿金额，这样不利于平时发现占地认证方面的问题，也不利于有关领导作出相关的决策。

三、具体审计情况如下

审计情况对比表：

面积单位（m^2）　　金额单位（元）

占地项目	补偿面积	补偿金额	审定面积	审定金额
永久征地	147750	2630306.08	147750	2630306.08
临时占地	897700	4556682.59	848543	3857973.76
其中：开沟地	61147	723144.16	61147	722606.54
短地	79215	617887.00	77823	607019.40

续表

占地项目	补偿面积	补偿金额	审定面积	审定金额
水淹地	24230	5669.82	24230	5669.82
油污地	111656	104113.34	111656	104113.34
政策性补偿		415736.60		366714.30
协议补偿		250000.00		250000.00
行政收费		16683.80		14775.00
合　计	1181336	7979192.23	1132179	7229552.30

我们审定永征地面积147750m²（221.62亩），其中征用井场面积72000m²（60口井），通（井）路面积65207m²（约8694延米），卸油点9463m²，供电线路线杆占地1080m²（120根杆）。临时性占地面积848543m²（1273亩），其中管线开沟地面积61147m²（管线61147延长米），短地面积77823m²。水淹地面积24230m²（36.34亩），油污地面积111656m²（167.48亩）。

针对审计过程中发现的问题我们进行了审计差异调整，调整额为754497.70元（经工农事务办确认，附表9）。调整后本年土地补偿费用金额7229552.30元。其中：永久性征地费用（包括井场和通井路）2630306.08元（不包括测绘费）；临时性用地补偿费用3857973.76元（其中：短地补偿费607019.40元，管线开沟地补偿费722606.54元）；水淹地补偿费5669.82元；油污地补偿费104113.34元；政策性补偿费366714.30元；协议补偿250000.00元；行政事业性收费14775.00元。

在审计过程中，我们得到了工农事务办的积极配合，工农事务办按照要求调整了永久性征地的土地补偿费的计算标准，仅此一项，就为公司节约土地费用开支3140931.46元，加上工农事务办确认的审计调减数754497.70元，本年共减少土地费用开支3895429.16元。

工农事务办本年加强了有关土地占地认定单签认方面的内部管理，强化了四方签认制度，减少了占地补偿的任意性，补偿费用较上年大幅度减少，减少幅度为14.16%，很好地完成了年初公司下达的费用指标。

四、针对审计中发现的问题我们提出如下建议：

1）组织工农事务办业务人员认真学习与土地补偿费用相关的法律法规文件以及公司内部的相关规章制度，在工作中严格执行有关法规和规章制度。审计中我们注意到贵公司《施工用地及补偿标准》中规定，临时用地补偿统征服务费的标准是（［青苗费＋复垦费］×4%）。根据黑土资发[2001]36号文件精神，临时占地不属于土地包干全包工作范围，按照半包工作方式，结合大庆油田有限责任公司的实际工作做法，我们认为统征服务费的标准应当修正为（［青苗费＋复垦费］×2%）。

2）针对临时性占地面积认定不准确的情况，我们认为，在以后年度测量管线施工长度、计算补偿面积时，应参照施工单位测量的施工管线长度进行修正。必要时结合成本效益原则，可以聘请专业测量人员使用专用测量仪器进行测量，防止由于舞弊造成的土地补偿费用损失。

3）地面种植作物认定不准确，主要与前述的突击施工与农户抢种有关。要解决这个问题，还需要工农事务办加强占地认证方面的管理，主动开展工作，努力争取各方面的积极配合，并提请有关领导重视这方面的工作，加大工作力度，促进各方面协作。通过调查我们了解到工农事务办已经配备了照相和摄像器材，建议以后年度要求做到补偿金额万元以上的认证单均有照片或录像资料，极特殊情况应当有主管领导签字。

4）土地永征地和临时占地等情况应当建立相应的稽核制度。不论永久征地还是临时占地，或者水淹、油污地，土地补偿费用的发生在各个生产、产能部门都有相关的生产记录，我们在审计过程中验证了这一点。如临时占地中的压裂占地和研究设计室提供的××××年新井压裂进度及施工顺序表核对相符。但是经询问，工农事务办本年对于本年发生的各种补偿费用没有与相关产能单位进行核对。我们认为应当设立一个有效的独立于工农事务办和生产单位的稽核岗位（比如交由内部审计部门），要求各生产、产能建设单位按月上报与占地认证有关的情况汇总表，与工农事务办月末上报的占地情况分类汇总表核对并出具汇报材料，如果发现异常情况，及时上报处理。

5）工农事务办应当按月计算土地补偿费金额，编制占地情况分类汇总表，以此作为预付肇东市土地补偿费的依据和用于及时与生产、产能建设部门相核对。

6）加强内部审计工作。土地补偿费发生具有特殊性，即先发生占地事实，签占地认证单，年底编制付款计算单并与肇东市土地部门核对，最后跨年付款。针对这种情况，应当要求内部审计部门加强事前和事中审计。如果等付款后进行审计，即使审计出问题，也难以挽回企业的经济损失。

这份审计报告中提出的审计建议，是我们基于为贵公司服务的目的，根据审计过程中发现的内部控制问题而提出的。我们是对贵公司××××年度土地补偿费用进行审计，所实施的审计范围是有限的，不可能全面了解所有的相关内部控制，审计建议中提到的问题，仅是我们注意到的，不应被视为对内部控制发表的鉴证意见，所提建议不具有强制性和公正性。

本审计报告仅提供给贵公司，在贵公司内部使用。因使用不当造成的后果，与签字的注册会计师及所在的会计师事务所无关。

附件：（一）土地费用开支明细表

（二）土地费用审计差异汇总表

（三）占地认证单计算表

大庆元昇联合会计师事务所

主任会计师：冷雪梅

主审注册会计师：徐哲慧

助理人员：王艳芝、包明涛

吴冬梅、张利民

中国 · 大庆

签发日期 ××××年1月6日

（资料来源：http://wenku.baidu.com/view/13c4bcc02cc58bd63186bdb6.html）

思考与练习

一、填空题

1. 我国的审计机构分为三种类型：____________________；____________________；____________________。

2. 财务审计在西方国家主要是为了证明被审计单位的__________、____________和__________。其中，简式审计报告通常报送给_________、_________ 以及_________；详式审计报告主要报送给________或________，有时也报送给_________和_________。

3. 审计报告按内容性质分，可分为_________、_________和_________3种。

4. 撰写审计报告大体可分为以下8个步骤：_________、___________、___________、___________、___________、__________、___________、__________。

5．审计意见，又分为__________、__________、__________、__________ 4 种。

二、名词解释

审计报告　财经法纪审计报告　绩效审计报告　财政财务审计报告

三、简答题

1．写作简式审计报告遇到什么情况时，可表示附带条件的意见？
2．请简述绩效审计报告正文写作的结构内容要点。
3．财经法纪审计报告的正文要写作哪些内容？

四、论述分析题

请对例文 1《审计报告》（简式）分析文章写作的结构原理。

五、写作练习

请根据你获取的材料，为某公司写一份年度效益审计报告。

第十三章 经济诉讼

教学目的和要求

- 通过本章内容的教学，让学生懂得经济纠纷诉讼文书的一般知识，能区别起诉状、上诉状、答辩状和申诉状的各自特点和适用方法，能写作这些状子。

第一节 概 述

一、市场经济活动中的经济纠纷

在市场经济活动中，当事人各方由于各自不同的利益立场有时会导致合作中的经济纠纷，如合同纠纷、债权纠纷、专利权纠纷等。这些纠纷对于企业的经营活动和社会经济秩序会产生一定的负面影响，因此应受到双方当事人的重视，事前尽力防止、事后要妥善解决。

二、经济纠纷的调节

经济纠纷的解决途径，一般分为 4 种：和解、调解、仲裁、向法院提起诉讼。这 4 种解决途径中，最具权威性的就是——诉讼。

《合同法》第 128 条规定："当事人可以通过和解或者调解解决合同争议。""当事人不愿和解、调解或者和解、调解不成的，可以根据仲裁协议向仲裁机构申请仲裁。""当事人没有订立仲裁协议或者仲裁无效的，可以向法院起诉。"

三、诉讼文书

诉讼文书是民事案件、刑事案件和行政案件的当事人（或公诉人）为了维护自己的合法权益（或公民和国家权益），针对案情，根据法律和诉讼程序的规定，向人民法院提出某种诉讼要求或答辩的文字材料。

诉讼文书是司法文书中的一个类别。司法文书具有广义和狭义两种含义。狭义上的司法文书，是指公安机关、检察院、法院、司法行政机关依法制作或发布的有关处理民、刑、行政案件的具有法律效力或法律意义的文书。这种司法文书，制作机关必须是公安机关、检察机关、人民法院及司法行政机关；它的制作根据是法律；它的适用范围是民事案件、刑事案件和行政案件；它的主要特征是具有法律效力或法律意义；它的性质是司法公文，不是民间文书。广义上的司法文书外延比较大，除上述内容外，还包括诉讼类文书、公证机关的公证文书等。

本章着重介绍的是诉讼文书中常用经济诉状的写作。常用经济诉状包括起诉状、上诉状、申诉状、答辩状。

四、诉状的写作及思维特点

1）写作主体首先要认识人民法院所保护的只能是合法权益，其依据是国家的相关法律法规。

2）诉状的写作要紧扣相关法律法规来陈述事实，阐明理由，佐证自己所请求保护权益的合法性。

3）诉状中陈述的事实及证明材料必须真实有效，阐述的理由不宜牵强，若是自己该承担的责任不能推诿。因为人民法院终归是要将事实和法律责任审理清楚的，该承担的责任想逃避是不现实的。

第二节　起诉状写作

一、文体概念

起诉状，是指案件的当事人一方，在自己的合法权益受到侵害或与另一当事人发生有关权利和义务的冲突而未能协商解决时，请求人民法院依法审理裁决的文书，俗称状子。

二、起诉状写作的主要结构内容

根据司法部所制定的《诉讼文书样式》的规定，起诉状由6个部分组成，包括标题、当事人的基本情况、请求事项、事实和理由、结尾、附项。

1. 标题

标题是起诉状的名称。经济案件的诉状标题可以直述“经济纠纷起诉状”。

2. 正文

（1）当事人的基本情况

具体写法：按原告和被告分别陈述。起诉状的具状人称为原告，被指控的另一当事人称被告。如果当事人是自然人，首行写出原告人的姓名、性别、年龄、民族、籍贯、职业、工作单位和住址，次行并列写出被告人的上述8项基本情况。如果当事人是法人，则先写原告法人单位的全称和地址，次行写法定代表人的姓名和职务等，然后，并列写出被告法人同样的情况。如果有数个原告人和被告人，就要按其在案件中的地位和作用，依次写出他们各自的基本情况。如果委托诉讼代理人，则应在原告人或被告人的下一行，写明代理人的姓名和所在单位。

（2）请求

这部分写原告方提起诉讼要实现的目的，也即要求人民法院予以保护的合法权益的具体内容。

（3）事实和理由

这是起诉状的主体和核心内容部分，重在提供证明自己诉讼请求合法合理的重要依据。包括以下内容。

1）叙述事实。人民法院审理案件，做出判决或裁定要以事实为根据。原告在起诉状中要实事求是地把自己合法权益受侵害的事实经过、被告的侵权行为或当事人双方纠纷的具体情况写清楚，阐明双方经济权益争执的焦点、实质性的分歧、造成的后果及被告应承担的责任等。

2）提供证据。证据是认定事实的客观基础，原告对自己所提起诉讼的案件负有举证责任，为证明自身所述事实的真实性和请求事项的合理性充分列举证据。证据包括书证、物证及其他能证明事实真相的材料。提供书证、物证及有关材料应说明其来源和可靠程度；提供人证，要交代证人的证言内容及证人的姓名、职业、单位、住址等，以便核查落实。

3）阐明理由。主要写两个方面的内容：①根据诉讼事实和证据，分析案情的性质及被告人的责任；②依据相关法律法规及道德规范，阐明请求事项的合理性和合法性。

3. 尾部

起诉状尾部包括 3 项内容：①呈文对象，即诉状所提交的人民法院名称，用“此致，××人民法院”句式表示；②具状人签名盖章；③具状年月日。

4. 附项

按顺序依次列出：本状副本××份；物证××件，书证××件，必要时，还要列出证人的姓名、住址等。

三、文章写作结构原理分析

起诉状的写作是遵循诉讼文书写作的统一格式。正文主体内容由 3 大部分构成。

（1）当事人基本情况

起诉状，是一审程序中原告向人民法院告之案情的诉状。其首先的直接目的是让人民法院了解案情，能立案审理。既然是原告告状，就有指控的被告，原告与被告构成一审当事人。为了便于人民法院了解案情和立案审理，故起诉状中，首先要将当事人的信息陈述清楚。

（2）请求

起诉状写作的最根本目的，是要实现让人民法院保护其合法权益。但问题是合法权益是一个粗泛的概念，人民法院对案情的审理需要有具体的指向内容，故需要原告表述清楚要求人民法院保护其合法权益的具体内容是什么——即受被告侵害的权益内容。这里，是从写作格式上特别显示地突出该项内容，以让人民法院了解当事人的真实意图，理清案情审理的基本思路。

（3）事实与理由

陈述了请求，紧接着就要说明凭什么要人民法院满足该请求的事实根据和理论根据。事实根据是指纠纷由来，理论根据是指相关的法律法规或道德规范。这里的写作要满足事实清楚、理由充分的要求，以为人民法院提供案情审理的根据。

四、起诉状写作的注意事项

撰写起诉状还应注意下列问题。

1）在叙述纠纷事实时，必须注意边叙述事实边列举证据，以证明原告所提供的事实是证据确凿、无可辩驳的。

2）在行文方法上，案情事实比较复杂的，一般先写明纠纷事实或被告犯罪事实，然后再用专门段落阐述理由，这样行文较为清楚。如果案情简单，法律事实比较清楚，也可以以阐述诉讼理由为主线，结合交代事实缘由。

3）注意人称的一致性。目前诉状人称有两种写法，一种是第一人称写法，即“我”如何如何，被告如何如何；一种是第三人称写法，即原告如何如何，被告如何如何。一般情况下，当事人提起诉讼，本应用“我”、“我单位”口气陈述，但由于目前诉状多由律师代笔，所以用第三人称陈述写起来比较客观。两种人称均可，但在同一诉状中不能混用。

例文 1

经济纠纷起诉状

原告：××市××金属加工厂

法定代表人：李××，男，××岁，厂长

被告：××省××县××乡经贸公司

法定代表人：许××，男，××岁，经理

请求事项：要求追回被告所欠我厂货款 13 700 元及滞纳金 2 713.15 元。

事实与理由：

××县××乡经贸公司于××××年 5 月派人到我厂洽谈业务，声称他公司有铝锭 10 吨，每吨单价 3600 元，款到发货，并由他公司负责运到××市轧铝厂交货，运费由我厂负担。经协商，达成协议，并签订文字合同（“订货合同”附后）。合同生效后，我厂于××××年 5 月 14 日通过银行汇给被告货款 36000 元。而被告收到货款后却迟迟不能交货。后经我厂了解，才知他们根本无货。于是我厂令其退款。经多次催要，被告于××××年 9 月 6 日才退回 20000 元，同年 11 月又退回 2200 元。其余 13700 元拖欠至今仍拒不退还。

由上述事实可见，被告无货而签订供货合同，本属欺骗行为。对所欠我厂货款又迟迟不肯退还，其中 13700 元时至今日仍不偿还，虽经我厂多次催要，但无济于事，这更属耍赖行为。被告的不法行为给我厂造成一定的经济损失。

为此，特向你院提出诉讼，请求维护我厂合法权益，判定被告偿还我厂货款 13700 元，并按照中国人民银行关于延期付款，每日交付万分之三滞纳金的规定，判定对方向我厂交付滞纳金，从××××

年5月20日起至今。

此致

××县人民法院

具状人：××市金属加工厂

××××年3月15日（章）

附：1. 原“订货合同”1份

2. 本状副本2份

第三节　上诉状与申诉状写作

一、文体概念

上诉状，是诉讼当事人因不服一审法院的判决或裁定，在规定的上诉期限内，向原审法院的上一级法院提出请求启动二审程序的状子。

申诉状，是指案件的当事人、或代理人、或其他公民，对已生效执行的判决仍然不服，向人民法院请求重审的状子。

两者的主要区别：

1）上诉状是针对一审未生效的裁定，并有15日的有效期限；申诉状则是针对已生效执行的裁定，没有时间期限的限制。

2）上级法院收到上诉状，必须受理；而对于申诉状，只有在能够提供确凿证据说明原审判决有误时，法院才会受理。

二、文章写作的主要结构内容

上诉状和申诉状的写作结构思路基本相同。这里只介绍上诉状的写作。根据司法部制定的《诉讼文书样式》的规定，上诉状应写明以下内容。

1. 上诉人和被上诉人的基本情况

同于起诉状的当事人信息。但需对上诉人和被上诉人注明在原审中的身份，并用括号括住。

2. 案由

即上诉的由来，一般用下列程式语句：“上诉人因……一案，不服××人民法院××××年×月×日××字第××号的民（或刑）事裁定（或判决），现提出上诉。”

3. 上诉的请求

请求上级法院维护上诉人合法权益的具体要求，如要求二审撤销或变更原裁决等。

4. 理由

这是上诉状的核心内容部分。上诉理由写作要针对原审判决或裁定中的不当之处阐明不服的理由。这部分的写作要考虑3个方面的问题：①关于对事实的认定。如果原审裁决在事实的认定上有错误，包括某种行为事实根本不存在，或有重大出入，或缺乏证据等，那就要用确凿的证据说明事实真相，全部或部分地否定原审裁决认定的事实。②关于定性、裁决和适用法律，如果原审裁决在认定事实方面没出入，而是在判断案件性质、责任认定以及适用法律上有误，那就要运用法律武器，包括从法律理论上的论证和引用具体的法律条文，指明原审裁决在适用法律方面的错误。③关于诉讼程序问题。如果原审法院在审理案情和最后裁决中，存在违反诉讼程序的错误，包括是否应当回避，是否应指定辩护人，审判方式是否公开，审判组织是否合法等，也应根据有关法律规定，指出其错误，以阐明诉讼请求的充足理由。

5. 尾部

上诉状的结尾包括 3 项内容：①呈文或呈转对象。上诉状写好后，可以直接递交二审法院，也可以通过原审法院转交上一级人民法院。如果是前者，就写“此致××人民法院”；如果是后者，就写“×××人民法院（原审法院）转呈××人民法院（二审法院）”。②上诉人签名盖章。③具状年月日。

6. 附项

依次列出：上诉状副本×份；书证×件；物证×件；如有证人，还要写出证人的姓名和地址等。

三、文章写作结构原理分析

上诉状写作的主要结构内容由当事人情况、案由、请求与理由 4 部分构成。

1. 当事人基本情况分析

当事人情况写作的根据同于起诉状。

2. 案由分析

案由的写作是上诉状所必须交代清楚的。我国人民法院的审判制度是二审终审，这是为维护人民法院对案件审理的公正和准确，从审理程序机制上予以制约保证的制度。该制度中的二审程序是以上诉状为根据针对一审而启动的审理活动。所以上诉状中必须首先说明是对哪一案件的一审判决不服，以便上级法院有针对性地启动二审程序。

3. 请求分析

上诉状的请求写作不同于起诉状，它是上诉人为保护自己的合法权益针对一审判决的不服而向上级人民法院提出的要求，以为上级人民法院启动二审程序提供理清思路的根据。

4. 理由分析

向上级法院提出了请求，紧接着就要陈述理由——凭什么要上级法院满足你这样的要求。这里的理由，是回答为什么要那样请求所根据的事实及法律法规，以为上级法院理清审案思路提供依据。当上级法院遵循该思路审理案情，证实你请求的理由正确而充分，就会满足你的请求；若你提供的理由有假或不充分，则说明原判正确。所以，上诉状中理由的陈述，对上级法院理清审案思路，启动二审程序有着重要的意义。

四、上诉状写作的注意事项

1）要注意针对性，就是要针对原审裁决（或判决）。因为上诉状是认定原审裁决（或判决）不公或不合法才上诉的。因此，在写作上诉状时，要对原审的判决书或裁定书进行仔细研究，把足以影响定罪量刑或裁决的关键问题找出来，然后根据不同的问题采用不同的方法，抓住要害，摒弃枝节，揭示实质，讲清理由。

2）应以阐述理由为主线。如果原审裁决在认定事实上和上诉人之间并无分歧，自然主要是针对原判的适用法律和诉讼程序方面的不当申述理由；如果原审裁决在认定事实上有错误，当然在上诉状中首先要辨明事实，说明真相。但这种对事实真相的说明，根本目的还是为了阐明理由，事实是阐明理由的根据。所以，写作上诉状要注意处理好事实和理由的关系。

3）语言应注意分寸。上诉状是针对原审裁决申述理由，具有驳论性质，但要摆事实讲道理，不能运用出格的语言伤害原审法院。这与写答辩状是不同的，答辩状当然也得摆事实讲道理。但针对的对象毕竟有所不同。

例文 2

民事上诉状

上诉人（一审被告）：×××百货商场，地址：×××路28号，邮政编码：××××××

法定代表人：张××，经理

委托代理人：周××，××律师事务所律师

上诉人因购销合同纠纷一案，不服××区人民法院××××年×月×日法经字××号判决，现提出上诉。上诉的请求和理由如下：

上诉请求：撤销原判，认定合同无效。

上诉理由：

1. 原判决认定业务员杜×持有业务介绍信，有合理的代理权，其代表上诉人所签合同有效，这是错误的。业务员杜×所持的介绍信是专用介绍信，上诉人只授权他签订有关文具的购销合同，并无授权他签订家用电器的购销合同。被原审原告明知其无代理权，仍与其签订购买 300 台洗衣机的购销合同。而杜×越权代理，也并没有得到上诉人的事后追认。因此，杜×以上诉人名义订立的合同是事先未经授权、事后又未被追认的无权代理行为，根据我国法律的规定，该合同应认定为无效合同，由此产生的责任也不应由上诉人承担。

2. 原审原告在订立合同时不审查杜×有无代理权，杜×明知自己没有代理权而为之，双方都有过错，而上诉人在此事上却是没有任何过错的，由此而产生的损失应由杜×与被原审原告共同负责，而不应由上诉人承担。

基于上述理由，上诉人认为，原审法院认定事实不当，处理显失公正，特向贵院提出上诉，请根据事实和法律，作出公正的终审裁判。

此致

××中级人民法院

上诉人：×××百货商场

法定代表人：张××

××××年×月×日

例文 3

经济纠纷申诉状

申诉人：×××，男，××岁，汉族，工人，住本市××巷××号

请求：撤销终审判决进行再审。

案由：

因合伙经营熟食加工纠纷一案，不服××市中级人民法院经字××号的终审判决，现提出申诉如下：

事实及诉讼经过：2000 年×月×日申诉人的儿子×××待业期间，为了自谋生路，与一审原告×××洽商合办熟食加工食堂，由我出面协助与原告签订合同。合同规定双方各提供资金 1200 元，由我儿子负责经营，利润平分。合同签订后，我立即拿出 12000 元自行筹建（包括修房、建灶、购置有关设备等）。原告人除只给了两吨煤，20 千克面粉，45 千克食油，一台绞肉机及碗碟用具等（总共不足 1000 元）外，现金分文未交，在申诉人已花去了万余元筹建费的情况下，只得合办下去，谁知开业仅两个半月，原告人即单方撕毁合同，强迫停业，给我造成了巨大的经济损失；我本拟起诉，追索赔偿，谁知原告人反而先告状。一审法院并未查明真实情况，简单地以我“以儿子名义合办食堂为不合法行为”，宣布“协议无效”，食堂视为我“独资经营”，判令我偿付原告人 13306 元（附原审判决复印件）。我于同年×月×日上诉到××市中级人民法院，中级人民法院亦未详查，遂“维持原判，驳回上诉”（附终审法院判决复印件）。

一、关于原判“1”：所谓上诉人以儿子名义承包食堂，未办营业执照先行营业，属于违法经营，食堂应为我个人“独资经营”的问题

1. 我的儿子是已成年的待业青年。自谋生路合伙经营食堂，是完全符合国家政策的。协议上是我的儿子×××签的字。因其年轻无工作经验，由做父亲的我作为代理人协助其签订协议，进行筹建，亦属合理合法；营业执照由原告人自行申请，只是在执照未发下的半个月前，在原告人要求“马上开业”的情况下才营业的。协议是双方当事人的民事法律行为，只要协议内容合法，即应受国家法律保护。执照还未办下先行经营，属于违章，与协议是否合法，完全是两回事，何况工商行政机关已按有关规定罚款 200 元作了处理。显然，原判既昧于事实，又没有法律依据。

2. 原告人虽然未拿出合伙资金，但也提供了房屋场地、粮油食物，这不能算是我独资经营。

二、关于原判“2”：所谓我应付给原告 1760 元的房租问题

协议第一条规定：“房租每月 400 元，各摊 200 元。”由于原告人单方毁约，强迫停业，根据协议，申诉人亦只能分摊两个月的房租（共 400 元），而原判却令申诉人承担三个半月的 4/5 的房租（1760 元）。这显然是有失公平的判决。

三、关于原判"3"：所谓我应付给原告煤、油粮等折价1716.06元的问题

原告人确实提供了一些煤、油、粮，但数目远没有原告人所说的那么多，而原审法院却概予认定。相反，我提出原告人商店的职工在食堂吃饭几个月未付饭钱，要求偿付（这是铁的事实，只要询问该店的职工便可查明），而原判却说："因证据不足，不能认定。"申诉人认为此项判决是违背了"以事实为依据"的司法原则的。

四、现申诉人根据协议有关条款提出反诉

1. 由于原告人违反协议，不提供12000元合伙资金，又中途毁约，强迫停业，给申诉人造成10000多元的经济损失，要求原告人如数赔偿。

2. 根据协议中"谁违约谁负责一切损失"的规定，付给申诉人一定数目的违约金。

综上所述，请你院撤销终审判决，依法审理，以维护申诉人的合法权益。

此致

××省高级人民法院

申诉人：××

××××年×月×日

附：1. ×××5份

2. ×××3份

3. 一、二审判决书各1份

第四节 答辩状写作

一、文体概念

答辩状是案件的被告方或被上诉方，针对起诉状或上诉状中的事实理由和诉讼请求，应人民法院的要求进行答复和为自己辩解的状子。

二、答辩状写作的主要结构内容

1. 答辩人的基本情况

依次写出答辩人姓名、性别、年龄、民族、籍贯、职业、单位、住址。

2. 案由

即答辩的由来，主要是写明为何答辩。一般用"现对×××为××一案上告我一事，答辩如下"，或"×××诉××一案，提出答辩如下"等语句表述。

3. 理由

理由，是答辩状中最重要的内容。要摆出充分理由和证据来反驳原告或上诉人的诉讼请求。这种反驳最重要的是从实体上反驳，即以法律为准绳，反驳原告或上诉人关于实体权利的请求。可以用事实、证据、理由否定原告或上诉人实体上的诉讼权；也可以从程序上反驳，即以诉讼法为依据，阐明原告或上诉人没有具备起诉或上诉所发生和进行的条件。

4. 答辩意见

在充分阐述理由的基础上，进行综合归纳，简洁明了地提出答辩者的观点和主张，指出自己答辩理由的正确性、合理性及原告或上诉行为的谬误性。

5. 尾部

由 3 部分组成，即答辩状呈交的法院名称，答辩人签名盖章和书写答辩状的年月日。

三、文章写作结构原理分析

答辩状写作的主要结构内容由答辩人的基本情况、案由和理由 3 部分构成。

1. 答辩人基本情况分析

这是答辩人的自我情况介绍。答辩状的用法有两种情况：①一审中被告针对原告指控的答辩；②二审中被上诉人针对上诉状的答辩。由于起诉状中的原告和上诉状中的上诉人均已向人民法院做了自我情况陈述，故答辩状中答辩人只需做自我情况介绍即可。

2. 案由分析

诉讼答辩，可以理解为是答辩人应人民法院在收到起诉状立案后，或上级法院收到上诉状启动二审程序时的要求，对起诉状或上诉状中请求的理由是否充分和如实的质疑的回答；又由于答辩人是处于被指控方，所以其回答的陈词又包含有为自己辩解的意味，故称答辩。那么，答辩人在答辩状的写作中，当然首先要写明是对人民法院的哪一质疑的回答，这就是答辩状的案由。

3. 理由分析

答辩状的写作不存在请求部分，因为人民法院对案件的受理和审理主要是以起诉状和上诉状为依据。这是答辩状写作不同于前述诉状写作在结构内容上的主要不同点。

故答辩状重在是写明案由和理由部分。由于答辩状是答辩人站在自我利益立场上的辩解，因此，其写作的思路应是为揭示起诉状或上诉状请求理由的不实或不充分提供新的证据和理论根据。这样，就使人民法院有了各方当事人的陈词，对案情审理的根据就更加充分了。

四、答辩状的写作要求

1. 要有针对性

要针对起诉状或上诉状中列出的事实和理由，驳斥其所列根据，对方的请求也就不能成立。

2. 要尊重事实

事实是判案的基础。如原告无理，就一定会歪曲事实，或者隐瞒事实真相，答辩状对此就要揭示事实真相，并列举出证据，把不利对方的事实部分突出出来；如果原告尊重客观事实，真实反映事实真相，答辩人对自己该承担的责任不应推诿，不宜强词夺理。

3. 要熟悉法律

法院判决和裁定，以法律为准绳。撰写答辩状应当熟悉并熟练运用有关法律条文，使自己的理由和主张建立在合法的基础之上。同时，要揭露起诉状或上诉状中适用法律上的错误，指出其行为的不合法性。

4. 要善于概括

答辩状在进行答复和反驳后，要正面提出对诉讼事实焦点的主张和看法。这一部分要高度概括，用精练准确的语言归纳出答辩人的观点，必要时可以分条表述。

例文 4

经济纠纷答辩状

答辩人：××厂，地址：××××××

法定代表人：×××，男，××岁，厂长

被答辩人：××玻璃厂，地址：×××××

答辩人就履行协议及赔偿一案作如下答辩：

一、关于协议规定建半煤气炉而实际建的是全煤气炉，这是双方共同协商议定，并非答辩人单方的行为。其理由是：

1. 被答辩人已在全煤气炉的图纸上签了字，证明其已同意建全煤气发生炉。

2. 被答辩人完全是按全煤气炉的设计挖的地基，并增盖了厂房。

3. 施工过程中被答辩人的代表始终实行监督，并未提出任何异议。

4. 工程完工验收时，被答辩人非常满意，并未提出半煤气炉之事。

二、关于全煤气炉在调试中产生了一系列问题，完全是由于被答辩人一方操作技术不佳和燃料质量差造成的，并非全煤气炉本身的原因。

1. 加煤设备是盅式加料装置，这种装置是许多厂的成熟经验，加煤不均是由于被答辩人所提供的煤没有达到规定的粒度，加之操作不善造成的。

2. 炉体使用的材料，最低耐火度为 1280℃，允许使用温度为 900℃，而煤气从发生炉出口温度为 500～700℃，所用材料完全符合要求。所说的不耐高温，是由于被答辩人一方缺乏操作经验，把煤气炉烧成明火炉，致使炉膛温度超过规定温度造成的。

3. 此种煤气炉的吹风口要求煤层的颗粒均匀，才能保证风的均匀。试炉之初，使用颗粒均匀的衡山精粉洗块煤时，风吹得是均匀的。而后来使用的煤未经筛选，而且是块面混烧，加之结焦过大，结果使风力不匀，燃烧也不匀。可见，不是设计的问题而是煤质的问题。

4. 炉内结焦的原因在于煤的质量。按协议规定应使用弱粒结性煤，燃烧后结焦小，可从炉条间隙漏下，但是被答辩人提供的煤根本没达到要求，结焦过大，无法清炉，以致把炉条烧坏。如果采用弱粒结性煤即可解决这一问题。

5. 关于预热器的二次风预热温度低的问题，是指预热器的面积不够，实际上是足够的，因为按地炉受热面积计算，预热器的表面积是能够满足要求的，而且在试炉时，地炉温度已达到 1450℃，可以说预热器是无问题的。

综上所述，被答辩人所述理由是难以成立的，所提要求也是无理的。

此致

×××人民法院

附项：1. 本状副本 2 份

2. 全煤气炉设计图纸 1 份

3. 工程验收单 1 份

答辩人：×××

××××年×月×日

思考与练习

一、填空

1. 经济纠纷的解决途径有 4 种：________、________、________、________。
2. 我国诉讼人称有两种写法：____________；____________。
3. 我国上诉的有效期限是____________天。
4. 案由是指________________________________。
5. 请求是要写明____________________________。

二、名词解释

诉讼文书　起诉状　上诉状　申诉状　答辩状

三、简答题

1. 经济纠纷的调解有哪几种途径？
2. 写作起诉状的事实与理由包括哪些内容？
3. 上诉状的案由与理由应该怎样写？
4. 写作答辩状应该注意什么问题？

四、辨别下面几段文字各属于何种诉状，属于哪部分结构的内容，为什么？

1. “因不偿还所欠货款一案，不服××市中级人民法院经字[××]36 号裁决。”
2. “请求依法裁决原合同有效；立即支付所欠货款××万元”。
3. “变更产品品种、质量和包装规格，给乙方造成经济损失时，甲方应偿付乙方损失，中途退货，应向乙方偿付退货部分货款总额50%的违约金。”

4.“综上所述，违反合同者是诉方，我方无任何过错。所以因违反合同造成的一切经济损失，应由诉方负责。请法院责令诉方参照《中华人民共和国合同法》第××条规定，赔偿本厂经济损失××万元．并承担诉讼活动的一切费用367.57元。”

五、写作训练

1．试写作一份经济纠纷起诉状。

2．根据前起诉状再写作答辩状。

第五篇

经济关系及涉外经济关系

人们的每一经济活动都会由其特定的经济目的产生的行为指向形成特定的经济关系。人们是在这种经济关系构成中通过履行各自的权利义务去实现其经济目的。

第十四章

民事权利义务关系的设立与变更

教学目的和要求

- 通过本章内容的教学，让学生掌握经济合同的一般知识，包括经济合同的概念、特征、一般写作格式、主要条款内容等，能区别买卖合同、技术开发合同、建设工程合同、保管合同的各自特点，并能写作这些合同书。

第一节 概　　述

一、经济关系与经济合同

市场行为，无论是自然人的还是法人的，都是为了谋取经济利益，并且是通过主体间建立特定的经济关系来互为实施。这种经济关系的内容是主体各自应履行的权利义务，所以这种经济关系，实际上是市场主体间的权利义务关系。在市场行为的过程中，市场主体间的权利义务关系的确立及其各自权利义务内容的明确分配是以协议的方式，这就是合同。市场主体间的权利义务关系及内容需要随着情况的变化而变化，因此主体间的合同关系也存在设立、变更和终止的变化。所谓合同，我国合同法中的定义是：平等主体的自然人、法人、其他组织之间设立、变更、终止民事权利义务关系的协议。由于合同法主要指向调整的是人们社会生活中的经济关系，这里的合同定义也就是指的经济合同。

社会经济的发展，需赖以和谐的社会经济秩序。构建良好和谐的社会经济秩序要以各市场主体严格履行各自的权利义务为前提条件。可是，由于激烈的市场竞争，以及市场竞争中市场因素的复杂性和市场主体间的利益冲突性，经济合同的履行难以尽如人意，甚至存在恶意的违约行为。因此，国家通过立法来保护合同当事人的合法权益，维护社会经济秩序，以促进社会主义的经济建设。

合同的本质意义，就是为了制约市场主体更好地履行各自的权利义务，并为市场行为中的权利义务纠纷提供评判是非的有效法律根据。

二、经济合同的基本特征

1. 经济性目的

经济合同的当事人之间的关系是经济关系，经济合同的使命就是要促使完成商品、劳务和货币的转移，即做成买卖、达成交换之目的。

2. 平等有偿原则

在经济合同订立的行为过程中，当事人的法律地位是平等的。经济合同是商品交换关系在法律上的表现，不论单位的大小，部门的高低，当事人从合作中获得的利益是以承担义务为前提。签订经济合同应贯彻平等互利、协商一致、等价有偿的原则，合同条款应体现当事人的本来意愿，任何欺诈、胁迫或代理人越权签订的合同均无效。

3. 合法性行为

《中华人民共和国合同法》规定："当事人订立、履行合同，应当遵守法律、行政法规，尊重社会公德，不得扰乱社会经济秩序，损害社会公共利益。"否则属于无效合同，不具备法律约束力。

三、经济合同书写作的一般格式

经济合同种类繁多，内容各异，但从整体形式上看，仍有着基本的形成模式。

1. 标题

标题即合同的名称，一般由"事由＋合同"构成，以写明合同性质，标明是哪类合同，如购销合同、货物运输合同。有的还进一步标明内容，如《粮食订购合同》、《交通银行××分行借款合同》。其位置在篇首居中。

2. 当事人名称

法人要按营业执照上核准的名称写全称，自然人以户口簿和身份证上的名称为准。不能写别人不了解的代称、代号，也不能简称"我方"和"你方"，这种称谓容易造成混淆。合同双方当事人名称在标题之下空两格分行并列连写。为叙述方便，习惯上常在双方当事人名称前注明甲方、乙方，如有中介方也需写明。

3. 正文

正文一般包括以下两方面的内容。

1）双方签订合同的目的或依据。行文要写得简明扼要、一目了然，主要交代签订合同的目的、依据，是否经过双方协商一致等。

2）双方协商一致的内容，即双方义务权利的具体条款。

4. 尾部

尾部一般包括：合同的正、副本份数及合同的有效期限说明；双方当事人签章；签订合同的日期。如需要双方主管部门证明或公证，要写明意见，并加盖公章。

四、经济合同应具备的主要条款

根据《合同法》的规定，合同应具备以下主要条款。

1. 当事人的名称或者姓名和住所（略）

2. 标的

它是当事人双方权利义务共同指向的对象，是经济往来中的具体目标物。各类合同的标的各不相同，例如，购销合同的标的是某种商品；租赁合同的标的是租赁物；借贷合同的标的是货币；建设工程承包合同的标的是工程项目等。

3. 数量与质量

标的数量是合同当事人双方义务的指向内容之一，须写得具体、明确，不但数字要准确，而且计量单位要精确，如斤或公斤、净重或毛重、平方米或亩都宜交代清楚。同时要明确质量要求，交代质量标准，是按国家级标准还是部级标准，是企业标准还是双方商定的标准，有的还应提交样品。

4. 价款与酬金

价款与酬金以货币数量来表示。价款中分单价和总金额，表格式合同以阿拉伯数字写单价，以大写汉字写总价，条款式合同则用汉字大写。凡国家规定价格的产品，必须按国家价格签订。价款必须标明币种，并注明是否含税。

5. 履行合同的期限、地点和方式

期限是经济合同履行的时间范围，要标明合同的有效期限。地点指履行义务的所在地，具体指交易地或项目施工地，必须写得具体、明确。履行的方式有多种多样，主要有时间方式和行为方式。时间方式指是一次性履行完毕还是分期履行；行为方式是指履行义务的方式，常见的有送货、提货、代运，工程项目的包工包料还是包工不包料，竣工的交付验收方式，及付款方式是现金、转账还是汇款等。

6. 违约责任

违约责任是指当事人由于自己的过错不能履行或不能完全履行合同而应承担的责任，要注明有效期。承担违约责任的形式主要有支付违约金、赔偿损失、返工修理、返还财产等。目的是约束当事人严格履行合同，维护经济合同的严肃性。

7. 争议解决的方法

《中华人民共和国合同法》总则第一百二十八条规定："当事人可以通过和解和调解解决合同争议。""当事人不愿和解、调解或者和解、调解不成的，可以根据仲裁协议向仲裁机构申请仲裁。""当事人没有订立仲裁协议或者仲裁协议无效的，可以向人民法院起诉。"该条款要求对争议解决方法作出选择说明。

五、经济合同的类别

1. 我国《合同法》按合同主要涉及的内容和业务特点将有偿合同划分为 15 种

1）买卖合同。
2）供用电、水、气、热力合同。
3）赠与合同。
4）借款合同。
5）租赁合同。
6）融资合同。
7）承揽合同。
8）建设工程合同。
9）运输合同。
10）技术合同。
11）保管合同。
12）仓储合同。
13）委托合同。
14）行纪合同。
15）居间合同。

2. 按文体的形式特点又可分为两种

（1）表格式

表格式合同适用于权利义务内容简单，且同一内容形式可多次重复使用的合同。它是把合同的条款内容设计在一份表格中，订立合同时逐条填写即可的一种形式，在买卖合同和运输合同中用得较多。

（2）条文式

条文式合同是将合同的条款内容以文字说明的方式为主逐一表述的一种合同形式，它一般适用于权利义务内容繁杂，且仅一次性使用的合同。

六、合同书的写作及思维特点

1）经济合同的写作是通过明确各方的权利义务从而保证对合同的履行，其本质意义是为一旦发生纠纷能提供判别是非的有效根据。

2）不同标的的合同，矛盾纠纷的焦点不一样，发生违约行为后的社会危害性质也不一样，写作主体要认识各种不同标的性质合同的各自特点。

3）写作主体要立足上述认识去构思写作合同具体条款，对那些容易发生纠纷的地方，其权利义务内容的表述愈益具体明确，这样，一旦有违约，便可责任明了。

本章只介绍4种最常用合同书的写作。

第二节 买卖合同书写作

一、买卖合同的概念

买卖合同是由出卖人转移标的物的所有权给买受人，买受人支付价款的形式约定双方权利义务关系的合同。买卖是经济生活中最普遍的交换行为，买卖合同也是经济生活中运用最为广泛的合同类型。根据《合同法》第一百七十四条："法律对其他有偿合同有规定的，依照其规定；没有规定的，参照买卖合同的有关规定。"因此买卖合同中所遵循的原则是经济合同中最基本的原则类型。

二、写作买卖合同书的基本条款内容

1）买卖货物名称（注明牌号或商标），品种、型号、规格、等级、花色等。

2）买卖货物数量和计量单位。

3）标的物的质量标准。

4）买卖货物包装标准和包装物的供应与回收。

5）买卖货物的交货单位、交货方式、运输方式和到货地点。

6）接货单位、提货单位、交货期限。

7）货物验收方法及提出异议的期限。

8）货物价格及总价款。

9）结算方式。

10）违约责任。

三、文章写作结构原理分析

订立合同的目的均是为制约合同当事人更好地履行合同中的权利义务。而合同写作的本质意义是为一旦发生纠纷提供在仲裁和调解中判明是非曲直的有效依据。故在合同写作中应把围绕权利义务内容双方容易发生矛盾纠纷之处重点约定清楚。由于买卖合同是以转移标的物所有权为基本特征，合同写作中应是重点将标的物转移过程中双方权利义务容易产生矛盾纠纷的地方约定清楚。买卖合同写作的条款内容即是遵循这一思路根据。

条款"1)、2)、3)"是对所转移标的物的确认。其中，"1)"是从标的物所具有的特征上的确认；"2)"是从数量上的确认；"3)"是从质量上的确认。上述确认就能避免所转移标的物误差上的无法辨别。

条款"4)"是应社会在环保上对白色污染物管理上的要求所制定的条款。

条款"5)、6)"是关于标的物转移过程的约定。其中，"5)"是对出卖人交货行为的约

定；“6）”是双方关于物流环节的约定。

条款“7）”是关于货物交验环节的约定。

“5）、6）、7）”三项条款均是相对于标的物的转移需要经过物流部门的长途运输而言的。若是买方直接提货，该三项内容均可以从略。

条款“8）”中关于价款的约定是买卖合同中的权利条款。双方利益的实现主要体现在该条款中，必须重点约定清楚。

条款“9）”是对买方义务的约定。

条款“10）”是处罚条款，或称制约条款，是通过加大对违约行为的处罚力度从而实现制约当事人履行合同的目的。

例文 1

购销合同（标准文本）

订立合同双方：

供方：

需方：

供需双方本着平等互利、协商一致的原则，签订本合同，以资双方信守执行。

第一条 商品名称、种类、规格、单位、数量

品名	种类	规格	单位	数量	备注

第二条 商品质量标准

商品质量标准可选择下列第__项作标准：

1. 附商品样本，作为合同附件。

2. 商品质量，按照______标准执行。（次品不得超过__%）。

3. 商品质量由双方议定。

第三条 商品单价及合同总金额

1. 商品定价，供需双方同意按______定价执行。如因原料、材料、生产条件发生变化，需变动价格时，应经供需双方协商。否则，造成损失由违约方承担经济责任。

2. 单价和合同总金额：____________________________。

第四条 包装方式及包装品处理。

（按照各种商品的不同，规定各种包装方式、包装材料及规格。包装品以随货出售为原则：凡需退还对方的包装品，应按铁路规定，订明回空方法及时间，或另作规定。）

第五条 交货方式

交货时间：____________________________。

交货地点：____________________________。

运输方式：____________________________。

第六条 验收方法

（按照交货地点与时间，根据不同商品种类，规定验收的处理方法。）

第七条 预付货款

（根据不同商品，决定是否预付货款及金额。）

第八条 付款日期及结算方式

____。

第九条 运输及保险

____。

（根据实际情况，需委托对方代办运输手续者，应于合同中订明。为保证货物途中的安全，代办运输单位应根据具体情况代办投保运输险。）

第十条 运输费用负担

第十一条 违约责任

1. 需方延付货款或付款后供方无货，使对方造成损失，应偿付对方此批货款总价__%的违约金。

2. 供方如提前或延期交货或交货不足数量者，供方应偿付需方此批货款总值__%的违约金。需方如不按交货期限收货或拒收合格商品，亦应偿付供方此批货款总值__%的违约金。任意一方如提出增减合同数量，变动交货时间，应提前通知对方，征得同意，否则应承担经济责任。

3. 供方所发货品有不合规格、质量或霉烂等情况，需方有权拒绝付款（如已付款，应订明退款退货办法），但须先行办理收货手续，并代为保管和立即通知供方，因此所发生的一切费用损失，由供方负责，如经供方要求代为处理，并须负责迅速处理，以免造成更大损失，其处理方法由双方协商决定。

4. 约定的违约金，视为违约的损失部分。双方没有约定违约金或者预先赔偿额的计算方法的，损失赔偿额应当相当于违约所造成的损失，包括合同履行后可以获得的利益，但不得超过违反合同一方订立合同时应当预见到的因违反合同可能造成的损失。

第十二条 当事人一方因不可抗力不能履行合同时，应当及时通知对方，并在合理期限内提出有关机构出具的证明，可以全部或部分免除该方当事人的责任。

第十三条 本合同在执行中发生纠纷，签订合同双方不能协商解决时，可向人民法院提出诉讼。（或申请__________仲裁机构仲裁解决）

第十四条 合同执行期间，如因故不能履行或需要修改，必须经双方同意，并互相换文或另定合同，方为有效。

需方：________________（盖章） 供方：________________（盖章）

法定代表人：______________（盖章） 法定代表人：______________（盖章）

开户银行及账号：____________ 开户银行及账号：__________

______年______月____

例文 2

经 销 协 议

甲方： 地址：

乙方： 地址：

甲方授权乙方为该公司珍珠明目滴眼液等系列产品在湖北地区的经销商，为稳定和加强双方的合作关系，扩大产品销售，甲乙双方本着互惠互利的原则达成如下协议条款：

一、产品名称规格及价格如下表：

品名	产地	规格	包装	供货价	零售价
珍珠明目滴眼液		10ml	360 盒 / 件		
复方鲜竹沥液		10×10ml	80 盒 / 件		
复方鲜竹沥液		100ml	50 盒 / 件		
百合固金口服液		10×10ml	80 盒 / 件		
妇乐颗粒		6g×10 袋	90 盒 / 件		
六味地黄丸		200 粒	120 盒 / 件		

二、质量保证：甲方保证产品的质量和产品的合法性，提供合法的产品文件和企业生产销售资格文件，如在销售过程中发现由甲方造成产品质量问题，由甲方负责。

乙方应具有合法的药品经营许可资格并在协议签署前向甲方提供药品经营许可证和工商营业执照。

三、乙方从甲方购进上述品种，并按本协议规定方式付款。

四、结算方式：账期 90 天，在每月 20 日以前回款。

五、返利：年终 12 月 31 日止按照整体回款金额进行返利，本年度销售回款在 12 月 31 日前达到和超过 150 万的，甲方按总回款的____%给予乙方返利。返利兑现的方式为年终从货款中扣除。

六、本合同一式两份，甲乙双方各执一份，本合同自签订之日起生效，未尽事宜双方协商处理，并按照《合同法》有关内容规定执行。

甲方：　　　　　　　　　　　　乙方：

代表：　　　　　　　　　　　　代表：

日期：　　　　　　　　　　　　日期：

第三节　技术合同书写作

一、技术合同的概念

1. 技术合同的含义

技术合同是当事人就技术开发、转让、咨询或者服务订立的明确相互之间权利义务关系的合同。

2. 技术合同的特点

（1）合同标的的特殊性

技术合同以无形的技术成果或利用技术成果提供的服务作为标的。技术成果既可以脱离物质实体而独立存在，如专利等；也可通过其他物质载体表现出来，如有技术含量的设备等；还可以是某种行为，如技术咨询、技术服务等。

（2）技术价值的不确定性

科学技术的价格没有国家统一的定价，只能由合同双方当事人根据实际情况协商

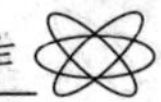

确定。

（3）合同履行中人身权利与财产权利的统一性

技术合同也涉及技术权益问题，技术权益是指当事人依法对技术成果享有的人身权利和财产权利的总和。因此，合同履行中人身权利与财产权利具有统一性。

（4）技术合同的技术主体的特定性

技术主体不同于其他主体，而是利用自己的技术力量从事技术开发、转让、咨询和服务的法人或自然人。

3. 技术合同的分类及技术开发合同

技术合同，是指以无形资产的科学技术及其成果为标的物进行交易活动的一类合同的总称。其种类有技术开发合同、技术转让合同、技术咨询合同和技术服务合同。

关于技术开发合同，《中华人民共和国合同法》第三百三十条中定义：是指当事人之间就新技术、新产品、新工艺或者新材料及其系统的研究开发所订立的合同。技术开发合同包括合作开发合同和委托开发合同。

合作开发合同，是指当事人按照约定合作投资、共同分工协作参与研究开发工作的技术开发合同。

委托开发合同，则是以当事人一方按照约定支付研究开发经费与报酬，并接受研究开发成果；另一方遵照约定按期完成研究开发工作，并交付研究开发成果及其技术资料为其主要特征的技术开发合同。

本节中的技术合同，只介绍技术开发合同的写作。

二、技术开发合同书写作的基本条款内容

1）项目名称。

2）标的技术的内容、形式和要求。

3）研究开发计划。

4）研究开发经费购置的设备、器材、资料的财产归属。

5）履行的期限、地点和方式。

6）技术情报和资料的保密。

7）风险责任的承担。

8）技术成果的归属和分享。

9）验收的标准和方法。

10）报酬的计算和支付方式。

11）违约金或者损失赔偿额的计算方法。

12）技术协助和技术指导的内容。

13）争议解决办法。

14）名词和术语的解释。

三、文章写作结构原理分析

在技术开发合同中，其主体行为特征表现为：一方投入的是智力（技术）；另一方投入的

是资本金。双方利益的实现是通过技术成果的利用价值。由于技术开发的成果具有不确定性，因此，主体行为也就具有风险性。技术开发合同中的这种主体行为特征决定着当事人权利义务纠纷的特点，从而决定着其条款内容的特点。

条款“1)、2)”是对合同标的的确认。技术开发合同中，当事人权利义务指向的对象是技术项目，技术项目只能从名称、内容和形式上明确，由此，决定条款“1)、2)”的内容。

条款“3)”写作的根据是两点：①技术开发工作主要是由技术投入方完成，而该类工作无法用任务的量化来约定，只宜通过计划的方式来明确；②为维护投资方的利益，其投资要有预算，这种预算要根据研究开发计划。

在投资预算中，有相当大的开支是提供研究工作的基本条件，即解决研究工作中的所需设备、器材、资料等。这些可租赁也可购置。一般来说，委托开发多以租为主，只有某些专用设备或器材无处可租的情况下，才会购置；而合作开发，会选择购置。若购置，存在用后的归属权问题，条款“4)”是从购置方式上来约定的内容。

对合同的履行，技术方承担的是技术开发任务，投资方主要是提供经费。条款“5)”即是根据双方义务的不同内容特点来约定各自履行的时间、地点和方式。

条款“6)”是关于保密的约定。技术开发的意义在于追求开发成果的利用价值。而国家对技术成果所有权的管理，不便以确认研究者来认定，只便于依据谁先申请谁所有的原则。由于技术成果所有权中蕴含有丰厚的利润，技术市场的竞争也十分激烈。故需在合同中约定技术开发过程中当事人对技术情报和资料的保密义务。

对新技术的研究开发投资是一种风险投资，某些项目的研究经费高、风险大，难免会发生责任纠纷。在合同写作中，要对此责任的分担方法约定清楚，故要写条款“7)”。

技术开发合同又分为委托开发合同和合作开发合同，其区分主要是依据技术成果的归属方式。一般来说，委托开发合同中的技术成果所有权归投资方，而合作开发合同中的技术成果应根据约定分享。条款“8)”即是对此约定内容的表述。

新技术成果的认定常是前无先例，到底怎样才是成熟的或说成功的，也容易成为纠纷的焦点，故需先约定标准和方法，所以写作条款“9)”。

条款“10)”的内容要区分来定。在委托开发合同中，由于技术成果归委托方（也即投资方）所有，技术方主要是获取报酬，其报酬中应含有技术成果的转让价值；在合作开发合同中，多以分享成果加报酬的方式，这里的报酬主要指劳动报酬（即科研补贴）。这是主要的权利条款，要将成果分享、报酬方式及其计算方法规定明确。

条款“11)”是处罚条款，以此制约当事人更好地履行合同。

条款“12)、14)”是技术合同所专有的内容。“12)”是相对投资方独占成果所有权，在利用技术成果转化生产的过程中，对技术方提出的给予技术协助和技术指导的义务要求。“14)”则是相对新技术中某些新名词、叫法，或技术中某些环节、程序、做法的新的描述方法的界定。

上述条款是涵盖技术委托开发合同和技术合作开发合同的内容而抽象出的内容要点，在具体应用中要依据委托开发合同或合作开发合同的自身特点，来理清这些条款的写作思路。

四、技术开发合同书写作中应注意的问题

1. 技术的界定

投资方对技术合同中的技术标的要进行严格的科学审查，全面了解该技术的真实性、可靠性和市场价值。由于技术合同中的技术标的具有先进性，投资方往往不能凭自身的知识了解和界定其技术内容，以致后来产生合同争议。因此，在订立技术合同时，双方当事人应当首先就合同所涉及的技术范围达成共识，并明确技术的内容、要求和工业化开发程度，必要时可在合同中以附件形式将有关技术问题详细描述清楚。

2. 重视技术改进所属的约定

技术在实践中是不断发展完善的，对于现有技术，双方都有可能在利用中取得进一步发展，因此，后继技术的所有权与交换也是大部分技术合同中的必备条款。我国《合同法》规定："当事人可以按照互利的原则，在技术转让合同中约定实施专利、使用技术秘密后续改进的技术成果的分享办法。没有约定或者约定不明确的，双方可协议补充；仍不能确定的，一方后续改进的技术成果，其他各方无权分享。"

技术合作开发合同书（正文）

依据《中华人民共和国合同法》的规定，合同双方就____________项目的技术开发（该项目属计划※），经协商一致，签订本合同。

一、※标的技术的内容、形式和要求：

二、应达到的技术指标和参数：

三、※研究开发计划：

四、研究开发经费、报酬及其支付或结算方式：

（一）研究开发经费是指完成本项研究开发工作所需的成本；报酬是指本项目开发成果的使用费和研究开发人员的科研补贴。

本项目研究开发经费及报酬：____元

其中：甲方提供____元，乙方提供____元。

如开发成本实报实销，双方约定如下：

（二）经费和报酬支付方式及时限（采用以下第　种方式）：

①一次总付：____元，时间：

②分期支付：____元，时间：

____元，时间：

③按利润________%提成，期限：

④按销售额______%提成，期限：

⑤其他方式：

五、利用研究开发经费购置的设备、器材、资料的财产权属：

六、履行的期限、地点和方式：

本合同自____年__月__日至____年__月__日在________（地点）履行。

本合同的履行方式：

七、技术情报和资料的保密：

八、技术协作和技术指导的内容：

九、风险责任的承担：

在履行本合同的过程中，确因在现有水平和条件下难以克服的技术困难，导致研究开发部分或全部失败所造成的损失，风险责任由________承担。（1．乙方；2．双方；3．双方另行商定）

经约定，风险责任甲方承担____%，乙方承担____%。

本项目风险责任确认的方式为：

十、技术成果的归属和分享：

（一）专利申请权：

（二）非专利技术成果的使用权、转让权：

十一、验收的标准和方式：

研究开发所完成的技术成果，达到了本合同第二条所列技术指标，按____标准，采用____方式验收，由____方出具技术项目验收证明。

十二、违约金或者损失赔偿额的计算方法：

违反本合同，违约方应当遵循《中华人民共和国合同法》的第三百三十四条和第三百三十六条的规定，按下述约定来承担违约责任。

（一）违反本合同第____条约定，____方应当承担违约责任，承担方式和违约金额如下：

（二）违反本合同第____条约定，____方应当承担违约责任，承担方式和违约金额如下：

（三）……

十三、解决合同纠纷的方式：执行本合同发生争议，由当事人双方协商解决。协商不成，双方同意由________仲裁委员会仲裁（当事人双方不在本合同中约定仲裁机构，事后又没有达成书面仲裁协议的，可向人民法院起诉）。

十四、名词和术语的解释：

十五、※其他（含中介方的权利、义务、服务费及其支付方式、定金、财产抵押、担保等上述条款未尽事宜）：

本合同书标有※号的条款按填写说明填写。

委托方（甲方）	名称（或姓名）	（签章）		
	法定代表人	（签章）	委托代理人	（签章）
	联系人	（签章）		
	住　　所 （通信地址）			
	电话			
	开户银行			
	账号		邮政编码	
研究开发方（乙方）	名称（或姓名）	（签章）		
	法定代表人	（签章）	委托代理人	（签章）
	联系人	（签章）		
	住　　所 （通信地址）			
	电话			
	开户银行			
	账号		邮政编码	
中介方	单位名称	（公章） 年　月　日		
	法定代理人	（签章）	委托代理人	（签章）
	联系人	（签章）		
	住　　所 （通信地址）			
	电话			
	开户银行			
	账号		邮政编码	

印花税票粘贴

| 登记机关审查登记栏：

技术合同登记机关（专用章）

经办人：　（签章）20　年　月　日

颁布单位：国家工商管理局经济合同司

例文 4

技术委托开发合同书（样本）

订立合同各方：

委托单位：＿＿＿＿＿＿＿＿，以下简称甲方；

承担单位：＿＿＿＿＿＿＿＿，以下简称乙方；

保证单位：＿＿＿＿＿＿＿＿，以下简称丙方。

为了调动科研单位的积极性，确保科研经费的合理使用，明确甲、乙、丙三方的责任，促使科研项目早出成果，出好成果，经甲、乙、丙三方充分协商，特签订本合同，以便共同遵守。

一、科研项目的主要内容

＿＿＿＿＿＿＿＿＿＿＿＿＿＿＿＿＿＿＿＿＿＿＿＿＿＿＿＿＿＿＿＿＿＿＿＿＿＿。

二、科研项目在国内外的现状、水平及发展趋势（或科研项目的重要意义）

＿＿＿＿＿＿＿＿＿＿＿＿＿＿＿＿＿＿＿＿＿＿＿＿＿＿＿＿＿＿＿＿＿＿＿＿＿＿。

三、技术经济指标和经济效益（社会效益）分析

＿＿＿＿＿＿＿＿＿＿＿＿＿＿＿＿＿＿＿＿＿＿＿＿＿＿＿＿＿＿＿＿＿＿＿＿＿＿。

四、科研项目所采用的研究、试验方法和技术路线（包括工艺流程）

＿＿＿＿＿＿＿＿＿＿＿＿＿＿＿＿＿＿＿＿＿＿＿＿＿＿＿＿＿＿＿＿＿＿＿＿＿＿。

五、计划进度（分阶段解决的主要技术问题，达到的目标和完成的时间）

＿＿＿＿＿＿＿＿＿＿＿＿＿＿＿＿＿＿＿＿＿＿＿＿＿＿＿＿＿＿＿＿＿＿＿＿＿＿。

六、科研项目的参加单位及分工

＿＿＿＿＿＿＿＿＿＿＿＿＿＿＿＿＿＿＿＿＿＿＿＿＿＿＿＿＿＿＿＿＿＿＿＿＿＿。

七、所需主要材料，物质条件

____

八、经费概算

____。

类别 金额 年度	总经费	委托单位拨给	承担单位自筹	保证单位拨给	其他资助
年					
年					
年					
年					
合计					

九、分期用款（甲方拨给部分）计划

用途 金额（万元） 用款时间（按年、季度计算）				
年 季度				
年 季度				
年 季度				
年 季度				

十、有关单位、专家的评议意见

____

____。

十一、共同条款

1. 乙方对全年的合同执行情况，必须于届满一年之前________日内，向甲方和丙方提出执行情况的正式报告。科研任务完成后________日内，乙方必须按合同规定的内容向甲方提出执行情况的总报告，并向甲方提交完整的科研技术资料，同时抄报丙方。

2. 甲方审查乙方完成上一年（或上一阶段）科研任务属实后，应按合同规定的时间、数量拨付下一年（或下一阶段）的科研经费，并按比例下达所需三材指标。

3. 有关部门如资助乙方科研经费，其收益分配办法，由资助方与乙方另签合同规定。

4. 科研项目完成并经签订后，乙方对甲方所拨经费，采取如下办法偿还：

（1）乙方共偿还甲方拨付科研经费总额的________%，共________元。

（2）偿还日期和分期偿还金额：

________年________月偿还________元；

________年________月偿还________元；

……

5. 合同执行中，甲方非因国家计划改变，中途无故撤销或不履行合同，其所拨经费不得追回，并得承担乙方善后处理所支付的各项费用。甲方如无故拖延拨付科研经费，拖延一天，必须按所欠应拨经费的________%。向乙方偿付违约金，并应承担乙方因此所受的损失。乙方如无故撤销或不履行合同，或不能完成本科研任务，应根据具体情况，部分或全部退还甲方所拨付的科研经费；乙方如拖延完成科研任务或偿还给甲方科研经费的时间，每拖延一天，应按甲方拨付科研经费的________%向甲方偿付违约金。乙方如不按合同规定的时间、数量向甲方偿付科研经费或违约金，丙方应连带承担向甲方偿付的责任。

6. 本合同如有未尽事宜，或需修改某项条款，须经甲、乙、丙三方共同协商，作出补充或修改，任何一方均不得擅自修改合同。本合同在执行过程中如发生争议，应由合同各方的上级领导部门协商解决，协商解决不成，提交合同管理机关仲裁或法院裁决。

7. 合同各方对本科研项目的一切资料负有保密责任，未经有关部门批准，不得引用科研项目的数据、科研成果及其他有关资料。

本合同正本一式三份，甲、乙、丙三方各执一份；合同副本一式____份，分送……各留存一份。乙方就本科研项目与其他资助科研经费单位所签订的合同，须向甲、丙方交送一份副本留存。

委托单位：____________________（公章）

地址：____________________

代表人：____________________（盖章）

联系人：____________________

电话：____________________

银行账户：____________________

承担单位：____________________（公章）

地址：____________________

代表人：____________________（盖章）

联系人：____________________

电话：____________________

银行账户：____________________

保证单位：____________________（公章）

地址：____________________

代表人：____________________（盖章）

联系人：____________________

电话：____________________

银行账户：____________________

____年______月______日订

颁布单位：国家工商管理局经济合同司

第四节 建设工程合同书写作

一、建设工程合同的概念、特点及种类

1. 含义

建设工程合同，是建设工程承包活动中，用以明确承包人与发包人双方权利义务的协议书。

2. 建设工程合同的主要特点

1）合同主体的特殊性。承包人必须是经国家有关部门审查、核准，并领取法人营业执照和有关资质证明的专业工程建设企业。

2）合同履行期长的要经过严格的订立合同程序，比如大型基础设施、公用事业等关系社会公共利益、公众安全的项目，要经过招标、投标的程序。

3）国家对建设工程合同管理很严格。按《合同法》规定，建设工程合同应当采用书面形式，而且建设部还下发建设工程合同的示范文本，这种文本是强制适用的，这是由于建设工程投资大、周期长，事关国计民生，因此国家对建设工程合同的签订、履行都实行严格的监督和管理。

3. 建设工程合同的种类

建设工程合同包括工程勘察、设计、施工合同。本节只介绍建设工程施工合同书的写作。

二、建设工程施工合同书写作的基本条款内容

1）建设工程名称、规模、总造价、建设地点。
2）施工准备阶段双方应承担的义务。
3）工程期限的说明。
4）工程质量的有关约定内容。
5）建筑材料、设备供应的验收和差价处理。
6）工程建设价款及付款的方法。
7）施工与设计变更的约定事宜。
8）工程验收方法。
9）违约责任。
10）其他。

三、文章写作结构原理分析

建设工程施工合同的主体行为特征表现为一方发包、另一方承包，双方行为指向的标的是工程项目。

条款“1）”是对标的的确认。由于该类合同标的是工程项目，故宜于从名称、规模、造价和建设地点上去确认。

建设工程的正常施工需要必备的基本条件，包括地基平整、修通道路、水管和电线铺设以及其他必要设施等，这些属于施工前的准备工作。其中，有的工作便于发包方来做，或理应由发包方来做，有些应由承包方来做。条款“2)”即对此约定清楚，以避免不必要的纠纷。

条款“3)、4)”是对承包方主要义务内容的约定。这类建设工程合同的履行，最主要的是承包方的施工行为，其关键在工期和质量的要求上；对于发包方来说，这又是体现其权益的焦点内容。这是此类合同中最常见的主要纠纷焦点所在，因此，合同中必须对此约定清楚。

建设工程施工合同的履行有着时间长，建筑材料消耗量大、价格高，建筑材料市场价格变化快，对施工成本影响大的特点。在合同订立时，一般只能是以现时的材料价格来对工程项目预算定价。由于建筑材料的用量大，其价格对工程成本的影响太大，为了维护双方的利益，故设专项条款“5)”约定应对建筑材料市场价格变动的意见。

条款“6)”是体现当事人利益的主要的权利条款，必须设专条重点约定清楚。

在过去的该类合同履行中，常出现在施工过程中发现项目设计图纸有误或设计方案无法施工的现象造成承包方误工而引起纠纷，故后来的合同书鉴于过去的教训，设专条约定在此类现象发生时应采取的责任分担方法。这就是条款“7)”的由来。

建设工程质量涉及诸多复杂因素，是合同常见纠纷的又一焦点，故承包方在工程竣工后一般采用工程验收的方式向发包方交接，以划分责任。而验收方法的科学合理关系责任划分的合理性问题，所以，设条款“8)”来约定该项内容。

条款“9)”所依据的原理同前。

四、写作中应注意的问题

1）合同当事人首先需要经过主体资格审查。建筑企业的当事人主体资格审查是指要符合《建筑市场管理规定》中的要求：承包方必须按照资质等级和核准的经营范围承包任务，不准无证承包或未经批准越级、超范围承包。建设单位主体资格审查，则是指：审查建设项目是否有合法的准建手续；审查建设项目有无开工报告；审查建设项目有无概预算手续或概预算手续是否齐全。这些对合同效力有十分重要的影响。

2）签订《建设工程施工合同》一般实行招标、投标制度。合同的订立可采用协议方式。

3）签约双方必须使用建设部、国家工商行政管理局发布的示范文本。而且工程开工后，双方在施工过程中还会不断洽商，这些洽商必须留有记录，而且这些记录都是合同的组成部分，要妥善留存。

4）要注意总承包合同、分项工程承包合同、分包合同、转包合同的关系。根据工程项目承包的方式不同，建设工程合同可分为总承包合同、分项工程承包合同。《合同法》第二百七十二条第一款规定：“发包人可以与总承包人订立建设工程合同，也可以分别与勘察人、设计人、施工人订立勘察、设计、施工承包合同。发包人不得将应当由一个承包人完成的建设工程肢解成若干部分发包给几个承包人。”《合同法》第二百七十二条第二款规定：“总承包人或者勘察、设计、施工承包人经发包人同意，可以将自己承包的部分工作交由第三人完成。第三人就其完成的工作成果与总承包人或者勘察、设计、施工承包人向发包人承担连带责任。”该条第三款规定：“禁止承包人将工程分包给不具备相应资质条件的单位。禁止分包单位将其承包的工程再分包。建设工程主体结构的施工必须由承包人自行完成。”《合同法》第二百七十二条第二款规定：“承包人不得将其承包的全部建设工程转包给第三人或者将其承包的全部建设工程肢解以后以分包的名义分别转包给第三人。”这是因为转包经常导致没有相应资格的承包人进入工程建设项目，严重影响工程质量。

5）严禁带资承包。在实践中，建设工程带资承包非常普遍。因此，建设部、国家计委、财政部在建房[1996]347号通知中规定：严格禁止在工程建设中带资承包。

例文5

建筑安装工程承包合同

合同编号：____________

工程名称：____________

工程编号：____________

发包方：____________

承包方：____________

签订时间：____________

签订地点：____________

根据《中华人民共和国合同法》和《建筑安装工程承包合同条例》及有关规定，为明确双方在施工过程中的权利、义务和经济责任，经双方协商同意签订本合同。

第一条　工程项目

一、工程名称：____________

二、工程地点：____________

三、工程项目批准单位：____________

批准文号：____________（指此工程立项有权批准机关的文号）

项目主管单位：____________

四、承包范围和内容（详见工程项目一览表）；工程建筑面积____________（平方米）；其他：____________

五、工程造价：____________（万元），其中土建：____________（万元），安装：____________（万元）

第二条　施工准备

一、发包方：

1. ______月______日前做好建筑红线以外的“三通”，负责红线外进场道路的维修。

2. ______月______日前，负责接通施工现场总的施工用水源、电源、变压器（包括水表、配电板），应满足施工用水、用电量的需要。做好红线以内场地平整，拆迁障碍物。

3. 本合同签订后______天内提交建筑许可证。

4. 合同签订后______天内（以收签最后一张图纸为准）提供完整的建筑安装施工图______

份，施工技术资料（包括地质及水准点坐标控制点）______份。

5. 组织承、发包双方和设计单位及有关部门参加施工图交底会审，并做好三方签署的交底会审纪要，在______天内分送有关单位，______天内提供会审纪要和修改施工图______份。

二、承包方：

1. 负责施工区域的临时道路、临时设施、水电管线的铺设、管理、使用和维修工作；

2. 组织施工管理人员和材料、施工机械进场；

3. 编制施工组织设计或施工方案、施工预算、施工总进度计划，材料设备、成品、半成品等进场计划（包括月计划），用水、用电计划，送发包方。

第三条　工程期限

一、根据国家工期定额和使用需要，商定工程总工期为______天（日历天），自______年______月______日开工至______年______月______日竣工验收（附各单位工程开竣工日期，见附表一）。

二、开工前______天，承包方向发包方发出开工通知书。

三、如遇下列情况，经发包方现场代表签证后，工期相应顺延：

1. 按施工准备规定，不能提供施工场地、水、电源道路未能接通，障碍物未能清除，影响进场施工；

2. 凡发包方负责供应的材料、设备、成品或半成品未能保证施工需要或因交验时发现缺陷需要修、配、代、换而影响进度；

3. 不属包干系数范围内的重大设计变更，提供的工程地质资料不准，致使设计方案改变或由于施工无法进行的原因而影响进度；

4. 在施工中如因停电、停水 8 小时以上或连续间歇性停水、停电 3 天以上（每次连续 4 小时以上），影响正常施工；

5. 非承包方原因而监理签证不及时而影响下一道工序施工；

6. 未按合同规定拨付预付款、工程进度款或代购材料差价款而影响施工；

7. 人力不可抗拒的因素而延误工期。

第四条　工程质量

一、本工程质量经双方研究要求达到：______。

二、承包方必须严格按照施工图纸、说明文件和国家颁发的建筑工程规范、规程和标准进行施工，并接受发包方派驻代表的监督。

三、承包方在施工过程中必须遵守下列规定：

1. 由承包方提供的主要原材料、设备、构配件、半成品必须按有关规定提供质量合格证，或进行检验合格后方可用于工程；

2. 由发包方提供的主要原材料、设备、构配件、半成品也必须有质量合格证方可用于工程。对材料改变或代用必须经原设计单位同意并发正式书面通知和发包方派驻代表签证后，方可用于工程；

3. 隐蔽工程必须经发包方派驻代表检查、验收签章后，方可进行下一道工序；

4. 承包方应按质量验评标准对工程进行分项、分部和单位工程质量进行评定，并及时将单位工程质量评定结果送发包方和质量监督站。单位工程结构完工时，应会同发包方、质量监督站进行结构中间验收；

5. 承包方在施工中发生质量事故，应及时报告发包方派驻代表和当地建筑工程质量监督站。一般质量事故的处理结果应送发包方和质量监督站备案；重大质量事故的处理方案，应经设计单位、质量监督站、发包方等单位共同研究，并经设计建设单位签证后实施；

6. 工程竣工后，承包方按规定对工程实行保修，保修时间自通过竣工验收之日算起。

第五条　建筑材料、设备的供应、验收和差价处理

一、由发包方供应以下材料、设备的实物或指标（详见附表二）；

二、除发包方供应以外的其他材料、设备由承包方采购；

三、发包方供应、承包方采购的材料、设备，必须附有产品合格证才能用于工程，任何一方认为对方提供的材料需要复验的，应允许复验。经复验符合质量要求的，方可用于工程，其复验费由要求复验方承担；不符合质量要求的，应按有关规定处理，其复验费由提供材料、设备方承担。

四、本工程材料和设备差价的处理办法：____________________。

第六条　工程价款的支付与结算

工程价款的支付和结算，应根据中国人民建设银行制定的“基本建设工程价款结算办法”执行。

一、本合同签订后__________日内，发包方支付不少于合同总价（或当年投资额）的__________%备料款，计人民币__________万元；临时设施费，按土建工程合同总造价的__________%计人民币__________万元；安装工程按人工费的__________%计人民币__________万元；材料设备差价__________万元，分__________次支付，每次支付时间、金额____________________。

二、发包方收到承包方的工程进度月报后必须在__________日内按核实的工程进度支付进度款，工程进度款支付达到合同总价的__________%时，按规定比例逐步开始扣回备料款。

三、工程价款支付达到合同总价款的95%时，不再按进度付款，办完交工验收后，待保修期满连本息（财政拨款不计息）一次支付给承包方。

四、如发包方拖欠工程进度款或尾款，应向承包方支付拖欠金额日万分之__________的违约金。

五、确因发包方拖欠工程款、代购材料价差款而影响工程进度，造成承包方的停、窝工损失的，应由发包方承担。

六、本合同造价结算方式：____________________。

七、承包方在单项工程竣工验收后__________天内，将竣工结算文件送交发包方和经办银行审查，发包方在接到结算文件__________天内审查完毕，如到期未提出书面异议，承包方可请求经办银行审定后拨款。

第七条　施工与设计变更

一、发包方交付的设计图纸、说明和有关技术资料，作为施工的有效依据，开工前由发包方组织设计交底和三方会审作出会审纪要，作为施工的补充依据，承、发包双方均不得擅自修改。

二、施工中如发现设计有错误或严重不合理的地方，承包方及时以书面形式通知发包方。由发包方及时会同设计等有关单位研究确定修改意见或变更设计文件，承包方按修改或变更的设计文件进行施工。若发生增加费用（包括返工损失、停工、窝工、人员和机械设备调迁、材料构配件积压的实际损失）由发包方负责，并调整合同造价。

三、承包方在保证工程质量和不降低设计标准的前提下，提出修改设计、修改工艺的合理化建议，经发包方、设计单位或有关技术部门同意后采取实施，其节约的价值按国家规定分配。

四、发包方如需设计变更，必须由原设计单位作出正式修改通知书和修改图纸，承包方才予实施。重大修改或增加造价时，必须另行协商，在取得投资落实证明，技术资料设计图纸齐全时，承包方才予实施。

第八条　工程验收

一、竣工工程验收，以国家颁发的《关于基本建设项目竣工验收暂行规定》、《工程施工及验收规范》、《建筑安装工程质量检验评定标准》和国务院有关部门制订的竣工验收规定及施工图纸及说明书、施工技术文件为依据。

二、工程施工中地下工程、结构工程必须具有隐蔽验收签证、试压、试水、抗渗等记录。工程竣工质量经当地质量监督部门检验合格后，发包方须及时办理验收签证手续。

三、工程竣工验收后，发包方方可使用。

在规定的保修期内，凡因施工造成的质量事故和质量缺陷应由承包方无偿保修。其保修条件、范围和期限按城乡建设环境保护部（84）城建字第79号通知印发的《建筑工程保修办法（试行）》执行。

第九条　违约责任

承包方的责任:

一、工程质量不符合合同规定的，负责无偿修理或返工。由于修理或返工造成逾期交的，偿付逾期违约金。

二、工程不能按合同规定的工期交付使用的，按合同中第九条关于建设工期提前或拖后的奖罚规定偿付逾期罚款。

发包方的责任:

一、未能按照合同的规定履行自己应负的责任，除竣工日期得以顺延外，还应赔偿承包方由此造成的实际损失。

二、工程中途停建、缓建或由于设计变更以及设计错误造成的返工，应采取措施弥补或减少损失。同时，赔偿承包方由此造成的停工、窝工、返工、倒运、人员和机械设备调迁材料和构件积压的实际损失。

三、工程未经验收，发包方提前使用或擅自动用，由此而发生的质量或其他问题，由发包方承担责任。

四、承包方验收通知书送达__________日后不进行验收的，按规定偿付逾期违约金。

五、不按合同规定拨付工程款，按银行有关逾期付款办法的规定延付金额每日万分之三偿付承包方赔偿金。

第十条　纠纷解决办法

执行本合同发生争议，由当事人双方协商解决。协商不成，双方同意由__________仲裁委员会仲裁（当事人双方不在本合同中约定仲裁机构，事后又没有达成书面仲裁协议的，可向人民法院起诉）。

第十一条　附　则

一、本合同一式__________份，合同附件__________份。甲乙双方各执正本一份，其余副本由发包方报送经办银行、当地工商行政管理机关、建设主管部门备案。按规定必须办理鉴（公）证的合同，送建筑物所在地工商、公证部门办理鉴（公）证。

二、本合同自双方代表签字，加盖双方公章或合同专用章即生效，需办理鉴（公）证的自办毕鉴（公）证之日起生效；工程竣工验收符合要求，结清工程款后终止。

三、本合同签订后，承、发包双方如需要提出修改时，经双方协商一致后，可以签订补充协议，作为本合同的补充合同。

发包方（盖章）：	承包方（盖章）
法定代表人（签章）：	法定代表人（签章）：
委托代理人（签章）：	委托代理人（签章）：
单位地址：	单位地址：
开户银行：	开户银行：
账　　号：	账　　号：
电　　话：	电　　话：
邮政编码：	邮政编码：
年　月　日	年　月　日

经办建设银行 （盖章）	建筑管理部门 （盖章）	鉴（公）证机关 （盖章）
		经办人：
年　月　日	年　月　日	年　月　日

附表一：

工程项目一览表

建设单位：

序号	工程名称	设计单位	栋数	结构	层数	面积	资金来源	批准文号	投资总额（万元）	工程总造价（万元）	开工时间	竣工时间

注：维修、屋外、管道、给排水等项目也应按此表逐项填写。

附表二：

由甲方负责供应设备和材料表

材料名称	规格	单位	数量	交料地点	到场日期	备注

颁布单位：国家工商管理局经济合同司

例文 6

建设工程勘察设计合同

发包方：______________________

承包方：______________________

根据《中华人民共和国合同法》和《建设工程勘察设计合同条例》的有关规定，经双方协商一致，签订本合同，以资共同遵守。

第一条 工程名称______________________；

工程地点______________________；

工程规模______________________；

工程投资______________________。

第二条 委托方根据本合同规定填写建设工程勘察设计委托书。（见附表一、二）

第三条 勘察设计费取费的依据和取费标准，按国家规定执行。

勘察设计费的拨付办法，自合同生效后____天内，委托方应向承包方给付定金。合同履行后，定金抵作勘察设计费，不足部分委托方应在天内一次结清（或订为分若干次结清）。

勘察任务的定金为勘察费的30%，设计任务的定金为估算设计费的20%。本工程的勘察费为________元估算设计费为________元。

委托方不履行合同的，无权要求返还定金；承包方不履行合同的，应双倍返还定金。

第四条 委托方的义务

1. 委托方应在商定的时间内向承包方提供必要的资料并对提供的时间、进度与资料的可靠性负责。提供资料的内容，技术要求及期限见附表三。

2. 在勘察设计人员进入现场作业或配合施工时，应负责提供以下工作和生活条件：

（1）……

（2）……

（3）……

3. 委托方配合引进项目的设计任务，从询价、对外谈判、国内外技术考察直至建成投产的各阶段，应吸收承担有关设计任务的承包方参加。

4. 按有关规定的勘察设计取费标准如期如数付给承包方勘察设计费。

5. 维护承包方的勘察成果和设计文件，不得擅自修改或转让给第三方重复使用。

第五条 承包方的义务

1. 承包方应在_______年____月____日前提交有关勘察成果和设计文件，并承担责任。

提交勘察成果的范围、进度和质量，以及设计的阶段、进度、质量和设计文件份数。（详见附表四）

2. 初步设计经上级主管部门审查后，在原定任务书范围内的必要修改，由承包方负责。原定任务书有重大变更而重作或修改设计时，须具有设计审批机关或设计任务书批准机关的意见书，经双方协商，另订合同。

3. 设计单位对所承担设计任务书的建设项目应配合施工，进行设计技术交底，解决施工过程中有关设计的问题，负责设计变更和修改预算，参加试车考核及工程竣工验收。对于大中型工业项目和复杂的民用工程应派现场设计代表，并参加隐蔽工程验收。常驻代表费用由双方协商（另附协议）。

第六条　违约责任

1．因勘察设计质量低劣引起工程返工，或未按期提交勘察设计文件拖延工期造成损失，由承包方继续完善勘察设计任务，并视造成的损失浪费大小减收或免收勘察设计费。具体规定如下：

（1）……

（2）……

（3）……

2. 因勘察设计错误而造成工程重大质量事故，承包方除免收受损失部分的勘察设计费外，还应付给委托方与直接受损失部分的勘察设计费相等的赔偿金。

3. 承包方不按合同规定的期限提交勘察成果、设计文件，每拖延一天，应向委托方交纳按勘察设计费 5 ‰的违约金。

4. 由于变更计划、提供的资料不准确、未按期提供勘察设计必需的资料或工作条件而造成勘察设计工作的返工、窝工或修改设计，委托方应按承包方实际消耗的工作量增付费用。具体规定如下：

（1）……

（2）……

（3）……

5. 因委托方责任造成勘察设计工作的重大返工或重作设计，应另行增加勘察设计费用。

6. 委托方超过合同规定的日期付费时，应偿付逾期的违约金。违约金每逾期一天，按该工程勘察设计费的 5 ‰计算。

第七条　争议的解决方式

合同执行过程中如有争议，双方应及时协商解决。协商不成时，双方属于一个部门的，由上级主管部门调解；调解不成，或双方不属于同一部门的，合同双方任何一方均可向工商局经济合同仲裁委员会申请仲裁，也可直接向人民法院起诉。

第八条　经双方协商一致，增加补充下列____项条款（没有增补以“空白”记入）。

第九条　附则

本合同未言明事项，一律按《中华人民共和国合同法》和《建设工程勘察设计合同条例》规定执行。

本合同附件：《建设工程设计委托书》、《工程地质勘察委托书》、《建设文件和勘察设计基础资料交付日期一览表》、《勘察设计文件交付日期一览表》等均为本合同的组成部分，具有同等的法律效力。

本合同自双方签字盖章之日起生效，正本2 份，委托方、承包方各执 1 份；副本____份，分别报送业务主管部门、工商行政管理局和建设银行备案。

委托方（盖章）：	承包方（盖章）：	鉴（公）证意见
地址:	地址:	经办人:
法定代表人（签名）：	法定代表人（签名）：	鉴（公）证机关（章）
委托代理人（签名）：	委托代理人（签名）：	
开户银行:	开户银行:	
账号:	账号:	
电话:	电话:	
邮政编码:	邮政编码:	

签约时间_______年____月____日　签约地点：____________________

有效期限_______年____月____日至_______年____月____日

附表一：建设工程设计委托书

委托方委托承包方进行________________________________设计工作。

工程设计项目表

工程编号	项目名称	建设性质	投资（万元）	规模	建筑层数	结构	设计内容

[说明] 空格如不够用，可以另接。

附表二：工程、地质勘察委托书（略）

附表三：建设文件和勘察设计基础资料交付日期一览表（略）

附表四：勘察设计文件交付日期一览表（略）

第五节　保管合同书写作

一、保管合同的概念及特征

1. 保管合同的含义

保管合同是约定保管人保管寄存人交付的保管物，寄存人支付保管费而构成双方权利义务关系的合同。

2. 保管合同的特征

1）保管合同的标的是保管物，合同中权利义务的焦点是保管行为，双方义务的履行是以物的保管为目的。

2）保管合同中的保管物只转移管理，不转移所有权。

3）保管合同一般为实践合同。保管合同自保管物交付时成立，但当事人另有约定的除外，如当事人可约定签字、盖章后合同成立。

二、保管合同书写作的基本条款内容

签订保管合同应依据《中华人民共和国合同法》、《仓储保管合同实施细则》，注明：

1）储存货物的品名、品种、规格、数量、质量、包装。

2）货物验收的内容、标准、方法、时间、资料。

3）货物保管条件和保管要求。

4）货物入库手续、出库手续及时间、地点、运输方式。

5）货物的损耗标准和损耗处理。

6）计费项目、标准和结算方式。

7）货物商标、验收、包装、保险、运输等约定事项。

8）保管期限。

9）变更和解除合同的约定。

10）违约责任。

11）其他未尽事宜。

三、文章写作结构原理分析

保管合同中的主体行为特征是寄存人交付保管物和支付保管费，保管人保管并按约定返还该保管物。由于保管人履行合同的重要行为特点是要将原物返还，又由于被保管物的易损易坏性各不一样，保管时间不一样，对保管条件的要求不一样，决定着当事人权益的内容不一样，易发生纠纷的焦点也就不一样，由此决定着该类合同的条款内容。

条款“1）”是对标的物的确认。保管人要将原物返还需要有确认的根据，所以要对标的物从品名、品种、规格……等方面具体记载清楚，不能有误。

保管人要将原物保质保量返还，还需要在接收寄存人的货物时把好验收关，以避免纠纷。条款“2）”即是为保管人维护自身权益经双方商定的验收工作的约定。

条款“3）”则是应寄存人的权益要求，对保管人提出的关于货物保管条件和保管要求的双方协商一致的约定。

条款“4）、5）、6）”是对货物在寄存保管过程中所涉及相关事务及处理方法的约定条款。其中，“4）”是对货物入库和出库手续及相关事项的约定；“5）”是相对易损耗货物而言的关于可损耗标准及损耗处理办法的约定，对非易损耗物不存在该条款；“6）”是对货物保管过程中伴随季节和气候变化，对那些易变质货物所需特殊保护措施，保管方提供特殊保护而进行收费的相关约定。对非易变质货物不需要特别保护的不存在该条款。

保管方在返还货物时，对保管期的货物质量还需要经过商检与验收的手续，而且该手续过程也是保管合同纠纷的诱发环节，所以须有专项条款约定商检与验收的标准与方法。另外，在返还货物的过程中，往往还涉及对货物的重新包装及运输的费用问题，乃至保险问题，均须约定清楚。所以要写条款“7）”。

条款“8）、9）”是关于保管期限的约定。其中“8）”是原定合同期限；“9）”是对若中途更改期限、或超过期限后寄存人不提货以至货物无法再保管的情况下，保管人有权单方解除合同的约定。

条款“10）”的根据原理同前。

保管合同的条款主要是从维护保管人的权益出发，因为保管人要保管货物并返还原物，发起纠纷者一般是寄存人，因此保管者责任重大。遵循上述条款写作，方能辩明纠纷责任，维护当事人的正当权益，所以要遵循上述条款来写。

四、合同写作中应注意的问题

1）必须明确、具体地将保管物的种类、名称、数量、质量标明清楚。

2）要明确约定不得擅自改变保管场所或者方法。

3）保管合同要重点写清楚的是保管条件、保管要求、货物入库及出库的交接手续、货物的损耗标准及损耗处理、双方责任。因为这些是最容易发生矛盾纠纷的地方。

例文 7

仓储保管合同

合同编号:

存货方: 签订地点:

保管方: 签订时间: 年 月 日

根据《中华人民共和国合同法》和《仓储保管合同实施细则》的有关规定，存货方和保管方根据委托储存计划和仓储容量，经双方协商一致，签订本合同。

第一条 储存货物的品名、品种、规格、数量、质量、包装

1. 货物品名:

2. 品种规格:

3. 数量:

4. 质量:

5. 货物包装:

第二条 货物验收的内容、标准、方法、时间、资料

第三条 货物保管条件和保管要求

第四条 货物入库、出库手续、时间、地点、运输方式

第五条 货物的损耗标准和损耗处理

第六条 计费项目、标准和结算方式

第七条 违约责任

1. 保管方的责任

(1) 在货物保管期间，未按合同规定的储存条件和保管要求保管货物，造成货物灭失、短少、变质、污染、损坏的，应承担赔偿责任。

(2) 对于危险物品和易腐物品等未按国家和合同规定的要求操作、储存，造成毁损的，应承担赔偿责任。

(3) 由于保管方的责任，造成退仓不能入库时，应按合同规定赔偿存货方运费和支付违约金______元。

(4) 由保管方负责发运的货物，不能按期发货，应赔偿存货方逾期交货的损失；错发到货地点，除按合同规定无偿运到规定的到货地点外，并赔偿存货方因此而造成的实际损失。

(5) 其他约定责任。

2. 存货方的责任

(1) 由于存货方的责任造成退仓不能入库时，存货方应偿付相当于相应保管费____%（或____%）的违约金。超议定储存量储存的，存货方除交纳保管费外，还应向保管方偿付违约金________元，或按双方协议办。

(2) 易燃、易爆、易渗漏、有毒等危险货物以及易腐、超限等特殊货物，必须在合同中注明，并向保管方提供必要的保管运输技术资料，否则造成的货物毁损、仓库毁损或人身伤亡，由存货方承担赔偿责任直至刑事责任。

（3）货物临近失效期或有异状的，在保管方通知后不及时处理，造成的损失由存货方承担。

（4）未按国家或合同规定的标准和要求对储存货物进行必要的包装，造成货物损坏、变质的，由存货方负责。

（5）存货方已通知出库或合同期已到，由于存货方（含用户）的原因致使货物不能如期出库，存货方除按合同的规定交付保管费外，并应偿付违约金______元。由于出库凭证或调拨凭证上的差错所造成的损失，由存货方负责。

（6）按合同规定由保管方代运的货物，存货方未按合同规定及时提供包装材料或未按规定期限变更货物的运输方式、到站、接货人，应承担延期的责任和增加的有关费用。

（7）其他约定责任。

第八条 保管期限

从____年____月____日至____年____月____日止。

第九条 变更和解除合同的期限

由于不可抗力事故，致使直接影响合同的履行或者不能按约定的条件履行时，遇有不可抗力事故的一方，应立即将事故情况电报通知对方，并应在____天内，提供事故详情及合同不能履行、或者部分不能履行、或者需要延期履行的理由的有效证明文件，此项证明文件应由事故发生地区的______机构出具。按照事故对履行合同影响的程度，由双方协商解决是否解除合同，或者部分免除履行合同的责任，或者延期履行合同。

第十条 解决合同纠纷的方式:

执行本合同发生争议，由当事人双方协商解决。协商不成，双方同意由________仲裁委员会仲裁（当事人双方不在本合同中约定仲裁机构，事后又没有达成书面仲裁协议的，可向人民法院起诉）。

第十一条 货物商检、验收、包装、保险、运输等其他约定事项

第十二条 本合同未尽事宜，一律按《中华人民共和国经济合同法》和《仓储保管合同实施细则》执行。

存货方（章）:	保管方（章）:
地　　址:	地　　址:
法定代表人:	法定代表人:
委托代理人:	委托代理人:
电　　话:	电　　话:
开 户 银 行:	开 户 银 行:
账　　号:	账　　号:
邮 政 编 码:	邮 政 编 码:

鉴（公）证意见：

经办人：　　　　鉴（公）证机关（章）

年　　月　　日

（注：除国家另有规定外，鉴（公）证实行自愿原则）

有效期限：　　年　　月　　日　至　　年　　月　　日

监制部门：　　　　印制单位：　　　　颁布单位：国家工商管理局经济合同司

思考与练习

一、填空

1．主体间的合同关系也存在________、________和终止的变化。

2．经济合同的基本特征：________________；________________；________________。

3．合同当事人的名称，法人要按________________，自然人以________________。

4．________合同的许多原则也可以适用于其他有偿合同。

5．签订保管合同应依据________________、________________。

6．我国合同法规定，法律对其他有偿合同没有规定的，参照__________的有关规定。

二、名词解释

经济合同　买卖合同　技术合同　技术开发合同　建设工程合同　保管合同

三、简答题

1．经济合同的一般格式包括哪些构成部分？

2．经济合同的主要条款有哪些？

3．经济合同的特点有哪些？

4．经济合同的本质意义是什么？

5．我国合同法规定的有偿合同种类有哪些？

6．买卖合同的基本条款内容有哪些？

7．技术开发合同的基本条款内容有哪些？

8．建设工程施工合同的基本条款内容有哪些？

9．保管合同的基本条款内容有哪些？

四、写作训练

请同学们在企业单位或商业部门收集本章讲到的几种合同范文，并尝试自己起草写作。

第十五章

涉外经济关系

教学目的和要求

- 通过对该章内容的教学，让学生懂得涉外经济合同的一般知识，包括涉外经济合同的含义、种类、特征、法律依据及订立的原则，重点掌握涉外货物买卖合同书的写作。

第一节 概 述

一、涉外经济关系与涉外经济合同

无论是传统国际贸易还是现代的国际市场营销，由商品的跨国界流通到资本的跨国界运作，以至今天的全球经济一体化，使经济关系也发展为跨国性的。这种在国际贸易和国际市场营销中所形成的跨国性的经济关系也是通过协议方式来约定，这种协议书就是涉外经济合同。我国的涉外经济合同，是指具有涉外因素的经济合同，即中国主体同外国主体之间签订的设立、变更、终止相互间经济权利义务关系的协议。中国主体包括中华人民共和国的企业、其他经济组织或个人；外国主体包括外国的企业、其他经济组织或个人，这是涉外经济合同中最基本、最重要的特征。

二、涉外经济合同的种类

根据最高人民法院司法解释，中国主体同外国主体之间订立的经济合同包括涉外货物买卖合同、中外合资经营企业合同、中外合作经营企业合同、中外合作勘探开发自然资源合同、涉外信贷合同、涉外租赁合同、涉外技术转让合同、涉外工程承包合同、涉外成套设备供应合同、涉外加工承揽合同、涉外劳务合同、涉外补偿贸易合同、涉外科技咨询或者设计合同、涉外担保合同、涉外保险合同、涉外仓储保管合同、涉外委托代理合同等。

三、涉外经济合同的特征

1）由于涉外经济合同当事人处于不同的国家，常常受到国家政策、国家之间关系等因素的影响，契约自由的原则在涉外经济合同中受到一定的限制，即部分涉外经济合同必须经国家批准后才能生效。

2）涉外经济合同要受到国家间签订的双边条约、合同当事人所在国参加的国际条约的约束和支配，还要符合国际间的贸易惯例。

3）经济合同当事人可以自由选择处理合同争议所适用的法律。但是，中国法律规定在中国境内履行的中外合资经营企业合同、中外合作经营企业合同、中外合作勘探开发自然资源合同必须适用中国法律。除以上 3 种涉外合同外，涉外合同当事人可以约定处理合同争议所适用的法律。

4）涉外经济合同当事人发生争议时，可以依当事人的选择来确定管辖法院或仲裁机构，当涉外经济合同中订有仲裁条款或发生争议后达成仲裁协议的，只能提交仲裁机构仲裁，不得向法院起诉。

四、订立涉外经济合同的法律依据

目前，我国调整涉外经济合同的法律法规主要有以下 4 个方面。

1）《中华人民共和国合同法》。

2）立法机关和行政机关制定的有关具有涉外经济合同内容的法律、法规等。如《中华人民共和国中外合资经营企业法》及其实施细则等。

3）司法机关发布的具有法律效力的规范性文件。

4）中国承认、参加的国际公约、国际惯例以及中国与有关国家缔结的双边条约，如《一九八〇年联合国国际货物销售合同公约》、国际商会《国际贸易术语解释通则》、《关税与贸易总协定》、《联合国国际货物销售合同公约》、《国际贸易条件解释通则》、《商业跟单信用证统一惯例》、《统一提单的若干法律规则的国际公约》、《联合国国际贸易法委员会仲裁规则》等。

五、订立涉外经济合同的原则

中外双方签订涉外经济合同的法定代表人或者委托代理人都必须具有合法的手续。由法定代表人签订合同的，应提供法定代表人的身份证书。由委托代理人签订合同的，应提供授权委托书或者授权证书，其中要载明代理人的姓名或者名称、代理事项、权限和期限。

订立涉外经济合同还应当遵循以下 3 条原则。

1. 合法性原则

合法性原则是指订立涉外经济合同的形式、程序、内容必须符合中国法律的有关规定。凡我国法律有强制性规定的，合同当事人都要遵照执行。双方不得在合同的任何条款中作出违法的规定，不得作出不符合法律规定的承诺，不得损害我国的国家利益和社会公共利益。并符合我国参加和缔结的国际公约，双边条约的规定。

2. 平等互利、协商一致的原则

平等互利、协商一致也是涉外经济合同有效成立的必要条件。涉外经济合同当事人双方的法律地位是平等的，其权利义务是对等的，双方的经济利益必须兼顾。订立涉外经济合同，要使双方都有利可得，共同得到发展，任何一方均不得以损害对方利益来谋求自己的发展。

涉外经济合同当事人双方应当在诚实信用、在充分表达各自意见，双方意思达成一致的基础上，就合同的主要条款达成协议。任何一方均不得滥用自己经济上、技术上的优势，把不公平、不合理的条款强加于对方，不得采取欺诈或者胁迫手段订立合同。

3. 参照国际惯例原则

国际惯例是指在国际贸易长期实践中逐渐形成的一系列原则、准则、规则和习惯做法。成文的国际贸易惯例是由某些国际组织或某些国家的商业团体根据长期形成的商业习惯制订的，对国际贸易业务实践起着一定的指导和制约作用，影响较大。这些统一惯例不是法律，不具有普遍的法律约束力，但国际贸易中合同的双方当事人有选择国际贸易惯例的权利，一旦当事人在合同中采用了某项惯例，它就对双方当事人有约束力。目前在国际贸易中影响最大的国际惯例有《国际贸易术语解释通则（1990 年）》和《跟单信用证统一惯例（1983 年修订本）》等。

六、涉外经济合同的主要条款

1. 合同一般应当具备的条款

由于各种涉外经济合同具有不同的特点，因此，该所述条款只能是作指导性的参考，其条款的内容如下。

1）合同当事人的名称、主要营业所，或姓名、国籍、住所。

2）合同签订的日期、地点。

3）合同的类型和合同标的的种类、范围。

4）合同标的的技术条件、质量、标准、规格、数量。

5）履行的期限、地点和方式。

6）价格、支付金额、支付方式和各种附带的费用。

7）合同能否转让或者合同转让的条件

8）违反合同的赔偿和其他责任。

9）合同发生争议时的解决方法。

10）合同使用的文字及其效力。

在涉外经济合同的实践中，“1）、2）、3）、4）、5）、6）、8）”项条款，通常被认为是合同的必要条款；上述“7）、9）、10）”项条款，通常不被认为是必要条款，而是选用条款。

2. 当事人可以在合同中约定的条款

当事人可以在合同中约定的条款，其主要内容如下。

1）除中外合资经营企业合同、中外合作经营企业合同，中外合作勘探开发自然资源合同 3 种合同外，合同当事人可以约定处理合同争议所适用的法律。

2）可以约定担保，担保人在约定的范围内承担责任。

3）可以约定一方违反合同时向另一方支付一定数额的违约金。

4）可以约定对于违反合同而产生的损失赔偿的计算方法。

5）可以约定不可抗力事件的范围。

6）可以约定解除合同的条件。

3. 对于一些特殊的合同当事人应当约定的条款

1）对于风险较大的合同，应当约定当事人对履行标的承担风险的界限，必要时应当约定标的保险范围。承担风险的界限，是指合同标的物的风险责任，何时由当事人一方转移到另一方；保险范围，是指当事人对标的物在哪一个履行阶段上负责保险以及担保哪一类险。

2）对于需要较长期间连续履行的合同，当事人应当约定合同的有效期限，并可以约定延长合同期限和提前终止合同的条件。

3）法律、法规对于合同条款有特殊规定的，当事人应当依照有关规定约定合同条款。例如，《中外合资经营企业法实施条例》对于合资经营企业合同的条款有一些特殊规定，当事人应当依照该《条例》的有关规定约定合同条款。

七、涉外经济合同的写作及思维特点

1）对涉外经济合同的履行，由于各国的政治、经济、法律环境不一样，在贸易合同履行中还涉及物流途径复杂的风险，其不确定因素多，风险大。因此，写作主体首先要认真研究这些风险因素，并在合同条款中明确各方应尽的风险责任。

2）写作主体要熟悉和掌握在国际经济贸易中形成的一系列国际法规和国际惯例，并应用这些国际法规和国际惯例于合同条款，保护自己的合法权益。

3）涉外经济合同与国内合同的本质意义是一样的，因此，在合同写作中仍然要理清合同履行的纠纷焦点来明确双方的权利义务，以形成合同条款的具体内容。

第二节　涉外货物买卖合同书写作

一、文体概念

一国对外进行的贸易和经济合作，主要包括 3 大方面的内容，即货物进出口贸易、国际服务贸易和国际投资。传统的国际贸易是指其中的货物进出口贸易。涉外货物买卖合同，则是指在中国主体与外国主体的货物进出口贸易中所订立的确立、变更、终止出卖人和买受人权利与义务关系的协议。

在国际贸易与经济合作中，货物贸易处于主要的和支配性的地位，同时，货物贸易又是其他国际贸易与经济合作方式的基础。因此，本章重点介绍货物贸易中的涉外货物买卖合同。

二、国际货物贸易中 3 种常用贸易术语

由于国际贸易中大多数的货物是通过海洋运输，且海洋运输中不可防范性的风险大，

合同中的义务权利条款较为规范严格，所以，FOB、CFR、CIF 3 种适用于海洋运输及内河水运方式的术语，最为常用。

1. FOB（Free on Board）

FOB 称为船上交货，我国也有人称离岸价格。

该术语与另外两种术语的区别在于义务内容上的差异。所谓船上交货，即卖方在规定的时间内于指定装运港按该港口习惯方式将货物交至买方指定的船上，同时向买方发出详细通知，并负担货物在指定装运港越过船舷前灭失或损害的一切风险及与该货物有关的一切费用；买方则负责租船或订舱，支付运费，并将船期、船名、装运地点等及时通知卖方，负责货物在指定装运港越过船舷后灭失或损坏的一切风险及与该货物有关的一切费用，并承担由于未能及时通知而致未完成装运责任给卖方造成的损失，且以此义务内容为依据来议定货物交易价格。

在使用这一术语时要在其后面注明货物装运港的名称，如：FOB 黄石。

2. CFR（Cost and Freight）

CFR 称为成本加运费。

该术语与 FOB 的主要差别在于：卖方的义务量加大，即卖方不仅要负责在装运港将货物装船，而且还要负责租船订舱和支付将货物运至目的港的运费，而买方无办理运输的责任。

使用该术语应在其后面注明目的港的名称。

3. CIF（Cost，Insurance and Freight）

CIF 称为成本加保险费、运费。我国有人称为到岸价格。

该术语的含义，是要求卖方在履行相同于 CFR 的义务条件外，还要加上负责办理保险义务——即由卖方按合同规定自行负担费用与信誉良好的保险公司订立货物运输保险合同，向买方提供保险单或其他保险凭证。

使用该术语也要求在其后标注目的港名称。

三、涉外货物买卖合同书写作的主要条款

涉外货物买卖合同书写作的基本条款内容如下。

1）货物的品质，基本内容有品名、货号、规格、等级、标准及牌号或商标等。

2）数量，要规定交货的数量和计量单位。

3）商品包装，包括包装材料、包装方式、包装费用和运输标志。其具体内容应根据商品的性质、特点以及采用的运输方式而定。

4）商品价格。国际货物买卖的作价方法有两种，一般采用固定作价方法，少数情况下，也采用非固定作价的方法。采用固定作价法，合同中要规定清楚单价、货币名称、计量单位和总值。采用非固定作价法，则要规定采用哪一具体方法；或不固定价格，但要规定拟作价方法；或暂定价格，要注明交货时再由双方根据当时市场情况确定最后价格；或滑动价格，即在合同中规定先定一个基础价格，同时规定对基础价格进行调整的方法。

5）货物运输，包括运输方式、交货时间、装运港、目的地、分批装运、转运、装运通知、滞期、速遣等装运事项，都必须做明确的条款约定。

6）货物运输保险，包括投保人、保险公司、险别、保险金额、保险费率、保险单、保险索赔等项内容。

7）结算方式，要约定支付方式、时间、地点、信用、单据内容等。

8）商品检验，包括：检验的有效期限、地点；由哪一方来行使检验权；由哪一方的检验机构来检验；以何时何地的商品品质、数量为准等。

9）索赔，包括索赔依据、索赔期限、索赔金额及索赔办法。

10）仲裁，明确约定提请仲裁的争议范围与仲裁地点。

11）不可抗力条款，明确限定不可抗力的界定范围，及发生不可抗力事件后的处理原则和处理办法。

12）其他条款。

四、文章写作结构原理分析

涉外货物买卖合同的履行较之国内主体的合同，最主要的特殊性在于潜在风险因素复杂。因此，在合同的谈判与订立上，合同主体要能运用国际经济法律法规及公约、规则、惯例等防范风险，去明确各方应履行的义务和权利，从而为一旦发生纠纷的裁决提供责任划分的依据。

条款“1）、2）”是确认标的及数量。在买卖合同中，买卖行为指向的货物及数量是双方权利的焦点，也是后续条款的根据，需要首先确认而不能有错。

条款“3）”的商品包装，是根据长途运输中对商品保护的需要而提出的。国际货物运输的线路长，常需多次转运，易对货物造成损坏，故需根据货物的易损特点提出相应的包装要求，所以需要有此约定。

条款“4）”的商品价格与总价款，是主要的权利条款，也是双方利益关注的焦点。由于商品包装需额外的增加成本，另总价款要根据数量计算，所以遵循其逻辑联系放在数量与包装的约定后来写。

条款“5）”，是根据内容间的逻辑联系，在约定了有关标的的内容后，在这里明确运输问题，即买卖合同关于履行方式及时间、地点指向的具体内容。这是主要的义务条款，需重点写清楚。

条款“6）”，是针对国际货物运输的线路长，潜在风险因素复杂，为了规避风险，而关于购买保险的约定。

条款“7）”，是约定买方义务的条款。从事情办理的内在逻辑顺序来看，卖方通过运输把货物发送给买方，买方也就该付钱了，所以这里要约定付款事宜。

条款“8）”，也是由于国际贸易潜在风险因素复杂产生出的一个环节，是为买方保护其合法权益在接收货物时要即时检验的约定。

条款“9）”是对条款“8）”的补充约定。是双方协商的关于买方在验收中发现了由于卖方责任导致的问题时，向卖方索赔的约定。

条款“10）”是关于争议解决的方法。在涉外买卖合同中，检验与索赔常是激发争议的环节。索赔成功就成和解，索赔不成，就得寻求新的解决方法。故接其后需要有仲裁约定。虽然我国合同法中规定争议解决的途径有多种，可依次升级，最高级的途径是诉讼。但在国际合同纠纷中多是采用仲裁的方式，且成惯例在合同中一旦约定仲裁后，不得再提请诉讼。

条款“11)”是关于责任条款的补充约定。“不可抗力”是指人的力量无法预防和抵御的破坏力量，多指来自自然界的破坏因素。此条款排除了当事人对“不可抗力”责任的承担，提高了合同中责任划分的合理性。

五、合同写作中应注意的主要问题

1）由于涉外货物买卖是一种跨国度超远距离的贸易，其合同履行的时间长、可变因素复杂、风险大，因此，在合同订立和写作中要考虑可变因素带来的风险，并在相应的条款中约定清楚双方的义务与责任。

2）FOB、CFR、CIF 3 种常用贸易术语代表的是 3 种不同的交货方式，其实质是 3 种不同的权利和义务分配方式。在订立合同中要注意权利和义务的对等。这就决定了这 3 种贸易术语的合同在写作主要条款的具体内容中的差别。在合同写作中，要将某一贸易术语代表的交货方式与相应的权利和义务分配内容，在条款中表述明确。

例文 1

中外货物买卖合同（FOB 条款）

合同号：____________
日　期：____________
地　点：____________
买　方：____________
地　址：____________
电　报：____________
电　传：____________
卖　方：____________
地　址：____________
电　报：____________
电　传：____________

本合同由买卖双方商订，在合同项下，双方同意按下列条款买卖下述商品：

第一条　品名、规格、数量及单价

第二条　合同总值

第三条　原产国别及制造厂商

第四条　装运港

第五条　目的港

第六条　装运期

分运：

转运：

第七条　包装

所供货物必须由卖方妥善包装，适合远洋和长途内陆运输，防潮，防湿，防震，防锈，耐野蛮装卸，任何由于卖方包装不善而造成的损失由卖方负担。

第八条　唛头

卖方须用不褪色油漆于每件包装上刷包装编号、号码、重、净重、提吊位置及“此端向上”、“小心轻放”、“切勿受潮”等字样及某种符号唛头。

第九条　保险

装运后由买方投保。

第十条　付款条件

（1）买方在收到备货电传后或装运期前30天,开立以卖方为受益人的不可撤销信用证,其金额为合同总值的________%，计________。中国银行________行收到下列单证经核对无误后，付信用证款项（如果分运，应按分运比例付）：

a. 全套可议付已装船清洁海运提单，外加两套副本，注明“运费待收”，空白抬头，空白背书，已通知到货口岸中国对外贸易运输公司。

b. 商业发票一式五份，注明合同号、信用证号和唛头。

c. 装箱单一式四份，注明每包货物数量、毛重和净重。

d. 由制造厂家出具并由卖方签署的品质证明书一式三份。

e. 提供全套技术文件的确认书一式两份。

f. 装运后即刻通知买方启运日期的电报/电传副本一份。

（2）卖方在装船后10天内，须挂号航空邮寄三套上述文件（F除外）。一份寄给买方，两份寄目的港中国对外贸易运输公司。

（3）中国银行收到合同中____________规定的经双方签署的验收证明后，付合同总值的__________%，金额为__________。

（4）买方在付款时，有权按合同第十五、十八条规定扣除应由卖方支付的延期罚款金额。

（5）一切在中国境内的银行费用均由买方承担，一切在中国境外的银行费用均由卖方承担。

第十一条　装运条款

（1）卖方必须在装运期前45天，用电报/电传向买方通知合同号、货物品名、数量、发票金额、件数、重、尺码及备货日期，以便买方安排订仓。

（2）如果货物任一包装达到或超过重20吨，长12米，宽27米，高3米，卖方应在装船前50天内，向买方提供五份包装图纸，说明详细尺码和每件重量，以便买方安排运输。

（3）买方须在预计船抵达装运港日期前10天，通知卖方船名，预计装船日期，合同号和装运港船方代理，以便卖方安排装船，如果需要更载货船只，提前或推后船期，买方或船方代理应及时通知卖方。如果货船未能在买方通知的抵达日期后30天内到达装运港，从第31天起，在装运港所发生的一切仓储和保险费由买方承担。

（4）船按期抵达装运港后，如果卖方未能备货待装，一切空仓费和滞期费由卖方承担。

（5）在货物越过船舷脱离吊钩前，一切风险及费用由卖方承担。在货物越过船舷脱离吊钩后，一切风险及费用由买方承担。

（6）卖方在货物全部装运完毕48小时内，须以电报/电传通知买方合同号、货物品名、数量、毛重、发票金额、载货船名和启运日期，如果由于卖方未及时电告买方，以致货物未能及时保险而发生的一切损失由卖方承担。

第十二条　技术文件

（1）下述全套英文本技术文件应随货物发运：

a. 基础设计图。

b. 接线说明书、电路图和气/液压连接图。

c. 易磨损件制造图纸和说明书。

d. 零备件目录。

e. 安装、操作和维修说明书。

（2）卖方应在签订合同后60天内，向买方或用户挂号航空邮寄本条（1）规定的技术文件，否则买方有权拒开信用证或拒付货款。

第十三条　保质条款

卖方保证货物系用上等材料和一流工艺制成，崭新、未曾使用，并在各方面与合同规定的质量、规格和性能相一致，在货物正确安装、正常操作和维修情况下，卖方对合同货物正常使用给予___天的保证期，此保证期从货物到达___起开始计算。

第十四条　检验条款

（1）卖方/制造厂必须在交货前全面、准确地检验货物的规格与数量。签发质量证书，证明所交货物与合同中有关条款规定相符，但此证明书不作为货物的质量、规格、性能和数量的最后依据。卖方或制造厂商应将记载检验细节和结果的书面报告附在质量说明书内。

（2）在货物到达目的港之后，买方须申请中国商品检验局（以下称商检局）就货物质量、规格和数量进行初步检验并签发检验证明书。如果商检局的检验发现到货物的质量、规格和数量与合同不符，除应由保险公司或船方负责者外，买方在货物到港后___天内有权拒收货物，向卖方提出索赔。

（3）如果发现货物质量和规格与合同不符，或货物在本合同第十三条所规定的保证期内证明有缺陷，包括内在缺陷或使用不良的原材料，买方将安排商检局检验，并有权依据商检证书向卖方索赔。

（4）如果由于某种不能预料的原因，在合同有效期内检验证书不及办妥，买方须电告卖方延长商检期限________天。

第十五条　索赔

（1）卖方对货物不符合本合同规定负有责任且买方按照本合同第十三条和第十四条规定，在检验和质量保证期内提出索赔时，卖方在征得买方同意后，可按下列方法之一或几种理赔：

a. 同意买方退货，并将所退货物金额用合同规定的货币偿还买方，并承担买方因退货而蒙受的一切直接损失和费用，包括利息、银行费用、运费、保险费、仓储、码头装卸及监管所退货物的一切其他必要的费用。

b. 按照货物的质量低劣程度、损坏程度和买方蒙受损失和金额货物贬值。

c. 用符合合同规定规格、质量和性能的部件替换有瑕疵部件，并承担买方所蒙受的一切直接损失和费用。新替换部件的保质期须相应延长。

（2）如果卖方在收到买方索赔书后一个月之内不予答复，则视为卖方接受索赔。

第十六条　不可抗力

（1）签约双方中任何一方受不可抗拒力所阻无法履约，履约期限则应按不可抗力影响履约的期限相应延长。

（2）受阻方应在不可抗力发生或终止时尽快电告另一方并在事故发生后14天内将有关当局出具的事

故证明书挂号航空邮寄给另一方认可。

（3）如果不可抗力事故持续超过 120 天，另一方有权用挂号航空邮寄书面通知，通知受阻方终止合同。通知立即生效。

第十七条　仲裁

（1）双方对执行合同同时发生的一切争执均应通过友好协商解决，如果不能解决，则可诉诸仲裁。

（2）仲裁应提交中国国际经济贸易仲裁委员会，根据该会的仲裁程序进行仲裁，也可提交双方同意的第三国仲裁机构。

（3）仲裁机构的裁决具有最终效力，双方必须遵照执行，仲裁费用由败诉方承担，除非仲裁机构另有裁定。

（4）仲裁期间，双方须继续执行合同中除争议部分之外的其他条款。

第十八条　延期和罚款

如果卖方不能按合同规定及时交货，除因不可抗力者外，若卖方同意支付延期罚款，买方应同意延期交货。罚款通过在议付行付款时扣除，但罚款总额不超过延期货物总值的 5%，罚款率按每星期 0.5% 计算，少于七天者按七天计。如果卖方交货延期超过合同规定船期十星期时，买方有权取消合同。尽管取消了合同，但卖方仍须立即向买方交付上述规定罚款。

第十九条　附加条款（如果上述任何条款与下列条款不一致时，应以后者为准）

此鉴：

本合同双方于______年______月______日用______文签署。原本一式______份，买卖双方各执______份。本合同以下述第（　）款方式生效：

（1）立即生效。

（2）合同签署后____天内，由双方确认生效。

（3）

买方：__________　　卖方：__________

签名：__________　　签名：__________

例文 2

中外货物买卖合同（CFR 或 CIF 条款）

合同号：__________

日期：__________

地点：__________

买方：__________

地址：__________

电报：__________

电传：__________

卖方：__________

地址：__________

电传：__________

电报：__________

本合同由买卖双方商订，在合同项下，双方同意按下列条款买卖下述商品：

第一条 品名、规格、数量及单价

第二条 合同总值

第三条 原产国别及制造厂商

第四条 装运港

第五条 目的港

第六条 装运期

分运：

转运：

第七条 包装

所供货物必须由卖方妥善包装，适合远洋和长途内陆运输，防潮，防湿，防震，防锈，耐野蛮装卸，以确保货物不致由上述原因受损,使之完好安全到达买方目的地或建筑工地。任何由于包装不妥善所致之任何损失由卖方负担。

第八条 唛头

卖方须用不褪色油漆于每件包装上刷包装编号、号码、毛重、净重、提吊位置、“此端向上”、“小心轻放”、“切勿受潮”等字样及下列唛头：

第九条 保险

在 CIF 条款下：

由卖方出资按 110%发票金额投保。

在 CFR 条款下：装运后由买方投保。

第十条 付款条件

（1）买方在装运期前 30 天，通过中国银行开立由买方支付以卖方受益人的不可撤销信用证，其金额为合同总值___________%，计__________。该信用证在中国银行_________行收到下列单证经核对无误后承付（在分运情况下，则按分支比例承付）：

a. 全套可议付已装船清洁海运提单，外加两份副本，注明“运费已付”，空白抬头，空白背书，已通知到货口岸中国对外贸易运输公司。

b. 商业发票一式五份，注明合同号、信用证号和唛头。

c. 装箱单一式四份，注明每包货物数量、毛重和净重。

d. 由制造厂家出具并由卖方签署的品质证明书一式三份。

e. 已交付全套技术文件的确认书一式两份。

f. 装运后即刻发给买方的已装运通知电报/电传附本一份。

g. 在 CIF 条款下，全套按发票金额 110%投保_______________的保险单。

（2）卖方在装船后 10 天内，须航空邮寄三套上述文件（f 除外），一份寄给买方，两份寄目的港中国对外贸易运输公司。

（3）中国银行收到合同__________中规定、由双方签署的验收证明后，在____天内，承付合同金额的百分之____，金额为______________。

（4）按本合同第十五条和第十八条，规定买方在付款时有权将应由卖方支付的延期货物罚款扣除。

（5）所有发生在中国境内的银行费用应由买方承担，所有发生在中国境外的银行费用均由卖方承担。

第十一条　装运条款

（1）卖方必须在装运期前四十天向买方通知预订的船名及其运输路线，供买方确认。

（2）卖方必须在装运前二十天通知买方预计发货时间、合同号、发票金额、发运件数及每件的重量和尺码。

（3）卖方必须在装船完毕后四十八小时内，以电报/电传方式向买方通知货物名称、数量、毛重、发票金额、船名和启运日期。

（4）如果任一单件货物的重量达到或超过20吨，长12米，宽2.米，高3米，卖方须在装船期前50天向买方提供5份详细包装图纸，注明详细的尺码和重量，以便买方安排内陆运输。

（5）在CFR条款下：

如果由于卖方未及时按第十一条第（3）款执行，以致买方未能将货物及时保险而造成的一切损失，由卖方承担。

（6）在目的港卸货和内陆运输的一切费用由买方承担。

第十二条　技术文件

（1）下述全套英文技术文件一份必须随每批货物一同包装发运：

a. 基础设计图。

b. 接线说明书、电路图和气/液压连接图。

c. 易磨损件制造图纸和说明书。

d. 零备件目录。

e. 安装、操作和维修说明书。

（2）在签订合同后60天内，卖方必须向买方或最终用户挂号航空邮寄本条（1）规定的技术文件，否则，买方有权拒开信用证或拒付货款。

第十三条　保质条款

卖方必须保证所供货物系用上等材料和一流工艺制成，崭新、未曾使用，并在各方面与合同规定的质量、规格和性能相一致，在货物正确安装、正常操作和维修情况下，卖方必须对合同货物正常使用给予____天的保证期，此保证期从货物到达________起开始计算。

第十四条　检验

（1）卖方/制造厂必须在交货之前对货物的质量、规格性能和数量进行精确全面的检验，并签发质量保证书，证明货物符合合同规格。此证明书不作为货物的质量、规格、性能和数量的最后依据。卖方或制造厂商必须将记载检验细节和结果的书面报告附在质量说明书内。

（2）在货物抵达目的港之后，买方须申请中国商品检验局（以下称“商检局”）就货物质量、规格和数量进行初步检验并签发检验证明书。如果商检局的检验发现到货物的质量、规格和数量与合同不符，除应由保险公司或船方负责者外，买方在货物抵达目的港后____天内有权拒收货物，向卖方提出索赔。

（3）如果发现货物质量和规格与合同不符或货物在本合同第十三条所规定的保证期内证明有缺陷，包括内在缺陷或使用不适当的原材料，买方将安排商检局检验，并有权依据商检证书向卖方索赔。

（4）如果由于某种不能预料的原因在合同有效期内检验证书不及办妥，买方须电告卖方延长商检期限____天。

第十五条　索赔

（1）如果卖方对货物与合同规定不符负有责任，且买方在本合同第十三条和第十四条规定的检验和质量保证期之内提出索赔时，卖方在征得买方同意后，可按下列方法之一或几种理赔：

a.同意买方退货，并将所退货物金额用合同规定的货币偿还买方，并承担退货而造成的一切直接损失和费用，包括利息、银行费用、运费、保险费、仓储、码头装卸及监管保护所退货物的一切其他必要的费用。

b.按照货物的质量低劣程度、损坏程度和买方蒙受损失金额将货物贬值。

c.用符合合同规定的规格质量和性能的新部件替换有瑕疵部件，并承担买方所蒙受的一切直接损失及费用。新替换部件的保质期须相应延长。

（2）若卖方在收到买方上述索赔书后一个月之内未答复，则视为卖方接受索赔。

第十六条　不可抗力

（1）如签约双方中任何一方受不可抗力所阻，无法履约，履约期限则按不可抗力影响履约的时间作相应延长。

（2）受阻方应在不可抗力发生和终止时尽快电告另一方，并在事故发生后 14 天内将主管机构出具的事故证明书挂号或航空邮寄给另一方认可。

（3）如果不可抗力事故持续超过 120 天，另一方有权用挂号航空邮寄书面通知，通知受阻方终止合同。通知立即生效。

第十七条　仲裁

（1）凡由于执行本合同而发生的一切争执，应通过友好协商解决。如不能解决，则可诉诸仲裁。

（2）仲裁应提交中国北京中国国际经济贸易仲裁委员会，按照其程序仲裁，也可提交双方同意的第三国仲裁机构。

（3）仲裁机构的裁决具有最终效力，双方必须遵照执行。仲裁费用由败诉一方承担。仲裁机构另有裁定者除外。

（4）仲裁期间，双方须继续执行除争议部分之外的合同其他条款。

第十八条　延期和罚款

如卖方不能按合同规定及时交货，除因不可抗力事故之外，若卖方同意支付延期罚款，买方应同意延期交货。罚款通过在议付行罚款时扣除，但罚款总额不超过延期货物总值的 5%，罚款率按每星期 0.5% 计算，不足一星期者按一星期计。如果卖方交货延期超过合同规定船期十星期时，买方有权撤销合同。尽管撤销了合同，卖方仍须向买方立即支付规定罚款。

第十九条　附加条款（如果上述任何条款与下列附加条款不符，将以后者附加条款为准）

此鉴：

本合同双方于____年___月___日用____文签署。原本一式___份，买卖双方各执___份。本合同以下述第（　）款方式生效：

（1）立即生效。

（2）合同签署后___天内，由双方交换确认书后生效。

买方：______________　　　　卖方：______________

签名：______________　　　　签名：______________

______年______月____日

思考与练习

一、填空

1．涉外经济合同的外国主体包括________、________、________。

2．订立涉外经济合同应遵循的原则：________；________；________。

3．目前国际贸易中影响最大的国际惯例有________和________。

4．国际上的对外贸易与经济合作，主要包括三大方面的内容：________；________；________。

5．FOB 称为船上交货，我国也有人称________。

6．CFR 称为________。

7．CIF 称为________，我国也有人称为________。

二、名词解释

涉外经济合同　国际惯例　涉外货物买卖合同

三、简答题

1．涉外经济合同有何特征？

2．订立涉外经济合同的法律依据是什么？

3．订立涉外经济合同需遵循哪些原则？

4．写作涉外货物买卖合同应注意的主要问题有哪些？

四、问答题

1．写作涉外货物买卖合同应具有哪些基本条款？

2．FOB、CFR、CIF 的各自含义是什么？

第十六章

学术研究

教学目的和要求☞

- 通过本章教学，让学生理解学术论文的含义、特征，了解学术研究的一般程序，重点掌握学术论文写作的格式和要求，能够写作学术论文。

第一节 概 述

一、学术研究与学术论文

1. 关于学术研究

人类的生存实践，是在探索中前进，并不断有所发现、有所创造。其中的先进文化者对这些发现和创造进行加工整理著书立说便形成科学理论。科学理论知识积累多了便要分门别类，系统化为一个又一个学科。为了便于多学科的划分，理论研究者们又对各学科的研究领域进行严格的界定，对各学科理论进行系统整理形成各自的理论体系，并形成适用于本领域研究对象特点的专门研究方法。以致后来者在承接前人的研究中，对某一学科领域问题的研究，不能不以掌握该学科的理论和方法为前提。运用专门的理论与方法对某科学领域前沿问题的研究，就叫学术研究。

2. 学术论文

人们完成学术研究后，要借助文章的形式来表述自己的研究成果，这类文章就叫学术论文。

学术论文，又称科学论文、研究论文。它是各科学领域的专业工作者，在运用该学科的理论与方法，完成对该领域的某些现象和问题的研究后，描述其研究成果，揭示所研究对象事物的本质特征及发展规律的理论性文章。

学术论文是开展学术交流的工具，对于提高人们的认识水平和实践能力，推进理论研究和科学文化的发展，促进人类文明，具有十分重要的作用。

3. 学术论文的种类

学术论文的种类按不同的标准有不同的划分方法。

从篇幅和字数上分，4 万字以下，为单篇学术论文；5 万字以上，为学术专著。

以研究领域和对象分，可分为：社会科学论文，指以社会现象为研究对象的学术论文，如哲学、经济学、军事学、法学、文艺学、史学、语言学等都属社会科学领域；自然科学论文，指研究自然界的物质形态、结构、性质和运动规律的学术论文，如数学、物理学、化学、气象学、海洋学、地质学等基础学科，以及材料科学、能源科学、医学科学等应用技术科学都属自然科学领域。

以社会功用分，可分为报告论文、杂志论文和学位论文。

报告论文，指在学术会议、科技交流会议上现场宣读的论文，它是一种口头形式的论述性报告，有时还没有形成完整的论文形态。

杂志论文，指发表在内部或公开出版的报刊上的论文，其写作目的是公布科研成果，交流科研信息。

学位论文，是学位申请者为申请学位而撰写的论文。学位论文分学士、硕士、博士三级。学士学位论文是高等学校本科生申请学士学位而撰写的论文，要求对所研究的课题有一定心得；硕士学位论文是攻读硕士学位研究生为申请硕士学位而撰写的论文，要求对所研究的课题有新的见解；博士学位论文是申请人为申请博士学位撰写的论文，要求在科学理论或专门技术上有创造性的研究成果。

二、学术论文的特征

学术是指专门的、系统的学问。学术论文不同于一般的的议论文。一般议论文是对社会的一般现象与问题，提出自己的见解与主张并加以论述的文章。学术论文则是运用科学的专门理论与方法，对科学各相应领域中的现象、问题，进行研究、探讨的文章。两者相比较，学术论文具备以下几个特征。

1. 科学性

学术论文的科学性是由科学研究的性质决定的。科学研究的任务，在于揭示客观事物的本质和规律，探求客观真理，以指导人们改造世界的实践。如果没有严格的科学性，就无法完成自身的任务。

遵循学术论文的科学性，就要求学术论文要以科学的理论与方法为依据来描述科学研究活动。伴随人类对客观世界认识的深化和知识的积累，科学体系的划分愈来愈细。不同的科学体系有不同的理论与方法。从事某一科学领域的研究，不仅要遵循某些共性的规律，而且要依据该学科的理论与方法，来分析问题，透视现象，揭示事物的本质与规律。这种专门学科的理论与方法是从专门学科的独有特性中凝练而形成的，寓于鲜明的学科个性特点。各不同学科的学术论文在描述各自的研究成果中，是以明确的各学科的研究领域与方向，突出该学科的专门理论与方法，就形成了学术论文不同于其他理论性文章的科学性特征。

2. 创见性

学术论文，要求作者就某一领域的某一问题的研究提出独到的、新颖的、前人所未曾有的见解或新的发现，不能人云亦云。如果科学研究工作者没有创新，只有继承，那么，人类的文明和历史就不会有所前进。《自然科学史》一书的作者梅森说："科学总要发展，并有新的发现，……科学方法主要是发现新现象，制定新理论的一种手段，……旧的科学理论就必然会不断地为新理论推翻。"美国的科学史权威萨顿说："科学总是革命的和非正统的，这是它的本性；只有科学在睡大觉时才不如此。"要有创见性，一是要对研究对象长期地观察、分析、研究，以便从中发现别人没有发现过或没有涉及的问题；二是在综合别人认识的基础上创新。如郭沫若的《甲申三百年祭》这篇历史论文，作者一反历来剥削阶级史学家不屑于研究农民起义的态度，实事求是地评价历史人物，这就是创见性。

创见性是科学研究的生命，它能提出新思想、新理论，开辟出新科学道路，以此不断推进科学研究的深入。但是，创见不是轻易可以做到的。要能在学术领域里说出一句前人没有说过的，而又十分正确的话，是不容易的。即或做到了，有时也可能不被人接受，甚至遭到反对。但是，只要观点正确，讲得有道理，即使暂时遭到反对也没有关系，经过实践检验，终究会得到证实与承认。

3. 理论性

所谓理论性，是指学术论文不仅要有创造性的见解或结论，而且要阐述出为什么是这样的结论，或这个见解（观点）为什么是正确的。

学术论文要求要有一定的理论深度。是因为学术论文描述的是科学研究的成果，这项成果是前人未曾有的，因此，文章在表述其研究成果时，要能反映出研究者是如何运用科学的理论与方法，依据翔实的材料、严谨的逻辑思路，从而获得新的发现或概括出科学的结论。文章的表述要能证明出研究者见解与结论的正确性和科学性。这种证明与阐述愈严谨、缜密、全面、系统，就愈有理论深度，文章的理论色彩愈浓。

三、学术研究的一般程序

1. 选择课题

就是选择研究课题，确定学术研究的方向。

（1）选择客观上有科学价值的课题

所谓客观上有科学价值的课题，就是关系社会发展和国家现代化建设的需要有待回答的问题。这是一条总的原则。它包括的范围十分广泛。

1）亟待解决的问题。比如有关国计民生的重大问题，某学科发展中的关键问题等。

2）科学上需要填补的空白。科学领域可供研究的范围非常广泛，还有许多现象或问题需要探讨却还没有人涉足，这就是所谓的空白。

3）应该纠正的传统观点。它是指对原某些研究成果或对某个问题的原有定论，有不正确之处，需要纠正的研究。

4）需要补充的前说。前人的某些研究成果尚属阶段性成果或有不完善之处，需要做发展性研究的。

5）某些基础理论研究，似乎同现实实践没有直接关系，但从长远的观点来看，它关系整个国家的科学文化发展，甚至可以成为新的发明创造的理论向导，这样的课题也是值得研究的。

（2）选择有利于展开研究的课题

1）要适合本人的研究兴趣。有兴趣才有利于研究者专心执着的追求，从而促进研究成果的实现。

2）应从自己的实际能力出发，选择能发挥专业特长的相关问题展开研究工作，这样比较容易获得成功。

3）大小和难易度要适中。选题的最佳方案，是确立一个望而可及的目标，虽有一定的难度，但经过努力仍有成功的希望。

2. 占有材料

研究要有根据，这种根据就是有关研究对象的信息资料，获取研究对象信息资料的工作就是占有材料。占有材料的途径可以是来自他人的研究成果——即通过检索文献；也可以是通过科学实验，或实物研究、实地考察。

3. 整理研究资料

在完成资料的搜集工作后，研究者就要集中精力对所有的资料进行汇集整理、分析研究。

1）汇集整理，是将获取的资料进行集中、筛选和分类，精选出研究所需的真实有效的资料。

2）分析研究，是对筛选整理后的资料进行由此及彼、由表及里的分析，将表面的、感性的资料通过条理化和系统化，以理清这些材料间的内在联系，透视事物的本质，形成完整的、反映事物本质及规律的理性认识，以求有新的发现或新的见解。

4. 确立论题

确立论题，是从文章写作的角度而言的。完成新的发现或新的见解，即已完成研究工作，下一程序是向社会报告研究成果。这种报告的方式之一是发表学术论文。而写作学术论文首先要确立论题——即明确文章表述的核心内容是什么，也即文章的主题。

确立论题，一般从两个方面去把握：①新发现或新见解对推动社会生活和科学文化事业的进步具有的积极意义和现实实用性；②能对将来科学的研究发展具有的重要基础性价值。

在学术论文写作的具体过程中，材料的取舍、结构的安排、论证方法的运用，都要从表达论题的需要出发。

5. 编拟提纲

在学术论文写作的前期工作中，确立论题后就要根据论题来拟写提纲。拟写提纲是作者将头脑中的想法条理化、系统化、定型化的过程；是在正式起草论文之前，以提纲的形式把文章的结构思路反映出来，以提高行文效率的重要手段。

提纲中的内容纲要绝非各级论点与各条材料的简单罗列，而是通过设置一个能包容全部观点及主要材料的逻辑框架，使观点与材料在这个框架中都能得到最为恰当的处置，它是一篇文章的结构关系图。内容纲要一般从大的部分写起，即先写出大的部分或大的层次的论点，然后是本部分或本层次内的中项目，最后是中项目中的各个小项目。而在依照内容纲要起草论文时，则要从小的项目着笔，从一个部分的小项目再到另一个部分的小项目，渐次完成全文。

提纲的拟定，标志着起草论文前的准备工作的结束，下一步就进入了论文的起草阶段了。

第二节　学术论文写作

一、学术论文的写作及思维特点

学术论文的写作不同于一般议论性文章，更不同于其他文章，它有着自身的写作特点和思维特点。

1）学术研究，从选题到学术论文的写作，有一个价值取向问题。首先在选题上要把握是关系国计民生的、或事关社会与经济的发展、事关科学技术进步的研究方向，这样的选题才是有意义的；在确定选题之后展开研究工作的过程中，仍然有一个价值取向问题——即成果的创新性，这样的成果才是有价值的。

2）学术论文的写作是为了报告上述研究成果。首先在论题上要明确地突出上述价值取向，继而在文章写作中要从这一意图的实现出发，去布局文章结构、选择和运用材料、进行准确的语言表达，以表述清楚你是如何研究出这一成果的。

3）论文内容的表述，要遵循“文章要推论证明所研究成果为什么是正确和科学的”这一要求。

二、学术论文写作的一般格式

学术论文在结构模式上包括题名、署名、摘要、关键词、正文、参考文献等构成内容。

1. 题名

题名又称题目或标题，它是以最简明的语句反映论文中最重要的内容，是一篇论文给出的涉及论文理论范畴与价值取向的第一个重要信息。

学术论文的标题，一般有两种形式。

1）单行标题，在构成上一般以揭示论文选题的研究范畴为主，如《中国经济加速发展研究》、《论上市公司的监控问题》等。

2）双行标题，是正副标题的写法，正标题揭示论点、课题，副标题说明、补充正标题，二者互为表里，互相说明。

2. 署名

在题名下方署上作者姓名和单位。署名的作用有三，一是为了表明文责自负，二是表明著作权，三是便于读者与作者的联系及文献检索。

3. 摘要

摘要，也称提要，概要，是论文的重要组成部分，位于作者姓名与绪论之间。

论文的摘要，在内容上包括研究的目的、方法、结论和意义。摘要应具有独立性和自明性，要能概括出文章主体内容中所具有的主要信息。

4. 关键词

关键词是为方便文献索引工作，特别是适应计算机自动检索的需要而设置的。写作时要把论文中代表中心内容特征的最富典型意义的单词或词组挑选出来，以便存入信息检索系统的存储器，供检索之用。关键词一般选取3～5个，置于摘要的下方。

5. 正文

详尽地表述你的研究及其成果的具体内容。

6. 参考文献

将论文中引用或参考过的有关文献依次列出，便于读者了解资料来源，并进行查找。注录参考文献是学术论文科学性的重要体现，也是作者学术品德的反映。参考文献必须是作者直接阅读的重要文献，它的注录应包括著者、标题、出版事项等信息。

三、学术论文正文写作的主要结构内容

1. 绪论

绪论也叫“引言”或“导论”，是学术论文的开头部分，用以说明论文要研究的课题、目的和观点等。

学术论文的绪论，一般写明 4 个方面的内容：①表述选题的背景及缘由；②说明课题的性质、涉及的理论范畴及其重要性；③前人的研究成果及其评价；④研究的目的或要解决的问题。这 4 个方面的内容，根据具体需要进行取舍，有时突出某一方面作为重点，也可增述新的内容。

绪论的写作要求：①做到开门见山，快速入题；②引人入胜，抓住读者；③简洁明快，要言不烦。

2. 本论

本论是学术论文的主体，是展开论题，分析论证，表述研究成果的部分。在本论中，对作者的学术研究成果，特别是作者提出的新的独到的见解，应作详细的阐述。在具体写作时，论文作者应根据论文的性质，或着重于正面立论；或着重于研究方法、研究过程及重大发现的描述；或对某一学术问题上的种种见解加以综述和评论。

本论部分可有 3 种写法。

1）若你的研究成果是一种创造性的理论见解或新论点，则要突出新论点，要以推论证明的表述方式回答出你的见解和论点为什么是创造性的或区别于前人而独到的，并且是科学和正确的。本论中要遵循推论证明的逻辑思路来安排文章的结构层次。

2）若你的成果是一种新的研究发现，则一般是以如何发现的研究线索为依据来安排文章写作的结构层次。这类学术论文的写作，重在以确凿有效的论据来证明这一成果是你所发现，故文章中要突出你的研究过程、运用的研究方法以及研究中反映出的有效资料来证明你的这一科学发现。

3）若你的成果是对当前学术界的热门选题研究的纷纭见解，采用综述的方式来理清头绪，以推动研究的深入，则可以纷纭见解的观点分类、或以内容分类，以类与类间的逻辑联系为依据来安排文章的结构层次，将各类中的代表性见解或创新观点表述清楚，并加以必要的评析。

3. 结论

结论是围绕本论所作的结语，是承接本论对论题展开研究结果所作的科学概括，是全文的归结和收束。结论必须是绪论中提出的，本论中论证的自然得出的结果，是课题研究过程的本质性的深化。所以，它的写作必须与绪论相照应，与本论相联系，做到首尾相贯，浑然一体，使论文在逻辑上严谨完美。

四、学术论文的修改

修改是论文写作的最后一道工序，是提高文章质量的重要手段，因此在写作过程中必不可少。论文修改要从以下几个方面入手。

（1）明确论点

已完成的学术论文初稿，论点完全站不住脚的少见，但可能存在问题，因此要审检文章中心论点和各部分小观点的提炼与概括，使之正确和鲜明。

（2）完善材料

为做到观点与材料相统一，要根据真实、典型和充分的原则，增添必要的材料，或删除多余的材料，或调换某些材料的位置。

（3）调整结构

关于文章结构，要一看思路是否顺畅；二看层次是否清楚；三看结构是否完整；四看段落划分是否规范，务求全篇文章的统一完美。

（4）锤炼语言

语言修改，则要重在准确性、可读性上下功夫，使语言准确、鲜明、简洁和生动。同时，还要注意标点符号的正确使用。

在论文修改的过程中，如有必要，还可再度对选题进行分析研究，进一步深化认识，最终达到提高论文质量的目的。

例文 1

跨国公司对我国自主创新能力的影响：一个实证检验[1]

王达政

摘要：跨国公司的大规模进入对我国的自主创新能力究竟产生了何种方向和何种程度的影响？这

1 本文是国家自然科学基金项目“我国企业创造性资产寻求型对外直接投资研究”（项目批准号：70372026）和武汉大学985工程项目“我国企业国际化的理论与实践研究”的部分研究成果。

一直是理论界和实际部门十分关心的重大问题。本文采取实证研究的方法，对我国1986—2006年共计21年的数据进行实证检验，结果发现，跨国公司进入与我国自主创新能力之间不仅具有显著的相关性，而且具有直接的因果关系，但这种关系不是正面的，而是负面的，即跨国公司进入对我国自主创新能力的提高具有显著的阻碍作用。这意味着，要提高我国的自主创新能力不能依赖跨国公司。在开放的经济环境下，中国企业只有依靠自己的力量，建立自己的研发能力，走自主创新之路，才能获得核心技术。

关键词：跨国公司；FDI；自主创新

一、引言

跨国公司是全球技术创新的主要载体。跨国公司的对外直接投资（FDI，Foreign Direct Investment）活动不仅会带来资本的转移，而且会带来技术的转移。虽然跨国公司通常会采取内部化的技术转移方式（即技术主要在跨国公司母子公司体系内部转移），但是跨国公司的对外直接投资活动还是会带来技术溢出（Technology Spillover）。这种技术溢出会促进东道国技术和生产力水平的提高。与此同时，跨国公司进入所引发的竞争效应、示范—模仿效应、产业关联以及人力资本的流动也会促进本土企业的技术创新和竞争力的提高。改革开放以来，我国一直将吸引跨国公司投资作为推进我国技术进步的重要手段。2006年，中国实际利用外资（不含银行、保险、证券投资）高达630.21亿美元，连续14年实际利用外商直接投资金额位居发展中国家和地区首位。但是，跨国公司的大量进入，是否真正地促进了我国技术创新能力的提高呢？目前理论界和实际部门对这一问题一直未能形成一致的看法，甚至存在着激烈的争论。本文试图从实证的角度，对跨国公司进入对我国自主创新能力的影响进行验证，并进一步讨论形成这一结果的原因。

二、文献回顾

Caves是最早关注跨国公司对外直接投资对当地技术影响的学者之一。1974年，Caves对跨国公司在加拿大和澳大利亚的直接投资的技术效应进行了实证检验。他选用两个国家在1966年制造业的行业横截面数据进行分析，结果发现，在加拿大制造业中，当地企业的利润率与行业内的外资份额正相关，在澳大利亚制造业中，劳动生产率与行业内的外资份额正相关。Caves由此得出结论，在加拿大和澳大利亚的制造业中存在着FDI的技术溢出效应。他把跨国公司的技术扩散效应划分为三种类型：①对于原来具有强大壁垒的产业，由于跨国公司的进入，使垄断行为受到遏止，资源配置得到改善。②由于跨国公司的进入所带来的竞争压力或示范效应，刺激当地厂商更加有效地使用资源，推动了当地技术效率的提高。③由于竞争和反复模仿等原因，跨国公司进入加快了技术转移和扩散的速度。

Kokko（1994）认为，跨国公司对外直接投资可以通过以下四种渠道对东道国产生技术溢出效应：一是竞争。来自跨国公司的强大竞争压力会推动本土企业提高技术效率。二是示范到模仿。跨国公司的示范效应会刺激本土企业以各种方法获取该产品的生产工艺和技术。三是产业关联。跨国公司通过与上下游当地企业之间的联系，帮助当地企业改进技术。四是人力资本流动，跨国公司通过先进的产业定位扩大了对当地人力资本的需求，通过对当地雇员的培训扩大了人力资源的供给。当地雇员离开外资企业时，便会发生技术外溢。

Kokko（1996）对跨国公司进入乌拉圭的技术效应进行了进一步的研究，他的研究结论同样支持了竞争是导致技术溢出效应发生的主要原因的观点。Kokko认为，跨国公司与当地企业的生产力水平是由双方相互作用决定的，跨国公司能对当地企业的生产力水平产生正面影响，同样，当地企业的技术活动也会对跨国公司产生影响。BlomstrÖm 和 SjÖholum（1999）对跨国公司在印度尼西亚直接投资的技术效应进行了研究，结果发现，在竞争激烈的行业里，跨国公司对当地企业的技术溢出效应更为明显。

当然，也有许多研究不支持跨国公司的直接投资对当地企业具有正的溢出效应。Aitken 和 Harrison（1999）选用委内瑞拉制造业 1976～1989 年间的企业面板数据进行分析，结果发现跨国公司在该国的直接投资普遍存在负的技术溢出效应。Djankov 和 Hoekman（2000）分析了捷克制造业 1993～1996 年间的企业面板数据，发现如果外资份额是由独资企业和合资企业两部分组成，当地企业的生产力水平呈现负的溢出效应；而如果外资份额是清一色的独资企业，则溢出效应在统计上不明显。

对于跨国公司直接投资对中国技术创新能力的影响，许多学者做过相应的研究。Liu 和 Wang（2003）对跨国公司直接投资对中国全要素生产率的影响进行实证研究，结果发现，FDI 是促进中国企业技术进步的有效途径。Cheng 和 Lin（2004）使用省际数据，研究了 FDI 对中国国内专利申请数的影响，结果发现，FDI 对我国的专利申请数有显著的正的影响。徐涛（2003）选取 1990～2000 年共 11 年的统计数据，验证 FDI 对中国技术进步的影响，结果表明，FDI 有很强的技术外溢效应，对中国的技术进步有明显的促进作用。江小涓（2004）通过调查发现，跨国公司在华投资企业大量引进其母公司的先进技术，通过产业关联、人才流动和示范效应，对中国的技术创新产生了明显的推动作用。谢建国（2007）运用两阶段古诺竞争模型研究了东道国引资政策对跨国公司技术转移的影响，结果显示，跨国公司对东道国的技术转移取决于东道国市场竞争程度、本地企业的模仿能力与跨国公司的技术转移成本。许连和等（2007）利用我国 1999～2003 年 35 个工业行业的面板数据和 2002 年的投入产出表检验了我国 FDI 的水平链接溢出效应和后向链接溢出效应，结果表明，FDI 主要通过示范效应和竞争效应对我国工业行业产生积极的水平链接溢出效应，而人员流动效应所反映的水平链接溢出效应并不明显；FDI 企业通过向上游产业的当地企业购买中间产品和服务产生了积极的后向链接溢出效应，但只在当期发生；行业中来自于 FDI 企业的竞争压力过高或过低均不利于水平链接溢出和后向链接溢出。李平等（2007）分析了国内外不同的研发资本、人力资本和知识产权保护对中国自主创新的影响，并运用 1985～2004 年的数据进行实证检验，结果表明，中国自主创新能力的提升主要依赖国内自主研发的投入，但国外研发对中国自主创新能力的贡献度也不容忽视；人力资本和知识产权保护降低了国内研发投入和 FDI 溢出的国外研发对自主创新的贡献度，却提升了进口和国外专利申请溢出的国外研发对自主创新的贡献度。方朋等（2008）利用中国制造业 14291 家企业 1998～2001 年的面板数据分析了外商直接投资企业对内资企业的溢出效应，结果表明，在行业内，外资企业的外溢效应表现并不明显；在行业间，外资企业通过人员培训或人员流动对内资企业产生了显著的技术外溢；在地区间，外资企业通过示范效应和竞争效应对内资企业产生了明显的外溢效应。蒋殿春和张宇（2008）对我国市场化改革过程中的 FDI 技术溢出机制进行了分析，并利用省市面板数据进行了实证检验，结果发现，FDI 对内资企业全要素生产率的影响并不显著甚至是负面的；国内制度的改进有助于 FDI 技术溢出的发挥，相对完善的国内制度环境已成为促进 FDI 发挥积极作用的前提条件。陈继勇和盛杨怿（2008）运用中国 29 个省（直辖市、自治区）1992～2006 年的面板数据对区域 R&D 投入、外商在华直接投资的知识溢出对技术进步的影响进行检验，结果发现，地区自身科技投入是推动地区技术进步的最主要因素；外商在华直接投资的知识溢出效应并不明显；FDI 渠道传递的外国 R&D 资本对技术进步的促进作用与当地的经济、科技发展水平有着密切关系。

三、 描述性统计与因果关系检验

由于国内外文献在分析跨国公司的直接投资对东道国自主创新能力的影响时并未得出一致的结论，因此，我们首先需要对跨国公司在中国的直接投资对我国自主创新能力的影响进行描述性的统计分析，并进一步考察相互之间是否存在因果关系，在此基础上，再对影响我国自主创新能力的关键因素进行回归分析，验证跨国公司的直接投资对我国的自主创新能力产生了何种方向和何种程度的影响。

1. 趋势分析

前面的有关研究在选择什么指标衡量东道国自主创新能力方面存在较大的分歧。我们认为，衡量一个国家的自主创新能力的最重要指标不应该是一个国家新产品的销售额，因为通过购买国外的新技术也可以生产新产品；衡量一个国家的自主创新能力的最重要指标也不应该是一个国家笼统的专利申请量或授权量，因为专利申请量或授权量不仅包括发明专利申请量或授权量，还包括实用新型专利申请量或授权量和外观设计专利申请量或授权量，而后者在测量一个国家的自主创新能力方面并不准确。我们觉得，衡量一个国家的自主创新能力的最重要指标应该是一个国家的发明专利授权量。

中国专利法颁布于 1985 年，中国的专利申请始于 1985 年。由于从申请到授权有一个受理、审查和公示阶段，中国的发明专利授权实际上是从 1986 年才开始的。因此，本文选取的我国国内发明专利授权量的起始时间是 1986 年，终点时间是 2006 年，共计有 21 年的数据。数据来自中国科技统计网公布的各省、自治区和直辖市的国内发明专利授权量。我们运用 SPSS13.0 软件对我国国内发明专利授权量进行趋势分析，如图 1 所示。

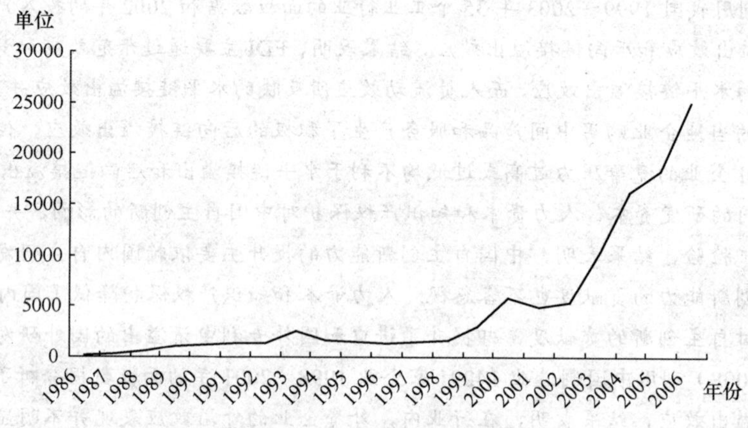

图 1 我国国内发明专利授权量变化趋势

从图 1 中可以看出，我国国内发明专利授权量在过去的 21 年间实现了巨幅增长。这与 80 年代中期以来跨国公司进入中国市场的态势是极为相似的。那么，这种发明专利授权量的增长与跨国公司的进入是否存在相关关系呢？下面，运用 SPSS13.0 作散点图对跨国公司 FDI 与国内发明专利授权量进行相关分析。这里的 FDI 数据是指我国历年实际利用外商直接投资的存量金额，单位为亿美元。数据来自 1986~2006 年共 21 年的国家统计局发布的《国民经济和社会发展统计公报》。其中，1986 年实际利用外商直接投资金额根据 1987 年的统计公报推出，因为 1986 年的统计公报只有实际利用外资数据，没有实际利用外商直接投资金额的数据，但 1987 年的统计公报表示，1987 年实际利用外商直接投资与 1986 年持平。2006 年的统计公报改变了统计口径，第一次将金融利用外资的数据纳入外商直接投资之中，但本文为了保持统计口径的一致，剔除了金融方面的数据。结果如图 2 所示。

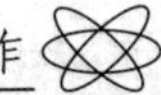

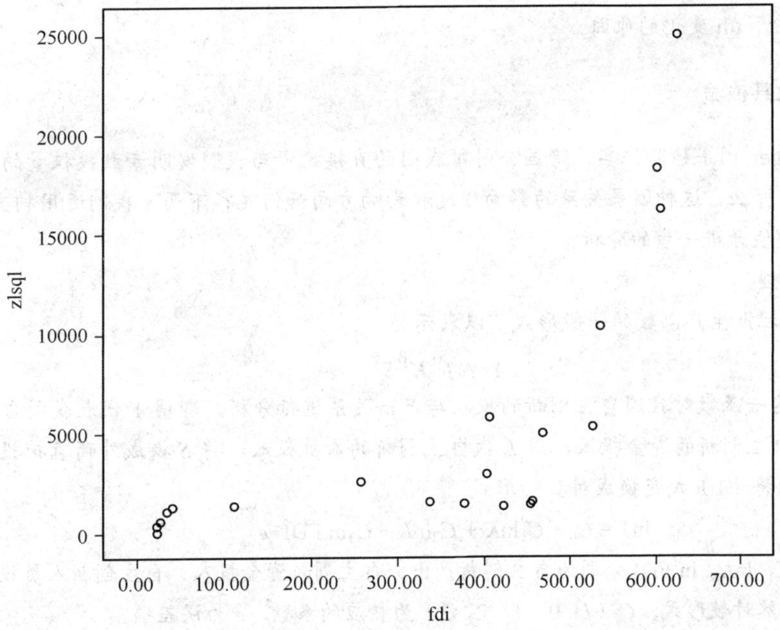

图 2　国内发明专利授权量与实际利用外商直接投资存量的散点图

从图 2 中可以看出，在 1986～2006 年的 21 年间，我国发明专利授权量与实际利用外商直接投资金额之间确实存在着变化趋势的高度一致性，这说明两者之间存在明显的相关关系。但是，这种相关关系是否是一种因果关系，或者说，究竟是我国发明专利授权量的增长引起了实际利用外商直接投资金额的增长，还是实际利用外商直接投资金额的增长引起了我国发明专利授权量的增长，抑或两者之间根本就不存在因果关系？这需要进一步的因果关系检验。

2. Granger 因果检验

为了对我国发明专利授权量与实际利用外商直接投资金额之间的关系作出准确判断，我们对上述两组数据进行 Granger 因果检验。

现提出两个假设:

假设 1：外商直接投资 fdi 不是引起我国发明专利授权量 zlsql 变化的原因。

假设 2：我国发明专利授权量 zlsql 不是引起利用外商直接投资 fdi 变化的原因。

根据 J. Grange 1969 年提出的因果关系检验法，使用 EVIEWS5.0 软件对我国实际利用外国直接投资与发明专利授权量之间的因果关系进行 Granger 检验。检验结果见表 1。

表 1　fdi 与 zlsql 的 Granger 检验结果

假设	F 检验值	显著性水平
fdi 不是引起 zlsql 变化的原因	34.52 743	0.04 571
zlsql 不是引起 fdi 变化的原因	3.83 236	0.57 405

表 1 的结果显示，对丁假设 1：外商直接投资 fdi 不是引起我国发明专利授权量 zlsql 变化的原因，显著性为 0.04571，因此，在 5%的显著性水平上可以拒绝原假设，即我们在 5%的显著性水平上可以认为利用外商直接投资 fdi 是引起发明专利授权量 zlsql 变化的原因。对于假设 2：我国发明专利授权量 zlsql 不是引起外商直接投资 fdi 变化的原因，显著性为 0.57405，没有通过检验，即发明专利授权量 zlsql 不是

引起外商直接投资 fdi 变化的原因。

四、理论模型及其检验

既然 Granger 因果检验证实，跨国公司对我国的直接投资与我国发明专利授权量的变化之间存在显著的因果关系，那么，这种因果关系的影响程度和影响方向如何呢？下面，我们运用柯布-道格拉斯生产函数对这一问题展开进一步的分析。

1. 理论模型

柯布-道格拉斯生产函数的一般形式可以表示为

$$Y=A\,L^{\alpha}K^{\beta}S^{\gamma} \tag{1}$$

我们运用这一函数对我国自主创新的投入与产出关系进行分析，即用 Y 代表我国自主创新的产出水平，用 K 代表自主创新的资金投入，用 L 代自主创新的人员投入，将 S 换成外商直接投资 FDI。为了分析的方便，我们将（1）式变换成对数的形式：

$$\ln Y = C_0 + C_1\ln K + C_2\ln L + C_3\ln \mathrm{FDI}+e \tag{2}$$

其中，$\ln Y$，$\ln K$，$\ln L$，ln FDI 分别为自主创新产出、自主创新资金投入、自主创新人员投入和实际利用外商直接投资的自然对数形式；C_i（$i=0$，1，2，3）为相应的系数；e 为误差项。

2. 变量的选择

徐涛（2003）虽然较早地使用了专利作为衡量我国技术创新能力的指标，而且将自主创新能力和技术进步这两个容易相互混淆的概念区别开来，但是，他使用的是 FDI 增长率和专利增长率，这在测量上仍然存在明显的缺陷。应该看到，跨国公司的直接投资对中国专利产出的影响指标应该选取 FDI 存量，而不是 FDI 增长率，并且，他没有对专利类型进行明确的划分，事实上，衡量一个国家的自主创新能力的专利指标应该是一个国家的发明专利授权量。因此，对于因变量 Y，我们选择发明专利授权量作为测量变量，记作 zlsql。对于自变量 FDI，我们选择实际利用外商直接投资金额存量作为测量指标，记作 fdicl；对于自主创新资金投入和自主创新人员投入这两个自变量，我们选择 R&D 经费和人员作为测量变量，分别记作 rdk 和 rdl。

因此，在对变量进行选择之后，自主创新产出的计量经济模型可表示为

$$\ln(\mathrm{zlsql}) = C_0 + C_1\ln(\mathrm{rdk}) + C_2\ln(\mathrm{rdl}) + C_3\ln(\mathrm{fdicl}) + e \tag{3}$$

3. 数据选择

发明专利授权量和实际利用外商直接投资金额存量的数据来源和数据情况前面已经作了说明。研究与开发资金投入和人员投入的数据来自中国科技统计数据库。由于多数变量有随时间而变化的趋势，因此很可能存在自相关的问题，这也是本文采用对数模型的原因之一。

4. 分析方法与结果

基于上述数据，运用 SPSS13.0 软件，采用后向剔除法对模型进行多元线性回归分析，结果如表 2 所示。

表 2 跨国公司进入与我国自主创新能力回归分析结果

模型	F 检验值	显著性	R	R2	调整后的 R2	模型所含自变量	显著性	未标准化的系数	标准化后的系数	T 值
1	87.710	0.000	0.978	0.956	0.945	constant	0.770	2.751		0.299
						Ln（rdl）	0.868	−0.343	−0.053	−0.169
						Ln（rdk）	0.000	2.047	1.755	6.647
						Ln（fdicl）	0.000	−0.780	−0.820	−4.547

续表

模型	F 检验值	显著性	R	R2	调整后的R2	模型所含自变量	显著性	未标准化的系数	标准化后的系数	T 值
2	142.172	0.000	0.978	0.956	0.950	constant	0.019	1.196		2.688
						Ln（rdk）	0.000	1.996	1.711	10.304
						Ln（fdicl）	0.000	−0.789	−0.829	−4.993

从表 2 可以看出，两次回归模型调整后的 R^2 值分别为 0.945 和 0.950，说明两模型拟合优度良好。模型 2 是剔除了模型 1 中最不显著的 rdl 变量之后所得的回归结果。从模型 2 中可以看出，剔除了 rdl 变量之后，其余的两个变量对方程的解释程度更好，因此，选择模型 2 作为最终模型。

因此，跨国公司 FDI 与我国的发明专利授权量之间的对数模型可以表示为：

$$\ln(zlsql)=1.196+1.996\ln(rdk)-0.789\ln(fdicl) \tag{4}$$

也可以用生产函数的一般模型来表示跨国公司 FDI 与我国的发明专利授权量之间的关系：

$$Y=3.306862981K^{1.996}S^{-0.789} \tag{5}$$

其中 K 表示研究与开发的投入，S 表示外商直接投资的存量。

在模型 2 中，rdk 在 0.01 水平上显著，未标准化的回归系数为 1.996，标准化后的回归系数为 1.711，说明研究与开发投入对我国自主创新能力有显著正的影响。 Fdicl 也在 0.01 水平上显著，说明跨国公司进入对我国自主创新能力具有显著的影响，但是，未标准化的回归系数为 - 0.789，标准化后的回归系数为 - 0.829，说明这种影响是负面的而不是正面的。

五、稳健性检验

上面的分析结果表明，虽然跨国公司对华直接投资与我国的专利发明授权量之间存在着显著的相关关系，并且是因果关系，但是，跨国公司的进入对我国自主创新能力的影响是消极的而不是积极的，这在很大程度上否定了前述一些作者的研究结论。那么，这一分析结果的稳健性如何呢？为了检验模型的稳健性，我们运用强迫引入法（Enter）、前进法（Forward）、后退法（Backward）、逐步向前法（Forward stepwise）、逐步向后法（Backward stepwise）对上述结果进行了检验。同时，我们还用各年份实际利用外商直接投资金额代替各年份实际利用外商直接投资存量作为衡量跨国公司的进入程度的测量指标，采取相同的方法进行回归分析。多种分析结果均表明，跨国公司的进入对我国自主创新能力的影响都是显著负面的，只是系数大小略有不同而已。这说明，上述模型具有良好的稳健性。

六、结论与建议

通过对我国 1986～2006 年这 21 年数据的实证检验，我们发现，跨国公司的直接投资对我国自主创新能力的提高具有显著的负面的影响，也即是说，在过去的 21 年间，跨国公司的进入在一定程度上阻碍了我国自主创新能力的提高。

这一结论多少有些出人意料，因为它与许多其他学者的研究结论明显不同。之所以出现这种截然相反的结论，主要的原因在于不同的研究者在选择测量自主创新的指标上存在较大差异。例如，徐涛（2003）是选择 FDI 增长率对专利增长率的影响来测量 FDI 对中国技术创新的影响，结果发现 FDI 对中国技术创新能力有明显的促进作用。需要注意的是，专利增长率这一指标没有对发明专利与实用新型专利和外观设计专利进行必要的区分，因为只有发明专利才能比较客观地测量自主创新能力。还有一些研究者用新产品销售收入来测量我国的自主创新能力，但是，新产品不完全是自主创新的结果，它可能来自于引进的技术，或来自于模仿或学习。

我们的实证结论看似有些极端，但它可能与跨国公司的真实意图和我国企业的实际情况更为接近。因为跨国公司对我国的直接投资更多地是为了抢占市场机会，虽然在市场竞争的过程中，它们也会将先进的技术应用于中国市场，但他们通常会采取内部化的方式，牢牢地将核心技术控制在母子公司的范围之内，严防被外人染指。与此同时，跨国公司还倾向于采取并购或合资的方式进入我国的一些重要产业部门。在跨国公司并购或合资的企业中，中方企业的技术创新活动往往会逐渐萎缩或消失，很多的企业逐渐变成了跨国公司推出新产品的生产基地或跨国公司全球价值链中的一个加工车间，这在很大程度上削弱了我国企业的整体技术创新能力。

从实证研究的结论中我们应该认识到，跨国公司在进入中国市场的过程中确实会带来许多先进的技术，但是，他们绝不会轻易地将自己的核心技术教给中国的竞争对手，相反地，他们会采取各种措施限制和防止中国企业获取这些技术。因此，从根本上说，“以市场换技术”的政策在现实中往往是难以奏效的，它更多的是一厢情愿的设想。中国企业要获得核心技术不能依赖跨国公司，只能依靠自己的力量，建立自己的研发能力，走自主创新之路。当然，自主创新不是自我封闭，也应包括向竞争对手尤其是跨国公司学习。中国企业还应该有更加宽阔的视野，积极地走向世界，在更加广阔的范围内获取资源、信息和人才，实现在全球范围的自主创新。

参考文献

1．Aitken J. J, Harrison. A. E. Do Domestic Firms Benefit from Direct Foreign Investment? Evidence from Venezuela. American Economic Review, 1999; 89: 103-132.

2．BlomstrÖm M. ,A. Kokko. Multinational Corporations and Spillovers. Journal of Economic Surveys, 1998; (8)：247-277.

3．BlomstrÖm M., F. SjÖholm. Technology Transfer and Spillover: Does Local Participation with Multination Matter? European Economic Review, 1999; 43: 915-943.

4．Caves, Richard E.. Multinational Firms, Competition, and Productivity in Host-country Markets. Economics, May 1974; 41(162):176-193.

5. Cheung K. , Lin P., Spillover Effects of FDI on Innovation in China: Evidence from the Provincial Data. China Economic Review, 2004; 15: 25-44.

6．Djankov S. ,Hoekman B.. Foreign Investment and Productivity Growth in Czech Enterprises. World Bank Economic Review 2000; 14: 49-64.

7．Kokko,A., Technology, Market Characteristics, and Spillovers. Journal of Development Economics, 1994; 43: 279-293.

8. Kokko A.. Local Technological Capability and Spillovers from FDI in Uruguayan Manufacturing Sector, Journal of Development Studies, 1996; 34: 602-611.

9. Kokko A.. Productivity Spillovers from Competition between Local Firms and Foreign Affiliates. World Bank Economic Review，2000;(14)：p517-530.

10．Liu X., Wang C.. Does Foreign Direct Investment Facilitate Technological Progress? Evidence from Chinese Industries. Research Policy, 2003; 32: 945-953.

11．UNCTAD, World Investment Report. Geneva: United Nations, 2006.

12．陈继勇，盛杨怿．外商直接投资的知识溢出与中国区域经济增长．经济研究，2008；（12）：39-49.

13．黄静波，付建．FDI 与广东技术进步关系的实证分析．管理世界，2004；（9）：81-86.

14．蒋殿春，张宇．经济转型与外商直接投资技术溢出效应．经济研究，2008；（7）：26-38.

15．江小涓．吸引外资对中国产业技术进步和研发能力提升的影响．国际经济评论，2004；（3-4）：13-18

16．李平，崔喜君，刘建．中国自主创新中研发资本投入产出绩效分析．中国社会科学，2007；（2）：32-42.

17．马天毅，马野青，张二震．外商直接投资与我国技术创新能力．世界经济研究，2006；（7）：4-8.

18．方朋，许和连，艾洪山．外商直接投资企业对内资企业的溢出效应：对中国制造业企业的实证研究．管理世界，2008；（4）：58-68

19．谢建国．市场竞争、东道国引资政策与跨国公司技术转移．经济研究，2007；（6）：87-97.

20．许和连，魏颖绮，赖明勇，王晨刚．外商直接投资的后向链接溢出效应研究．管理世界，2007；（4）：24-31.

21．徐涛．引进 FDI 与中国技术进步．世界经济，2003；（10）：22-27.

思考与练习

一、填空

1．学术论文，又称________________、____________。

2．学术论文是开展______________________的工具。

3．学术是指______________的、______________的学问。

4．科学研究的任务，在于揭示____________，探求____________，以指导____________。

5．学术论文具备的特征是____________、__________、__________。

二、名词解释

学术论文　学位论文　社会科学论文　自然科学论文

三、简答题

1．学术论文在推动社会进步上有何重要作用？

2．在学术论文的写作中，如何体现学术论文的科学性和理论性？

3．学术研究的一般程序包含哪些基本内容？

4．学术论文一般格式内容有哪些？

四、写作练习

请你从某一课程的学习心得中概括出论点，写作一篇论文。要求篇幅不少于 3000 字。

主要参考文献

贺武．2009．财务管理．北京：机械工业出版社．

洪文明．2001．财经应用写作教程．北京：经济科学出版社．

翦伯赞．2003．中国史纲要．北京：人民出版社．

景奉杰．2001．市场营销调研．北京：高等教育出版社．

雷仲康．1997．财经应用文写作．武汉：华中理工大学出版社．

罗豪才．1996．行政法学．北京：北京大学出版社．

马英麟．1989．工业企业经济活动分析．北京：中国人民大学出版社．

彭代武．2002．市场调查・商情预测・经营决策．北京：经济管理出版社．

邱宣煌．2001．财经应用文写作．大连：东北财经大学出版社．

全国注册会计师考试辅导教材研究室．2001．经济法．北京：中国财经出版社．

田志武．1993．市场研究．武汉：华中理工大学出版社．

王志．2002．新编财经应用写作．大连：大连理工大学出版社．

文博．2003．新编成功企业营销与广告经典案例．北京：光明日报出版社．

吴绪久．2005．实用写作．北京：科学出版社．

尤建新．2006．企业管理概论．北京：高等教育出版社．

张广柱．2000．中国上市公司制度实证分析．上海：立信会计出版社．

赵兴元．2002．广告原理与实务．大连：东北财经大学出版社．

中国证监会．2002．上市公司治理准则．

中华人民共和国公司法．2001．北京：法律出版社．

周三多．1999．管理学原理与方法．上海：复旦大学出版社．

（美）埃里克・泰森．2008．投资理财．赵娅，译．北京：机械工业出版社．